쉽게 쓰는 가상악기 편곡법

EASY VST

최안식·조형섭 저

DIGITAL BOOKS

since 1999

www.digitalbooks.co.kr

All That Arirang - Project Files

'Part 6'의 예제곡 'All That Arirang'의 프로젝트 파일은 아래 블로그에 방문하시면 다운로드 받으실 수 있습니다.

http://easyvst.blogspot.kr/

블로그에는 "Cubase 프로젝트"와 "MIDI&Multi 파일" 이렇게 두 가지 링크가 담겨 있습니다. 자신이 필요한 파일을 선택하여 다운로드 하시면 됩니다.

쉽게 쓰는 가상악기 편곡법
EASY VST

| 만든 사람들 |

기획 IT·CG기획부 | **진행** 박솔재·유명한 | **집필** 최안식·조형섭 | **편집·표지디자인** 김진

| 책 내용 문의 |

도서 내용에 대해 궁금한 사항이 있으시면
저자의 홈페이지나 디지털북스 홈페이지의 게시판을 통해서 해결하실 수 있습니다.
디지털북스 홈페이지 www.digitalbooks.co.kr
디지털북스 페이스북 www.facebook.com/ithinkbook
디지털북스 카페 cafe.naver.com/digitalbooks1999
디지털북스 이메일 digital@digitalbooks.co.kr
저자 이메일 easyvst@gmail.com
저자 블로그 easyvst.blogspot.kr

| 각종 문의 |

영업관련 hi@digitalbooks.co.kr
기획관련 digital@digitalbooks.co.kr
전화번호 (02) 447-3157~8

머리말

* 곡은 썼는데, 미디를 입력했는데 그런데 너무 미디스러워서, 너무 어색한 사운드라서 이걸 어찌해야 좋을지 모르시겠습니까?

* 좋은 가상악기를 설치하고 싶은데 너무 많은 가상악기 때문에 뭘 골라야 할지 모르시겠습니까?

* 가상악기를 구입하긴 했는데 사용 방법이 어려워서 그냥 불러오기만 하십니까?

미디를 입력한 뒤 좀 더 그럴듯한 사운드로 바꾸어 보세요. 장르별로 가상악기를 이용한 편곡과 사운드 메이킹의 비법들을 간단하게 풀어놓았습니다. 미디 또는 DAW를 조금이라도 만져보신 분들이라면 바로 써먹을 수 있는 다양한 편곡법과 사운드 표현 방법들이 담겨있습니다.

! 데모를 만들어 사람들에게 들려줄 때 조금 더 자연스럽게 만들 수 있는 아이디어를 얻어가세요.

! 내가 직접 프로듀서가 되어서 나의 음반을 만들 때 좀 더 자연스러운 사운드로 만들 수 있는 테크닉을 얻어 가세요.

! 간단히 각각의 장르에 어울리는 사운드를 표현할 수 있는 방법들이 여기 있습니다.

지금 바로 책장을 넘겨보세요.

CONTENTS

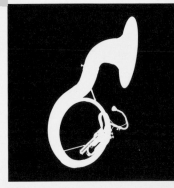

PREREQUISITE LEARNING

장르별로 다양한 편곡법을 배우기에 앞서 책에 등장하는 DAW의 기능 중 중요한 것들을 먼저 살펴보겠습니다. DAW의 기능을 잘 알고 계신분들은 이 부분은 건너 뛰어도 좋습니다.

아주 기초적인 미디 입력 방법이라든지, 노트의 이동 같은 부분은 따로 설명드리지 않겠습니다.

노파심에 한 말씀 드리자면 어느 DAW가 더 좋은 소리를 낼 수 있고, 어느 DAW가 다른 것보다 더 훌륭한지에 대해서 묻는다면 "각각 개인차일 뿐이다!"라고 알려드립니다. 자신이 편하게 사용할 수 있는 DAW가 최고의 DAW이며 더 이상 좋은 DAW는 세상에 없습니다. 이 책에서 모든 DAW를 다 다루지 않는다고 하여 다른 DAW는 나쁘고 Logic Pro X와 Cubase 8만 좋다고 말씀드릴 수 없는 것입니다. 각자 특성이 있고 많은 사람들이 이용하는 DAW 라면 분명 훌륭한 기능들이 담겨져 있을 것입니다. Studio One을 사용하시든 Ableton Live를 사용하시든 FL Studio를 사용하시든 간에 각각의 기능을 활용하는 방법에 차이가 있을 뿐 최종적인 결과물을 놓고 보면 결국 만든이의 능력에 따라 다릅니다.
덧붙여서 이 책에서 말씀드리는 다양한 가상악기와 편곡법은 어느 DAW를 사용하시든 상관없이 자신의 툴로 충분히 응용 가능합니다.

Chapter 1
3RD PARTY
SOFTWARE INSTRUMENTS

이 책에서 가장 많이 사용하는 가상악기는 Native Instruments의 "Kompelete Ultimate 10"에 들어있는 "KONTAKT 5"입니다. 이 가상악기의 사용법을 알아보면 다른 가상악기를 불러오는 방법 등을 함께 익힐 수 있습니다. 그러므로 "KONTAKT 5"를 불러오는 법과 기본적인 사용법에 대해 알아보겠습니다.

"KONTAKT 5"는 다양한 기능을 갖고 있는 범용 샘플러입니다. 하나의 오디오 파일을 가져와서 그대로 악기처럼 사용할 수도 있습니다. 또 여러 가지 소리로 변형시키는 신시사이저와 같은 역할도 기능하며, 다양한 오디오 파일을 샘플로 처리하여 하나의 가상악기를 만드는 것까지 할수있는 매우 다재다능한 샘플러입니다.

다만 기본적인 샘플러로서의 역할을 이용하기보다는 미리 만들어져있는 다양한 샘플 기반의 가상악기를 활용하는 용도로 더욱 많이 쓰이고 있습니다. 장르별로 다양한 편곡법에 대한 이야기를 나눌 때에도 음원을 가져와서 변형하는 샘플러의 기능보다는"KONTAKT 5"에서 불러다가 사용할 수 있는 다양한 가상악기를 위주로 살펴볼 것입니다.
따라서"KONTAKT 5"에서 어떻게 가상악기를 불러오고 또 활용할 수 있는지에 대해 간단히 알아보도록 하겠습니다.

LOGIC PRO X

"KONTAKT 5"를 불러오기위해서는 Software Instruments 트랙을 생성해 주세요.

Software Instruments트랙을 생성하면 왼쪽 Channel Strip의 MIDI FX와 Audio FX 사이에 Instrument Slot이 있습니다. 이곳에 마우스를 가져가면 위 그림과 같이 세 부분으로 나뉘어진 버튼이 나타나게 되는데요. 여기서 제일 오른쪽 위아래 화살표를 선택하면 가상악기를 선택할 수 있는 메뉴가 나타납니다.

나타나는 리스트에서 AU Instruments 〉 Native Instruments 〉 Kontakt 5 〉 Stereo 를 선택하세요.

콘탁의 화면이 나타납니다.

콘탁 이외에도 3rd party 가상악기를 불러오는 방법은 동일합니다. 정상적으로 설치 되었다면 Logic Pro X의 AU Instruments 리스트에 자동으로 나타나고 방금 KONTAKT 5를 불러온 것과 같이 선택하여 이를 사용할 수 있습니다.

Section 2
CUBASE 8

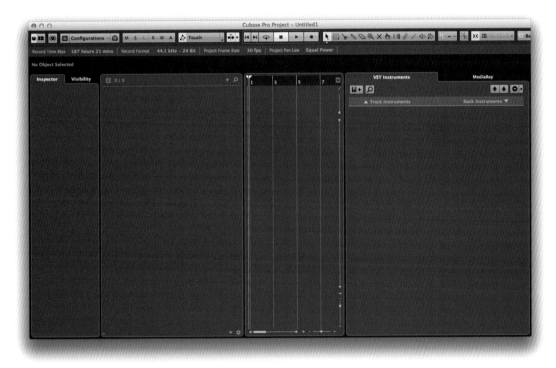

큐베이스의 첫 화면에서 트랙창 우측 상단의 Add Track 버튼을 누르면 어떤 트랙을 만들지 나옵니다.

제일 왼쪽에 Inspector가 보이고 그 다음 Visibility가 보이죠? 그 옆에 있는 창이 트랙창 입니다. 거기 오른쪽 상단을 보면 돋보기 아이콘이 있고요, 그 옆에 Add Track 버튼이 있 습니다. 옆 그림과 같은 + 버튼입니다.

가상악기를 불러오기 위해서는 리스트 중에 Add Instrument Track을 선택하세요.

No VST Instrument라고 쓰여있는 곳을 클릭하세요.

위 그림과 같이 컴퓨터에 설치되어 있는 가상악기 리스트가 나타납니다. 그 중 Kontakt 5를 선택하겠습니다.

선택한 가상악기의 이름으로 No VST Instrument가 바뀝니다. 이 상태에서 Add Track을 누르면 트랙이 생성되면서 가상악기가 나타납니다.

Section 3
KONTAKT 5 악기 사용법

기본적인 사용법을 알아보겠습니다.

1. Library

"KONTAKT 5"를 실행한 화면입니다. 좌측의 Library를 보면 다양한 악기들의 리스트(List)가 나와 있는걸 확인할 수 있습니다. 이 부분이 혹시 보이지 않는 분들은 상단 메뉴바에 있는 Browse 버튼 을 활성화 시키셔야 합니다.

회색일 때 비활성화이고 흰색일 때 활성화가 된 상태입니다. 하얗게 불이 들어온 상태라면 왼쪽에 다양한 악기의 리스트를 확인할 수 있습니다.

악기의 리스트가 보인다면 각각의 악기마다 Instruments라고 적혀있는 버튼이 있습니다.

Instruments버튼을 누르시면 악기의 다양한 패치(Patch)들이 나타납니다.

"The MAVERICK"에는 "The Maverick.nki"라는 단 하나의 패치가 존재합니다. 하지만 여러 개의 패치가 보이는 악기들도 있고 Instruments를 클릭하면 폴더별로 많은 패치가 정리된 것들도 볼 수 있습니다.

Library에 보이는 악기별로 하나의 패치를 불러오는 것이 아니라 각각의 악기마다 들어있는 패치의 양과 종류가 다릅니다.

"The Maverick.nki" 패치를 더블 클릭하거나 우측에 가장 넓게 자리하고 있는 MultiRack으로 끌어다 놓으면 악기가 잠시 로딩(Loading) 시간을 거친 후 열립니다.

2. Files

Native Instruments의 "Komplete 10"에 있는 악기 중 "KONTAKT 5"에서 불러올 수 있는 것들은 모두 Library에 나타납니다. 하지만 오래전에 출시된 Native Instruments의 KONTAKT용 가상악기 또는 다른 회사에서 출시한 KONTAKT용 가상악기 중에는 Library에 등록되지 않고 Files에서 "*.nki" 파일을 찾아서 로딩해줘야 하는 경우도 많습니다.

우리가 흔히 오르골이라고 부르는 악기의 서양식 명칭은 Musicbox입니다. 이 뮤직박스의 가상악기 중 사운드의 퀄리티도 뛰어난데 무료로 제공되는 것이 있습니다. 바로 Wavesfactory의 "W-MusicBox"가 그 주인공입니다. 하지만 Library에 불러와서 사용할 수 없고, Files에서 해당 패치를 찾아서 열어야 합니다. 어떻게 하면 이 가상악기를 불러올 수 있는지 알아보겠습니다.

W-MusicBox는 아래 주소에서 무료로 받으실 수 있습니다.
http://wavesfactory.com/w-musicbox.php

"KONTAKT 5"의 Browse에서 Files탭을 선택하면 OSX의 Finder 또는 Windows의 탐색기와 같이 파일을 폴더형식으로 찾아서 들어갈 수 있습니다. 여기서 자신이 갖고 있는 가상악기를 찾아서 *.nki를 더블 클릭하거나 MultiRack으로 드래그(Drag) 하면 가상악기를 사용할 수 있습니다.

"W-MusicBox"를 다운 받았다면 압축 해제 후 Files 탭 아래에서 W-MusicBox 폴더를 찾아서 열어주세요.

폴더를 찾아서 열었다면 다음과 같은 W-MusicBox. nki 파일이 폴더 하단에 나타납니다.

여기서 "W-MusicBox.nki"를 더블 클릭하거나 MultiRack 창으로 끌어가면 뮤직박스 가상악기나 나타납니다.

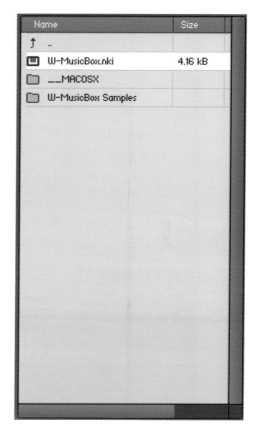

컴퓨터와 연결되어 있는 건반 악기를 활용하거나 콘탁 화면 아래쪽의 건반을 마우스로 클릭하면 뮤직박스의 소리를 들을 수 있습니다.

"W—MusicBox"는 C1음부터 F4음 까지의 고품질 뮤직박스 사운드를 담고 있습니다.

G0와 A0 건반에도 소리가 담겨있는데 G0에는 태엽 감는 소리가 담겨있으며, A0에는 노이즈 (Noise)가 담겨있습니다.

태엽을 감고 오르골이 연주될 때 노이즈와 함께 표현하면 좀 더 실제 오르골처럼 들리게 할 수 있 습니다.

"W-MusicBox"처럼 Library가 지원되지 않는 KONTAKT용 가상악기의 경우 Files에서 찾아서 불러 와 사용할 수 있습니다.

3. Patch

Native Instruments의 "THE MAVERICK"을 예제로 "KONTAKT 5"의 기본 기능을 알아보겠습니다.

악기가 열린 상태에서 아래쪽에 있는 건반을 마우스로 누르거나 컴퓨터와 연결되어 있는 건반 악기를 연주하면 불로온 가상악기의 소리를 들을 수 있습니다.

건반은 메뉴바에 있는 건반모양의 아이콘 버튼(Keyb)으로 나타나게 하거나 사라지게 할 수 있습니다.

불러온 패치는 각각의 악기마다 사용법이 조금씩 다르지만 패치 상단에 보이는 기본 컨트롤은 항상 비슷한 형태로 나타납니다.

선택한 악기의 패치명이 제일 위에 보입니다. The Maverick이라는 이름 오른쪽에 화

살표는 다음 패치 또는 이전 패치로 바꾸는 기능입니다. 하지만 The Maverick은 하나의 패치밖에 없으므로 아무런 반응이 없습니다.

오른쪽의 사진기 모양 아이콘은 해당 패치의 프리셋을 보여줍니다. 따라서 The Maverick 아래 Basic Maverick이라는 글씨 왼쪽의 아래 화살표를 클릭하면 다양한 프리셋이 보이고 이를 선택할 수 있습니다.

프리셋에 있는 좌우 화살표는 프리셋을 변경할 수 있는 버튼입니다.

동그란 ⓘ 버튼은 현재 패치의 상태를 보여줍니다.

* 인포메이션 정보

인포메이션 요소	설명
OUTPUT	악기의 소리가 어느 채널로 나가게 될지 선택
MIDI CH	어느 채널에서 미디 데이터를 받아 연주할지 선택
VOICES	현재 사용되고 있는 음의 양 표시
MEMORY	현재 로딩되어 있는 콘탁 샘플의 메모리 점유량 표시

인포메이션 버튼 아래에 있는 Purge는 콘탁의 메모리를 효율적으로 사용하는 기능입니다. 콘탁은 샘플 기반의 가상악기를 불러와서 사용하기 때문에 메모리에 연주될 샘플을 불러온 뒤 이를 소리 내는 방법으로 작동합니다. 그런데 샘플의 양이 많아지면 한정된 메모리가 가득차게 되고 더 이상 쾌적한 작업이 불가능해질 경우가 있습니다. 조금이라도 메모리 공간을 확보하고 좀 더 쾌적한 환경에서 음악 작업을 하기 위해서 연주에 필요치 않은 샘플은 메모리에서 밀어내고 필요한 샘플만 사용하도록 해 주는 기능이 바로 퍼지(Purge)입니다.

퍼지는 콘탁이 연주될 때 어떤 샘플을 사용했는지 자동으로 기억하고 있다가 더는 연주에 변화가 없을 것으로 판단될 때 나머지 샘플을 메모리에서 빼내게 됩니다. 어떻게 퍼지를 사용할 수 있는지 네 가지 버튼의 기능을 알아보겠습니다.

Reset markers는 콘탁이 기억하는 샘플을 초기화합니다. 연주에 변화가 없을 것으로 판단될 경우 reset markers를 한 번 클릭해 주면 이전에 기억하고 있는 샘플을 초기화합니다. 따라서 이 버튼을 누른 뒤 곡 전체를 한 번 쭉 다시 연주하고 update sample pool을 누르면 곡에 필요한 샘플만 남겨놓고 나머지는 메모리에서 밀어내기에 딱 필요한 샘플만 메모리에 저장됩니다. Update sample pool은 콘탁이 기억하고 있는 샘플만 남겨놓고 나머지는 메모리에서 밀어내는 역할을 합니다.

만약 연주를 녹음하면서 다양한 시도를 하며 많은 건반을 사용했는데 reset markers를 누르지 않고 바로 update sample pool 버튼을 누른다면, 연주에 필요한 샘플 뿐만 아니라 이전에 다양한 시도를 하며 눌렀던 다른 건반의 샘플도 함께 남겨놓기 때문에 메모리에 필요 없는 용량이 더해질 수 있습니다.

Purge all samples는 모든 샘플을 메모리에서 삭제합니다. Reset markers와 비슷한 기능을 합니다. 하지만 다시 재생할 때 미리 로딩해 놓은 정보가 없어서 샘플을 실시간으로 불러와야 하므로 연주 시에 원치 않는 버벅거림이 있을 수 있습니다. 만약 reset markers를 실행한 뒤 바로 update sample pool을 누르면 purge all samples를 누른 것과 같은 상황이 됩니다. Reset markers는 콘탁이 기억하는 정보를 몽땅 지우고 update samples pool은 콘탁이 기억하는 정보만 남겨놓고 메모리에서 지워버리기 때문이지요.

Reload all samples는 해당 악기 패치의 모든 샘플을 메모리에 다시 불러옵니다. 실시간 연주가 필요할 때 이 버튼으로 모든 샘플을 준비시켜놓고 하면 버벅거림 없이 원하는 연주가 가능합니다.

S버튼은 Solo기능으로 활성화 시킨 패치의 소리만 출력시킵니다. 이와 반대로 M버튼은 Mute기능으로 해당 패치의 소리를 없애줍니다.

Tune 노브는 패치의 음 높이에 변화를 줄 수 있습니다.

L과 R이라 쓰여있는 부분은 Pan(Panorama)를 설정할 수 있는 부분입니다. 중간에 있는 페이더를 L로 보내면 소리가 왼쪽에서 R로 보내면 오른쪽에서 소리가 나오게 됩니다.

– + 표시가 있는 페이더는 볼륨을 조절합니다. 위에 LCD창에서는 연주되는 음의 음량이 표시되며 피크(Peak) 이상으로 출력이 되면 LCD 오른쪽에 빨간 불이 켜지게 됩니다.

X 버튼은 현재의 패치를 삭제하는 버튼입니다. – 버튼은 패치를 간단히 표시합니다.

작아진 패치를 크게 보려면 + 버튼을 누르면 됩니다.

AUX 버튼은 패치의 사운드를 보조채널로 보내어 소리에 변화를 주고 싶을 때 사용합니다. 이 버튼을 누르면 아래에 AUX채널로 소리를 보내는 창이 나타납니다.

PV버튼은 Performance View의 약자로 패치의 화면을 나타내고 사라지게 할 수 있습니다.

위 그림은 PV버튼으로 퍼포먼스 뷰를 사라지게 한 것이고 다시 누르면 다음과 같이 원상태로 회복합니다.

Chapter 2
HUMANIZE

휴머나이즈 기능은 입력된 노트의 세기와 위치 그리고 길이를 조절하여 사람이 직접 연주한듯한 느낌을 부여합니다. 마우스로 노트를 하나하나 입력하다 보면 박자선에 정확히 맞추고 동일한 세기와 길이로 입력되는 경우가 많습니다. 이럴 경우 아무리 좋은 가상악기로 소리를 내봤자 "미디(MIDI)구나!"라는 느낌을 받게 됩니다. 사람이 직접 연주하면 완벽한 타이밍(Timing)에 완벽히 같은 벨로시티(Velocity)로 완벽히 동일하게 연주하는 건 불가능합니다. 따라서 약간의 오차를 두어야 자연스러움을 느끼게 되는데, 이런 오차를 임의적으로 만들어 주는 것이 바로 휴머나이즈(Humanize) 기능입니다.

Logic Pro X와 Cubase 8에서 어떻게 이러한 것들을 활용할 수 있는지 알아보겠습니다.

LOGIC PRO X

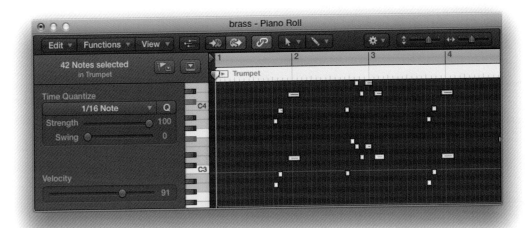

피아노 롤의 좌측 상단을 보면 Functions라는 메뉴가 있습니다.

여기서 MIDI Transform 〉 Humanize를 선택하세요.

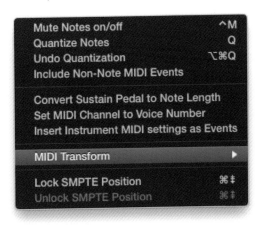

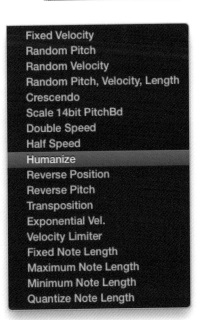

Humanize를 선택하면 다음과 같은 화면에서 자신이 원하는데로 노트를 설정할 수 있습니다.

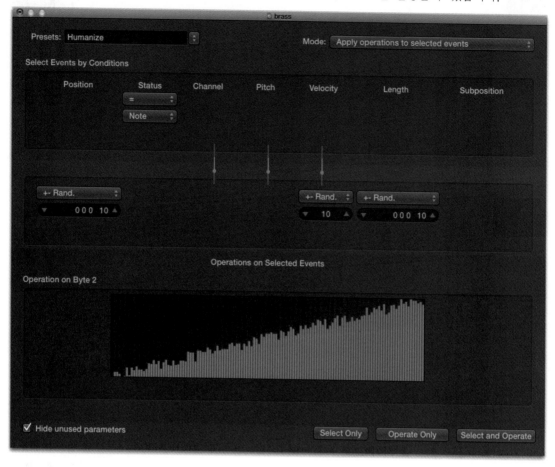

Position(음의 위치), Velocity(음의 세기),
Length(음의 길이)를 어느 정도 흐트러 뜨릴 것인지 설정합니다.

Position이라고 쓰인 곳의 아래에 있는 파라메터
(Parameter)를 조절하여 원하는 임의변수 값의 양
을 선택합니다. 음의 시작 점을 불규칙하게 변화시
킬 수 있습니다.

Velocity 아래의 파라메터 값을 조절하여 음의 세
기를 불규칙하게 변화시킬 수 있습니다.

Length 아래의 파라메터 값을 조절하여 길이의 변화량을 원하는 만큼 적용할 수 있습니다.

Position, Velocity, Length의 임의 변화량을 설정한 후 아래 세 가지 버튼으로 적용할 수 있습니다.

Select Only는 열어놓은 미디 데이터를 전체 선택해 줍니다.
Operate Only는 선택된 미디 노트만 휴머나이즈를 적용합니다. 만약 아무 노트도 선택하지 않고 이 버튼을 누르면 아무런 변화를 느낄 수 없습니다.
Select and Operate 는 열어놓은 미디 데이터 전체에 휴머나이즈를 적용하게 됩니다.

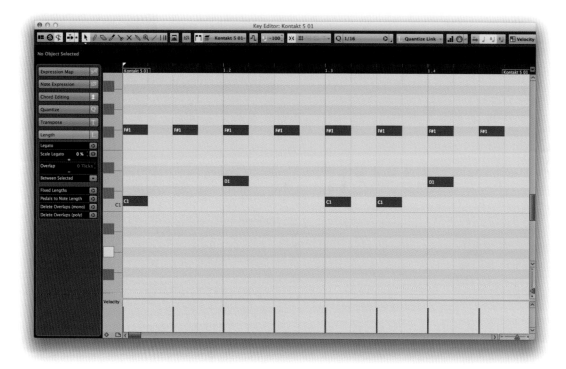

정박에 입력한 미디 노트(MIDI Note)입니다. 드럼 비트를 입력한 것입니다. 이 드럼 비트는 너무 정확하고 또 너무 일정하여 사람의 연주처럼 느껴지기 어렵습니다. 이러한 데이터를 살짝 흐트러 뜨리면 좀더 자연스러운 표현이 가능해집니다.

미디 노트의 타이밍(Timing)을 살짝 흐트러 뜨리기 위하여 좌측 메뉴에서 Quantize를 열어주세요.

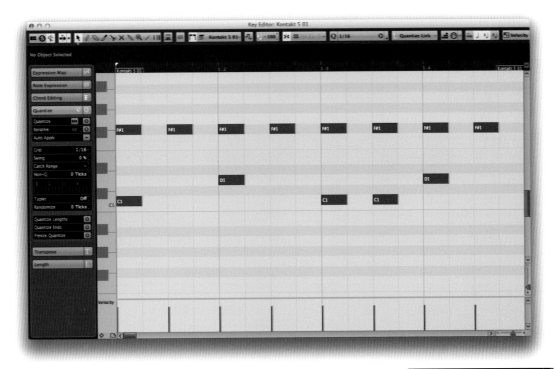

퀀타이즈(Quantize) 메뉴 중간 그룹의 제일 밑에 Randomize가 있습니다. 여기서 무작위로 흐트러 뜨리는 양을 조절할 수 있습니다. 일단 15 Tick 정도로 흐트러 뜨리겠습니다.

Quantize의 오른쪽에 보이는 적용 버튼을 누르면 미디 노트들이 조금씩 흐트러 집니다. 적용 버튼은 재생 버튼과 같은 모양의 삼각형이 동그라미 안쪽에 있는 것입니다. 위 그림에서 가장 오른쪽에 있는 버튼입니다.

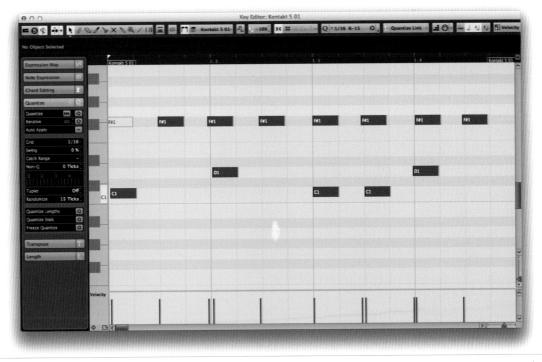

무작위로 타이밍이 조절된 노트를 보면 정박의 그리드(Grid)와 살짝 어긋나 있는 것을 알 수 있으며 아래 벨로시티(Velocity)창을 보면 어긋나 있는 것을 더욱 또렷이 알 수 있습니다.

그런데 첫 박의 노트 하나가 회색으로 비활성화되어 있습니다. 이 것은 무작위로 흐트리다보니 미디 클립(Clip)의 범위를 벗어났기 때문에 비활성화된 것입니다.

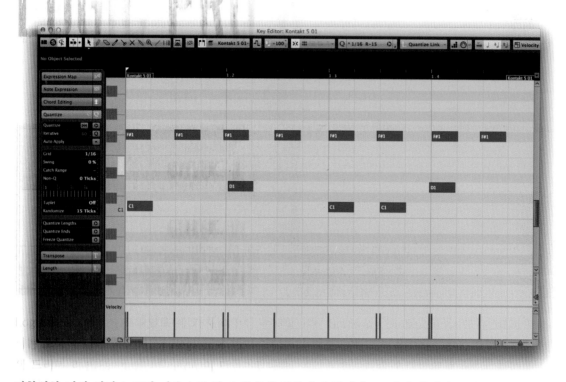

비활성화 되어 있던 노트만 마우스로 잡고 정박에 위치시켜 줍니다. 그러면 활성화로 바뀌며 모든 노트가 정상적으로 연주됩니다. 흐트러진 사운드를 들어보면 약간씩 엇나가게 연주되는 것을 알 수 있습니다. 이러한 느낌이 괜찮다면 그대로 두어도 좋고, 조금 더 박자에 맞추고 싶다면 Randomize 값을 줄여주는 것도 좋습니다.

큐베이스의 상단에 있는 메뉴(OSX = 사과 버튼 메뉴, Windows = 큐베이스 메뉴) 중 MIDI를 선택하면 Logical Editor가 보입니다. 이것은 여러 가지 미디 데이터(Data)를 사용자가 원하는데로 수정할 수 있는 장치입니다.

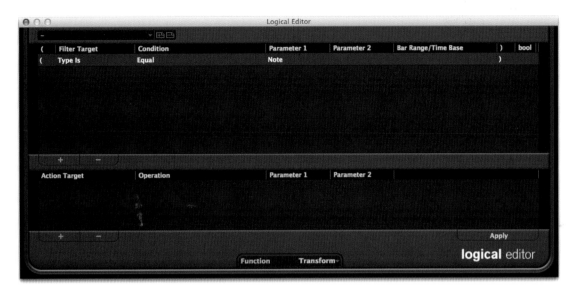

로지컬 에디터는 다양한 기능으로 활용할 수 있지만 지금은 미디 노트의 벨로시티(Velocity)를 무작위로 변화시키는 효과를 내도록 하겠습니다. 단 무작위로 변화시키는 범위를 지정하여 너무 큰 차이가 나지 않도록 하겠습니다.

왼쪽 상단에 위치한 메뉴 버튼을 누르면 다양한 프리셋이 나타납니다.

이 중 standard set 1 〉 random velocity (60 to 100)을 선택합니다.

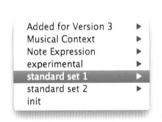

이것을 그대로 적용한다면 60에서 100사이의 수치중 무작위로 벨로시티를 변화시키게 됩니다. 하지만 60~100은 너무 큰 차이가 나기에 80~100으로 바꿔주고 싶습니다.

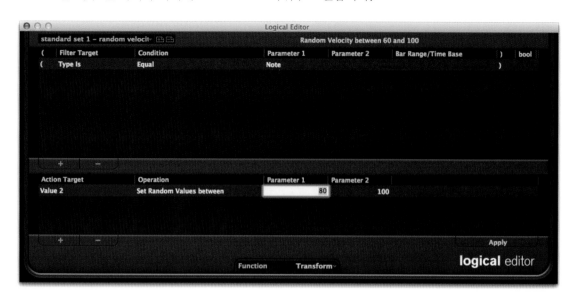

Parameter 1의 수치를 80으로 바꿔주면 80~100 사이에서 무작위로 벨로시티를 변화시킬 수 있습니다. 여기서 오른쪽 아래에 있는 Apply버튼을 누르면 바로 적용됩니다.

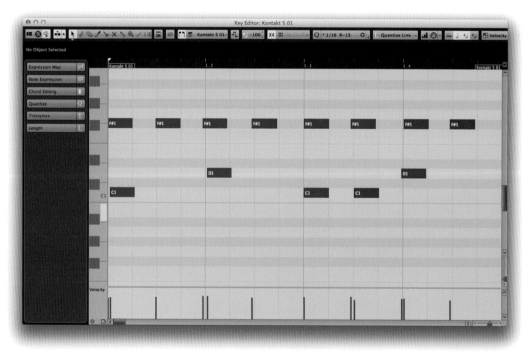

큐베이스에서 휴머나이즈는 이러한 방법으로 타이밍과 벨로시티를 무작위로 변형시키며 원하는 양 만큼 조절할 수 있습니다.

한 가지 추가로 여러 개의 노트를 모두 똑같은 비율로 벨로시티를 조절하는 방법에 대해 간단히 알아보 겠습니다.

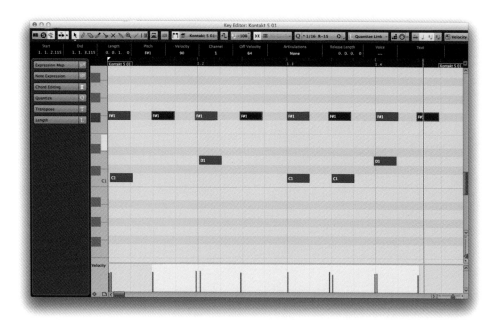

shift키를 누른상태로 원하는 노트를 차례대로 클릭하면 여러 개가 함께 선택됩니다.

이 상태에서 위의 미디 정보 창을 보면 Velocity 항목을 찾을 수 있습니다. 여기서 수치를 잡고 아래로 내려서 70까지 낮춰주면 선택한 노트들의 벨로시티가 모두 함께 동일한 비율로 내려갑니다.

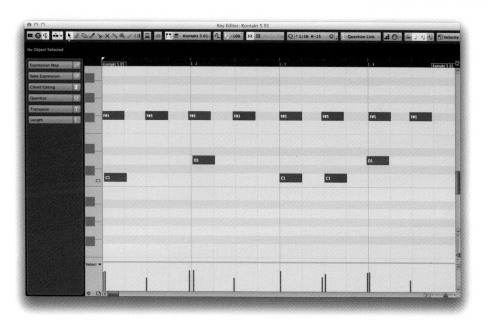

이렇게 휴머나이즈를 한 뒤 일반적인 연주 기법을 표현하기 위하여 하이햇의 엇박자를 약하게 만들었습니다. 위에서 살펴본 대로 미디 노트의 타이밍, 벨로시티를 흐트러 뜨리고, 악기별 연주법에 따른 약간의 수정이 더해진다면 사람이 연주한 듯 자연스러운 표현을 만들어 낼 수 있습니다.

Chapter 3
CC
(Continuous Controllers)

DAW에서 미디를 다루다 보면 Modulation, Sustain, PitchBend 등 다양한 CC데이터를 조절해야 할 경우가 있습니다. 이러한 기능들은 자신이 원하는 사운드를 표현할 때, 더욱 자연스러운 표현을 가능하게 하며, 자신만의 독특한 사운드를 만들 때에도 도움을 줄 수 있습니다.

LOGIC PRO X

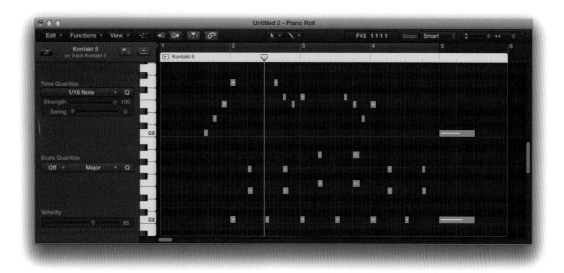

피아노 롤에서 CC데이터를 입력하거나 편집하려면 우선 컨트롤러 창을 열어야 합니다.

피아노 롤 왼쪽 상단을 보면 위 그림과 같은 MIDI Draw 버튼을 찾을 수 있습니다. 이 버튼을 활성화하면 아래에 CC데이터를 입력하거나 편집할 수 있는 창이 나타납니다.

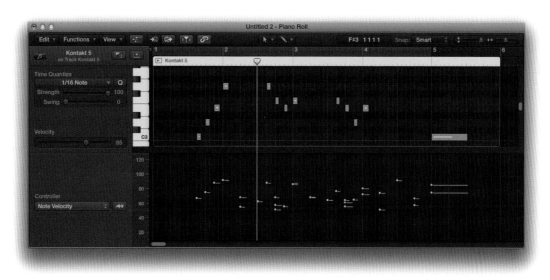

좌측 하단의 Controller 버튼을 클릭하면 조절할 수 있는 컨트롤러 리스트가 나타납니다.

컨트롤러 리스트 중 Note Velocity를 고르면 위치에 따라 벨로시티를 조절할 수 있습니다.

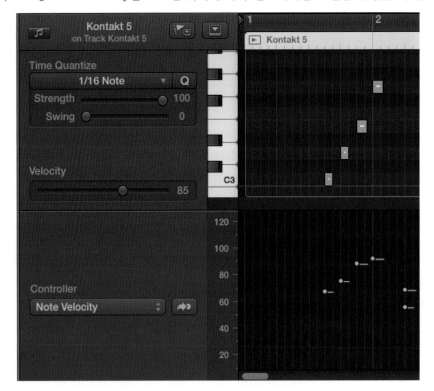

노트 아래에 0~127까지의 단계로 벨로시티를 조절할 수 있는 파란색 컨트롤러가 나타납니다. 마치 막대 사탕을 옆으로 뉘어 놓은듯 한데요. 이 컨트롤러를 잡고 위 아래로 옮기면서 벨로시티 값을 조절할 수 있습니다.

Sustain 값도 마찬가지로 Controller에서 선택하고 편집할 수 있습니다.

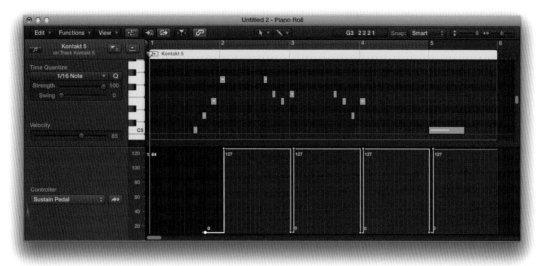

보통 건반으로 미디 데이터를 녹음한다면 페달을 이용해 서스테인 값을 입력할 수 있습니다. 하지만 건반을 이용하지 않았을 경우 서스테인 값을 위 그림과 같이 수작업으로 입력이 가능합니다. 이 외에도 다양한 CC 값을 선택하고 원하는 데로 입력과 편집이 가능합니다.

Section 2

CUBASE 8

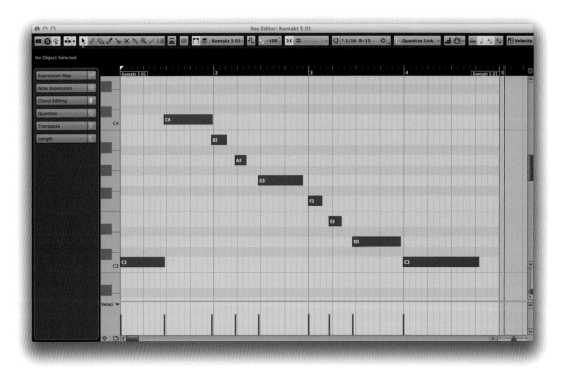

위 그림과 같이 미디 노트가 있을 때 CC 값을 조절하기 위해서는 미디 노트 아래에서 CC 요소를 선택해야 합니다.

왼쪽 하단을 보면 Velocity라고 쓰여진 CC 이름이 보이며 여기에 마우스를 가져가면 아래 화살표가 나타나는 것을 볼 수 있습니다. 이 화살표를 클릭하세요. 그러면 CC 값을 고를 수 있는 리스트가 나타납니다.

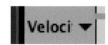

CC 리스트 중 Pitchbend를 선택하겠습니다.

Pitchbend 라고 바뀐 창에서 마우스 포인터를 라인으로 바꾼 뒤 산 모양처럼 불룩하게 만들면 C4의 음정이 살짝 올라갔다가 원상태로 회복되는 벤딩(Bending) 효과를 표현할 수 있습니다. 여기에 더해서 다른 CC 효과를 적용할 수도 있습니다.

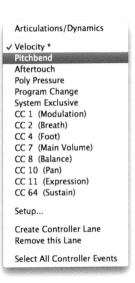

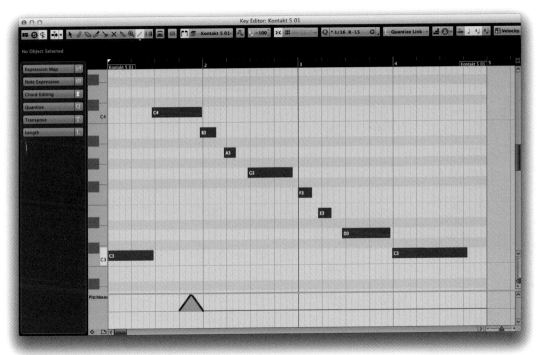

피치벤드 아래의 + 모양을 누르면 아래에 CC 값을 조절할 수 있는 공간이 하나 더 만들어집니다.

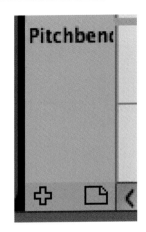

새로 만들어진 CC 조절 트랙에서 이번엔 CC 10 (Pan)을 선택하겠습니다.

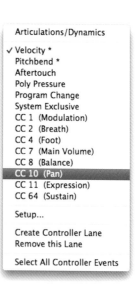

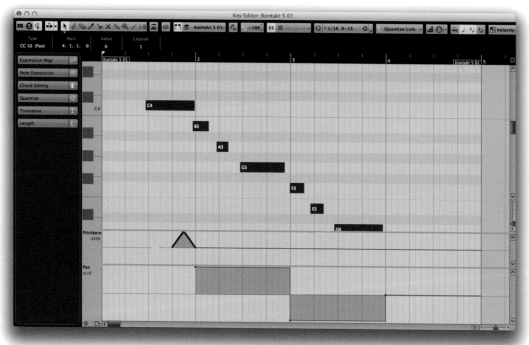

선택 포인터로 바꾼 뒤 option 또는 alt를 누른 상태로 원하는 위치에서 클릭 후 움직이면 좌우로 소리
가 출력되는 위치를 조절할 수 있습니다. 이처럼 다양한 CC 값을 추가 적용할 수 있으며 적용된 내용을
한눈에 볼 수도 있습니다.

Chapter 4
AUTOMATION

오토메이션(Automation)이란 자동 조작이란 뜻으로, DAW에서 다양한 파라메터를 입력한 값으로 자동 조절해 주는 기능입니다. 어느 특정한 악기의 볼륨을 점점 크게 한다거나 신시사이저의 소리에 필터를 걸 때 점점 많이 걸었다가 점점 적게 걸었다가를 직접 노브(Knob) 또는 페이더(Fader) 등을 만지지 않고 자동으로 움직이게 하는 기능입니다.

물론 이렇게 움직이게 하기 위해서는 먼저 어떻게 움직이도록 할 것인지 설정하는 부분이 필요합니다. 원하는 데로 설정 후에는 마치 귀신이 들린 듯 전혀 손을 데지 않아도 노브와 페이더가 움직이며 소리를 변화시키는데, 이러한 기능은 음악을 만드는 전 과정에 거쳐 다양한 방법으로 응용될 수 있습니다.

오른쪽 그림에서 보이는 버튼이 오토메이션 활성화 버튼입니다.

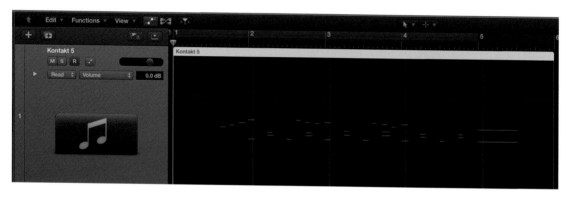

오토메이션을 활성화시키면 트랙에도 똑같은 버튼이 나타나며 오토메이션을 적용시킬 수 있는 화면으로 전환됩니다.

트랙 이름 아래에 보면 Read라는 버튼이 있습니다. 이 버튼을 클릭하면 다음과 같은 메뉴가 나타납니다.

모드	설명
Read	오토메이션 정보 읽고 적용
Touch	재생 또는 녹음 시 트랙과 관련된 파라메터 조절 순간에 오토메이션 데이터를 입력
Latch	재생 또는 녹음 시 트랙과 관련된 파라메터 조절 순간과 마지막 조절 값으로 연이어 오토메이션 데이터 입력
Write	재생 또는 녹음 시 트랙과 관련된 파라메터를 처음 입력된 값 또는 조절한 값으로 계속해서 입력

Touch, Latch, Write 모드를 선택한 뒤 원하는 파라메터를 조절하면 오토메이션 데이터가 트랙에 저장됩니다. 오토메이션 값을 원하는데로 적용한 뒤 꼭 Read로 바꿔주어야 저장한 값을 잃지 않고 안정적으로 적용할 수 있습니다.

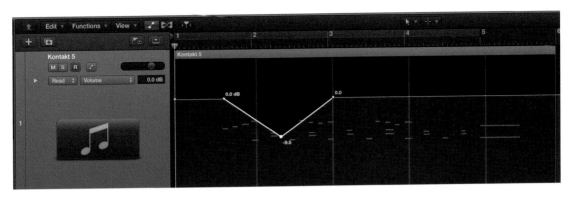

트랙에 더블 클릭하면 오토메이션 지점을 만들 수 있고 이를 조절하여 원하는 대로 오토메이션 값을 입력할 수도 있습니다.

오토메이션을 위해서는 우선 트랙의 왼쪽 하단의
아래 화살표를 눌러 오토메이션 트랙을 열어줍니
다. 화살표는 마우스를 가져가야만 나타납니다.

Read와 Write 버튼으로 오토메이션을 활성화시
킵니다. R과 W 버튼인데 초록색과 빨간색으로 활
성화 됩니다.

재생하면서 볼륨을 조절하면 오토메이션 트랙에
볼륨 정보가 저장됩니다. 다시 플레이하면 조절한
대로 볼륨이 변화됩니다.

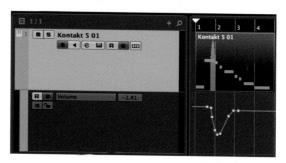

오토메이션으로 조절하고자 하는 내용을 모두 적
용했다면 Write 버튼은 꼭 꺼줍니다.Write 버튼이
활성화 되어 있는 상태에서 혹시 잘못 건드리면 오
토메이션 정보가 바뀔 수 있습니다.
그리고, Read 버튼도 끄면 오토메이션 정보를 읽
지않고 무시합니다. 따라서 오토메이션을 적용했
으면 Read 버튼은 활성화 시켜야 합니다.

오토메이션 트랙의 R과 W 버튼은 앞에서 설명한 대로 정보를 기록하고 읽는 버튼입니다. 그리고 그 버
튼 아래에 ▬모양의 버튼은 오토메이션을 잠깐 정지시키는 버튼이고, 자물쇠 모양은 오토메이션을 바
꿀 수 없도록 잠그는 역할을 합니다.

Chapter 5
CLIP OR REGION

트랙 안에 기록되는 데이터의 모음을 Logic pro X에서는 Region이라 부르며 Cubase 8에서는 Clip이라 부릅니다. 거의 같은 내용을 이름만 다르게 부르는 것인데 처음에 들으면 혼동될 경우가 많습니다. 이 책에서 리전(Region)이라 말하는 것은 클립(Clip)과 동일한 것으로 이해하시면 됩니다.

Section 1

LOGIC PRO X

Logic Pro X에서는 트랙별로 세 가지 리전이 존재합니다. Software Instruments 또는 MIDI 트랙에서는 초록색 미디 리전(MIDI Region)에 미디 데이터가 저장되며, 드러머(Drummer) 트랙에서는 노란색 드러머 리전(Drummer Region)이 만들어집니다. 이와 마찬가지로 오디오 트랙에서는 파란색 오디오 리전(Audio Region) 안에 오디오 데이터가 저장됩니다.
단, 색상은 사용자가 임의로 바꿀 수 있습니다.

Section 2
CUBASE 8

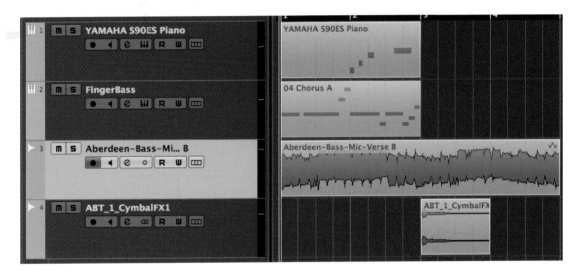

큐베이스는 미디 클립(Clip)과 오디오 클립 두 가지로 나뉩니다. 미디 클립은 MIDI Track 또는 Instrument Track에만 위치할 수 있으며 미디 데이터가 클립에 조그맣게 표시됩니다. 오디오 클립은 Audio Track에 위치하며 오디오 파형이 클립에 나타납니다.

Chapter 6

INSERT

음향기기를 사용하여 소리를 바꾸고자 할 때 다양한 플러그인(Plug-in)을 각각의 채널(Channel)에 걸고 사용합니다. 이렇게 채널에 바로 걸고 사용하는 방법을 Insert라 부르는데 Logic Pro X에서는 이와같은 것을 Audio FX라고 부릅니다.

LOGIC PRO X

채널 스트립의 Input 슬롯 아래에 Audio FX 라고 적힌곳이
Insert 단자입니다.

Audio FX 슬롯을 클릭하면 다양한 이펙터를 불러올 수 있는 메뉴가 나타나며
이 중 컴프레서를 인서트(Insert)하면 Audio FX 슬롯에 Compressor가 장착
됩니다.

Section 2
CUBASE 8

큐베이스의 왼쪽 인스펙터 창을 보면 가상악기 아래에 Audio Inserts라는 막대 버튼이 보입니다. 여기를 클릭하면 플러그인을 걸 수 있는 랙(Rack)이 나타납니다.

마우스를 가져가면 인서트의 전원을 켜고 끌 수 있는 아이콘과 인서트에 플러그인을 불러올 수 있는 아래 화살표 모양의 아이콘이 나타납니다. 여기서 아래 화살표를 클릭하면 컴퓨터에 설치되어 있는 플러그인 리스트가 나타납니다.

여기서 사용하고자 하는 플러그인을 선택합니다.

Waves의 "REQ 6 Stereo"를 선택하였습니다. 인 서트 랙에 장착되어 있는 것을 볼 수 있으며 플러 그인 창이 나타납니다.

이러한 방법으로 큐베이스에서 인서트(Insert) 플 러그인을 불러와 사용할 수 있으며 큐베이스에서 는 채널 세팅(Channel Setting)창을 띄워서도 똑 같이 플러그인을 불러올 수 있고 또 더 다양한 기 능을 채널 세팅 창에서 할 수 있습니다.

영어 "e"가 살짝 기울어진 부분을 클릭하면 채널 세팅 창을 불러올 수 있 습니다.

채널 세팅 창의 왼쪽 Inserts에서 Audio Inserts에서 한 것과 동일한 방 법으로 플러그인을 불러올 수 있습니다.

Chapter 7
SEND

채널에서 나오는 소리를 복사하여 다른 채널에서 변형시키고 원래의 채널에서 나오는 소리와 변형된 소리를 섞어서 새로운 사운드를 표현하고자 할 경우 센드(Send)를 사용하게 됩니다. 보통 리버브(Reverb)와 딜레이(Delay)등 시간계 이펙터(Effector)를 이런 방법으로 많이 사용하는데요, Logic Pro X와 Cubase 8의 용어와 사용 방법이 약간 다릅니다.

Logic Pro X에서는 보통 Bus를 먼저 설정하여 Aux채널을 만들고 이펙터를 적용한 다음 원본의 채널에서 Send양을 조절하여 복사본을 얼마큼 보낼 것인지 정합니다.

Cubase 8에서는 FX Channel을 만든 후 원하는 이펙터를 적용한 뒤 원본 채널에서 Bus 설정을 하고 Send로 보내는 양을 결정하게 됩니다.

약간의 방법 차이는 있지만 결국은 똑같은 사운드 프로세싱의 결과물을 만들어 냅니다.

LOGIC PRO X

Audio FX 아래 Send 슬롯을 클릭하면 채널의 소리를 보내줄 Bus를 선택할 수 있습니다. Bus를 선택하면 해당 버스와 연결된 Aux 채널이 자동으로 생성됩니다.

Bus 2 (L_Hall)을 선택한 뒤 −10dB로 센드(Send)의 양을 조절하였습니다. 센드의 양을 조절하기 위해서는 Send 슬롯 오른쪽의 노브를 이용합니다.

Section 2
CUBASE 8

FX Channel을 먼저 만들고 보내고 싶은 트랙에서 센드(Send) 양을 조절하는 방법으로 리버브(Reverb) 등의 시/공간계 이펙터를 활용하는 경우가 많습니다.

No Effect라고 쓰인 곳을 클릭하면 삽입할 수 있는 플러그인 리스트가 나타납니다.

이펙터 중에 Reverb에서 "IR-L efficient Stereo"를 선택하겠습니다.

Add Track을 클릭하여 새로운 FX Track을 만들어줍니다.

새로운 트랙이 만들어졌습니다.

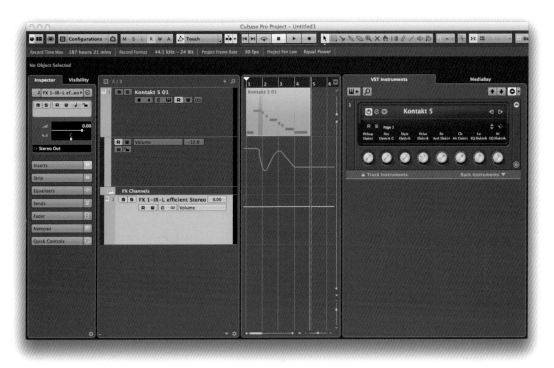

리버브 플러그인 창이 나타납니다.

Sends 부분에 마우스를 가져간 뒤 오른쪽에 나타나는 아래 화살표를 누릅니다.

버스 설정 창이 나타납니다. 여기에는 만들어 놓은
FX 트랙이 보입니다. 이것을 선택하면 소리를 FX
Channel로 보낼 준비가 됩니다.

이렇게 설정이 된 상태에서 왼쪽의 전원 버튼을 켜면 바로 효과가
적용된 사운드를 들을 수 있습니다.

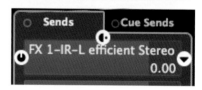

활성화되면 파란색으로 바뀌고 Sends 옆의 원도 가득찬 원으로
바뀝니다.

Chapter 8
MULTI OUTPUT

Section 1
LOGIC PRO X

Logic Pro X에서는 가상악기 설정 시 멀티아웃 가상악기로 선택하셔야 멀티 채널을 사용할 수 있습니다. 처음 로딩할 때 Battery 4 〉 Multi-Output(16xStereo)을 불러오면 멀티 채널을 사용할 준비가 되어 있습니다. 만약 멀티 채널을 로딩하지 않고 그냥 스테레오로 로딩했다면 Instrument Slot에 BATTERY가 로딩되어 있을 때 가상악기 선택 메뉴를 불러옵니다.

BATTERY를 선택하면 하위 메뉴가 펼쳐집니다. 여러개의 Output설정 중에 Multi Output (16xStereo)를 선택하는 것이 가장 사용하기 편리합니다. 왜냐면, BATTERY에서는 셀을 16개의 스테레오(Stereo)채널로 분리할 수 있기 때문입니다.

Battery 4	▶
No Plug-in	
Drum Kit Designer	▶
EFM1 (FM Synth)	▶
ES E (Ensemble Synth)	▶
ES M (Monophonic Synth)	▶
ES P (Polyphonic Synth)	▶
ES1 (Synthesizer 1)	▶
ES2 (Synthesizer 2)	▶
EVOC 20 PS (Vocoder Synth)	▶
EXS24 (Sampler)	▶
External Instrument	▶
Klopfgeist	▶
Retro Synth	▶
Sculpture (Modeling Synth)	▶
Test Oscillator	▶
Ultrabeat (Drum Synth)	▶
Vintage B3 Organ	▶
Vintage Clav	▶
Vintage Electric Piano	▶
AU Generators	▶
- AU Instruments	▶
AU MIDI-controlled Effects	▶

이렇게 설정을 한 다음 믹서에서 더하기 아이콘을 누르면 차례대로 채널이 만들어집니다. 기본 채널은 1/2채널로 설정되어 있고, 하나씩 누를 때마다 3/4, 5/6, 7/8채널이 생성됩니다.

채널이 생성된 후 BATTERY에서 분리한 셀을 연주하면 각각의 채널에서 소리가 나오는 것을 확인할
수 있습니다.

큐베이스에 Kontakt 5를 불러와서 그 안에 있는 악기를 세 개 로딩 (Loading)하였습니다. 바이올린, 비올라, 첼로 이렇게 구성하였으며 이 악기들 각각의 소리에 음향 효과를 다르게 입히고 싶습니다. 이럴 때 어떻게 각각의 채널을 만들고 소리를 보낼 수 있는지 알아보겠습니다.

인스펙터 창의 악기 이름 옆에 Activate Outputs 버튼이 있습니다. 사각형을 뚫고 화살표가 오른쪽으로 나가는 모양의 버튼인데요. 만약 악기가 멀티 채널을 지원할 때 이 버튼을 누르면 악기의 소리가 나가는 채널을 활성화 시킬 수 있습니다.

제일 위에서 부터 세 개의 채널만 활성화 시켰습니다.

각각의 악기별로 연주를 하기 위하여 미디 트랙을 만들어줍니다.

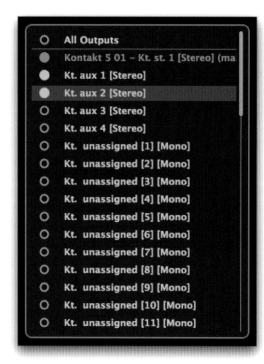

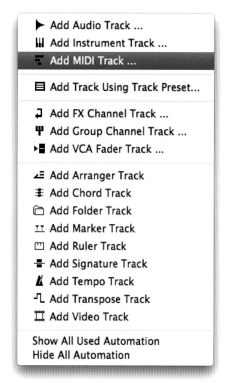

악기가 총 3개 이기에 처음에 만들어 놓은 Instrument 트랙을 제외하고 2개의 트랙을 더합니다.

오른쪽 그림과 같이 각각 연주할 노트를 입력합
니다.

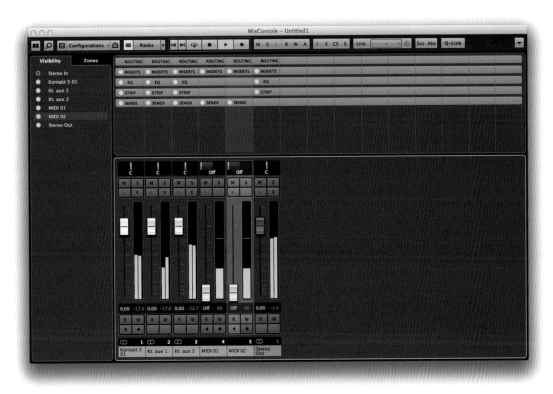

재생하면 총 3개의 채널에서 소리가 나오는 것을 확인할 수 있습니다.

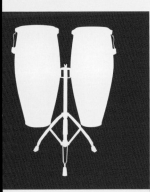

Part 1
ELECTRONIC DANCE MUSIC

EDM(Electronic Dance Music)은 신시사이저(Synthesizer)라는 일렉트로닉 악기를 주로 사용합니다. 이름에서도 알 수 있듯이 춤추기 좋은 비트를 표현해 내는 음악이죠. 흔히 클럽 음악(Club Music)이라고도 하고요.

이번 Part에서는 EDM을 표현함에 있어서 효과적인 방법들을 알아보려고 합니다. 단, 아날로그(Analog) 신시사이저를 이용하는 것이 아니라 컴퓨터(Computer)의 가상악기(Software Instruments)를 활용할 것입니다.

자, 그러면 EDM에서 자주 응용되는 비트의 표현 방법들을 알아보겠습니다.

Chapter 1
EDM DRUMS

: EDM필수 드럼 어레인지 테크닉

EDM에 필요한 드럼 사운드와 간단한 드럼 편곡에 대해 알아보겠습니다.

Section 1
EDM을 위한 드럼
(DRUMS FOR EDM)

드럼(Drum Set)은 다음 사진과 같이 킥(Kick), 스네어(Snare), 탐탐(Tom Tom), 하이햇(Hi-Hat), 라이드(Ride), 크래쉬(Crash)로 이루어져 있습니다.

사진에서 보이는 것처럼 크래쉬와 라이드 그리고 하이햇은 심벌(Cymbals)이며, 킥, 스네어, 탐탐은 드럼이죠. 이렇게 여러 가지 드럼과 심벌을 한 곳에 모아서 한 명의 연주자가 연주하는 것을 Drum Set라고 합니다.

원래는 드럼 세트의 각각의 드럼도 우리나라의 사물놀이처럼 하나씩 독립적으로 연주되던 악기였죠. 오른쪽 사진에서처럼 말이죠.

하지만, EDM에서 쓰이는 드럼은 지금까지 보여드린 어쿠스틱 드럼(Acoustic Drums)보다는 다음에 보여드릴 전자 드럼(Electronic Drums) 소리에 더욱 가깝습니다.

그런데, 이런 전자 드럼은 사람이 직접 연주하는 터라 조금씩 앞뒤로 타이밍(Timing)이 안 맞거나 음량이 일정하지 않게 표현됩니다. EDM에 어울리는 좀 더 기계적인 사운드(Sound)가 필요합니다. 버튼을 누르기만 하면 반복적으로 타이밍이 정확히 지켜지며 동일한 음량으로 쭉 연주될 수 있는 드럼 머신(Drum Machine)이 필요한 것이죠. 다음 사진에서 보여지는 것과 같은 것 말이죠.

자, 이정도면 EDM에 어울리는 드럼 사운드를 완성시킬 수 있을 듯합니다. 그런데, 우리는 이런 장비를 이용하는 것이 아니라 가상악기를 사용하여 음악을 표현하려고 합니다. 그렇다면 어떤 가상악기를 선택해야 할까요?

사실 현재 출시되어있는 가상악기 그 중에서 드럼 가상악기만 해도 그 수가 엄청나게 많습니다. 그중 가장 유명한 드럼 가상악기로는 ToonTrack에서 나온 "EZDRUMMER"를 뽑을 수 있겠죠. 현재 2 버전까지 나와있습니다.

그림에서 알 수 있듯이 "EZDRUMMER"는 어쿠스틱 드럼 사운드를 주로 표현하기 쉽게 되어있습니다. 이름처럼 아주 쉽게 말이죠. 추가로 확장 음원을 구입한다면 전자 드럼의 소리도 얻을 수 있습니다.

"EZDRUMMER"와 쌍벽을 이룬다고 볼 수 있는 드럼 가상악기로는 Native Instruments의 BATTERY가 있습니다.

BATTERY는 각각의 셀(Cell)에 음원을 샘플링하여 원하는 드럼 사운드를 만들어 내기에, 좀 더 드럼 머신에 가깝다고 볼 수 있습니다.

물론, 어쿠스틱한 사운드를 표현하기에도 부족함이 없습니다. 특히 일렉트로닉 드럼 사운드를 표현하는 것에 아주 탁월한 성능을 보이고 있죠. 그래서 우리는 이 BATTERY라는 가상악기를 이용해서 드럼 사운드를 만들 것입니다. 많은 프로들이 사용하는 가상악기이기도 합니다.

현재 BATTERY는 4버전까지 나와있습니다.

EDM 비트(Beat)는 킥이 정박에 연속적으로 펀치를 날리며 스네어가 2박과 4박에 함께 연주되거나 스네어 롤을 표현하며 긴장을 고조시키는 역할을 합니다. Hi-Hat은 보통 업비트(UpBeat)에 연주되어 바운스(Bounce)감을 살려주고 심벌(Cymbals)은 트랜지션(Transition)효과로 많이 사용됩니다. 여기에 더해져서 퍼커션(Percussion)이 그루브(Groove)를 배가 시키기도 합니다. 이러한 작법에 대해서 BATTERY로 어떻게 표현할 수 있는지 하나씩 짚어보겠습니다.

Section 2
EDM KICK(킥)

EDM에서는 킥(Kick)이 제일 앞에서 쿵! 쿵! 가슴을 내려치며 비트의 중심을 잡습니다. 비단 드럼 (Drums)에서만 가장 큰 소리가 아니라 전체 곡을 이루는 악기 중 제일 앞으로 나와서 가장 강력하게 비 트를 때려주는 역할을 합니다.

실제로 음악의 최전방에서 두드러지게 표현되기에 EDM 프로듀서(Producer)들은 킥 사운드에 유난히 집착하고 신경쓰며 작업하기도 합니다.

이런 멋진 킥 사운드를 BATTERY에서 어떻게 표현할 수 있는지 알아보겠습니다.

BATTERY는 Sidebar, header, Cell Matrix, Quick Access area, Edit area로 나누어서 살펴볼 수 있습니다.

우선 Sidebar에서 Library탭(Tab)을 선택하고, Kits를 선택하면 많은 양의 프리셋이 나타나며 리스트 중 마음에 드는 것을 더블 클릭하면 프리셋이 로딩됩니다.

EDM에 어울리는 사운드를 찾기 위해서는 프리셋(Preset)에 들어있는 소리들을 하나씩 확인해보는 것이 제일 좋지만, 조금 더 빨리 찾기 위해서는 프리셋의 이름을 보고 어떤 사운드일지 유추해보는 것이 필요합니다.

예를 들어 "606 Kit"은 Roland의 "TR-606"의 드럼 소리와 비슷할 것이라는 예측이 가능합니다.

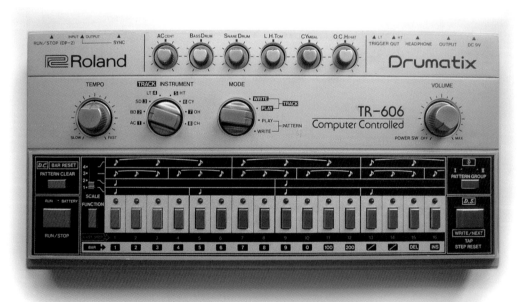

그리고, 만약 "Beatbox Eliot Kit"이라면 입으로 소리내는 비트박스(Beatbox)의 사운드가 들어있을 것 같다고 예측할 수 있겠죠.

그렇다면 "Swedish Drum Kit"이라는 프리셋에는 어떤 사운드가 들어 있을 것으로 예측이 될까요? Swedish House Mafia의 음악에 등장하는 드럼 소리가 상상되신다면 EDM에 어울리는 드럼 소리가 있을 것이라는 예상이 가능하죠.

1. BATTERY Library

"Swedish Drum Kit"을 더블 클릭하여 선택하십시오. 그러면 잠시 로딩 화면이 나타난 후 각각의 셀에 사운드가 심어진 것을 확인할 수 있습니다.

헤더(Header)에는 방금 선택한 사운드의 이름이 나타나게 됩니다.

셀어 심어진 사운드를 듣기 위해서 A행 1열의 첫 번째 셀(Kick Swedish 1)을 눌러보세요.

킥 사운드가 나오는데 〈Swedish House Mafia – Greyhound〉의 도입부 킥 소리와 닮았습니다. 그들의 곡 〈Save The World〉의 킥과도 닮아있죠.

D행 1열의 셀(Kick Swdish 7)에서는 좀 더 딱딱한 킥 사운드가 나옵니다. 〈Greyhound〉의 메인 킥 소리와 닮아있죠. 〈Don't You Worry Child〉의 킥 소리와도 닮아 있고요.

비단 'Swedish house Mafia'의 음악에서만 이런 사운드를 만날 수 있는 것은 아닙니다. 클럽 음악들을 듣다보면 이런 종류의 비슷한 킥을 만날 수 있습니다. Calvin harris나 Avicii같은 뮤지션의 음악에서도 이런 느낌의 킥 사운드를 발견할 수 있죠.

이처럼 BATTERY에는 여러 장르에 사용할 수 있는 대표적인 드럼 사운드가 잘 정리되어 있습니다. 간단히 고르기만 하면 되는 거죠.

Library의 이름만으로 사운드를 예상하기 어렵다면 좀 더 시간을 투자해서 들어보셔야 합니다. 이런 감각은 평소에 음악을 많이 듣다보면 자연스럽게 키울 수 있으니 음악을 많이 들어보는 것이 중요합니다.

킥을 설명하기 전에 우선 드럼 세트 노테이션에 대하여 알아보겠습니다.

Drum Set Notation

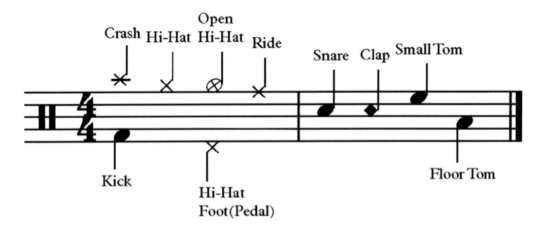

♪ 드럼 노테이션

드럼의 노테이션(Notation)은 드러머(Drummer)와 드럼 세트의 구성에 따라 달라질 수 있습니다.

높은 음자리표 위치에 있는 굵은 두 줄은 퍼커션 음자리표(Percussion Clef)라고 부릅니다.
퍼커션 음자리표의 악보는 시작 부분에서 사용되는 퍼커션의 종류에 따라 노테이션을 알려주고, 악보의 위치에 따른 다양한 퍼커션이 표기됩니다.

이 책에서는 위와 같은 표기법으로 설명드리겠습니다.

자, 그러면 킥부터 살펴보겠습니다. 일반적으로 킥은 정박에 연주합니다. "킥 기본 패턴" 악보를 보시면 4분의 4박자 한 마디에 4분 음표로 정박에 킥이 위치한 것을 보실 수 있습니다.

♪ 킥 기본 패턴

우리가 사용하는 대부분의 가상악기에서 킥은 C1에 할당되어 연주가 가능하도록 되어 있습니다. 우리도 이렇게 입력하면 킥 사운드가 나오긴 하지만 조금 전에 고른 "Kick Swedish 7"의 소리가 아니라 "Kick Swedish 1"의 킥이 연주됩니다.

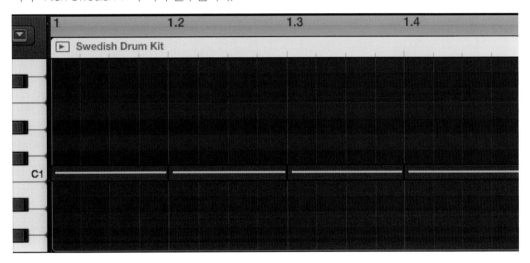

BATTERY에서는 자신이 고른 음을 연주하기 위해서는 해당하는 셀에 어떤 노트가 할당되어 있는지 확인해야 합니다.

원하는 셀을 선택하고 Quick access area의 우측에 보면 Key Range 라는 메뉴에 어떤 노트가 할당되어 있는지 표시가 되어있습니다. 우리가 선택한 "Kick Swedish 7"은 C4로 설정되어 있는 것을 확인할 수 있습니다.

이제 피아노 롤에 한 박자마다 C4노트가 채워지도록 입력하시면 됩니다.

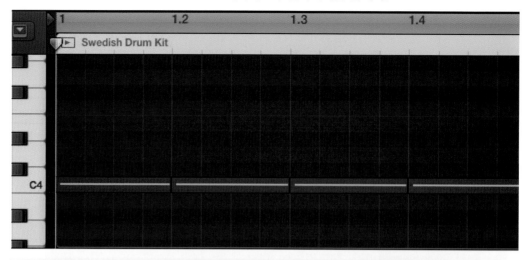

♪ BATTERY 사운드 조절 부분

만약 킥 사운드에 약간의 변화를 주고 싶다면 사운드를 조절할 수 있는 Quick access area와 Edit area에서 여러 가지 효과를 이용해 자신이 원하는 사운드로 변형할 수 있습니다.
이 부분은 뒤에 좀 더 자세히 다루겠습니다.

2. 킥 사운드 (Kick Sound)

킥 사운드 자체를 바꾸기보다는 약간의 프로세스(Process)를 거쳐 질감을 살짝 변화시키면 좀 더 EDM에 어울리는 킥 사운드를 얻을 수 있습니다.

1_ Solid EQ (Equalizer)

Native Instruments의 Solid EQ는 Solid Dynamics, Solid Bus Comp와 함께 Solid Mix Series 중 하나입니다. 믹싱 콘솔의 대명사격인 SSL(Solid State logic) 제품의 느낌을 살린 가상의 이퀄라이저(Equalizer)죠.

여기에는 아주 훌륭히 만들어진 프리셋이 존재합니다. 프리셋 중에 Aggressive Rock Kick을 선택하면 킥이 좀 더 밝아지면서 타격감이 살아나는 것을 느낄 수 있습니다.

Solid EQ를 DAW에서 Kick이 출력되는 채널에 걸어줍니다.

프리셋 메뉴에서 Kick을 선택하면 좀 더 딱딱하고 펀치감 있는 사운드를 얻을 수 있습니다.

이런 식으로 간단히 사운드의 질감을 변형시킬 수 있습니다. 물론 약간 아쉬운 점이 있다면 세부 설정을 조금 더 조절해서 자신이 원하는 느낌으로 효과를 주어도 좋습니다.

Section 3
SNARE ROLL(스네어 롤)

스네어는 악센트(Accent)를 표현하는 악기죠. 보통 작은 북 정도로 생각하시겠지만 스네어라는 이름이 붙은 이유가 있습니다. 그 이유가 바로 스네어에 있죠! 무슨말이냐면 스네어 드럼의 정식 명칭은 "Snare Drum"입니다. "Small Drum"이 아니죠. 그렇다면 여기서 말하는 스네어가 무엇일까요?

우리가 흔히 볼 수 있는 스네어의 모습입니다. 이 스네어를 들어서 뒤로 돌려보면 어떤 줄 같은 것이 달려있습니다.

꼬불꼬불한 모양의 쇠줄이 바로 "스네어(Snare)"입니다. 저 스네어가 스네어 헤드(Snare head)에서 떨리며 스네어 특유의 사운드를 만들어 내는 것입니다.
드러머가 스틱(Stick)을 들고 내리치는 부분을 배터 헤드(Batter Head)라고 부르고, 스네어의 바닥에 스네어와 부딪치며 소리내는 부분을 스네어 헤드라고 합니다.
이 스네어는 탈착이 가능합니다.

스네어 측면에 보면 레버(Lever)가 있습니다. 이것으로 스네어를 스네어 헤드에서 떼었다가 붙였다가 할 수 있는 것이죠. 스네어를 떼어내면 "통!통!" 하면서 정말 작은 북 소리가 납니다. 스네어를 붙이면 우리가 익히 알고있는 그런 스네어 특유의 사운드를 들을 수 있습니다.

자, 그럼 스네어는 어떤 식으로 연주가 될까요?

1. 스네어 패턴 (Snare Pattern)

스네어는 EDM에서 일반적으로 2, 4 박자에 연주됩니다.

♪ 스네어 기본 패턴

총 8개의 스네어 사운드 중 이 첫 번째 스네어가 가장 마음에 드는군요. 이 스네어를 연주하도록 피아노 롤에 입력해 보겠습니다. Kick을 입력할 때와 마찬가지로 우선 셀이 어느 노트에 할당되어 있는지 확인해야 합니다.

"Snare Swedish 1"은 D1에 할당되어 있으니 피아노 롤의 D1에 입력하면 원하는 사운드를 얻을 수 있습니다.

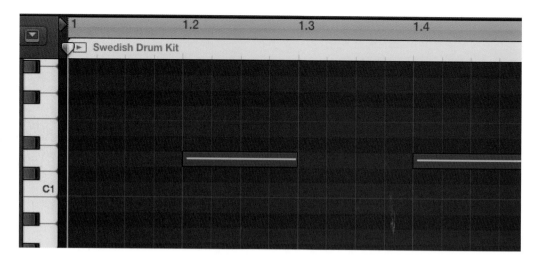

이렇게 해서 가장 흔한 스네어의 연주 기법이 완성되었습니다.

킥과 스네어가 함께 연주될 때에는 킥을 1, 2, 3, 4 박자에 연속적으로 연주하고, 스네어를 2, 4박자에 연주하는 경우가 가장 일반적입니다. 킥과 스네어의 기본 패턴이 합쳐진 경우죠.

♪ 킥 스네어 기본 패턴

이런 패턴을 그대로 피아노 롤에 입력해보겠습니다.

악보에서는 킥이 아래쪽에 있고, 스네어가 위쪽에 있지만 피아노 롤에서는 킥이 위쪽에 스네어가 아래쪽에 있습니다. BATTERY 또는 가상악기를 DAW에 입력할 때 가끔 악보와 위치가 달라 헷갈릴 수 있으니 주의하셔야 합니다.

다음으로 킥을 제외하고 스네어만 1, 2, 3, 4박에 모두 등장하는 패턴이 있습니다.
도입부에 많이 활용되고 있으며, 크라이막스(Climax)부분 또는 드롭(Drop) 후 비트(Beat) 부분에서 킥으로 바뀌는게 일반적이지요.

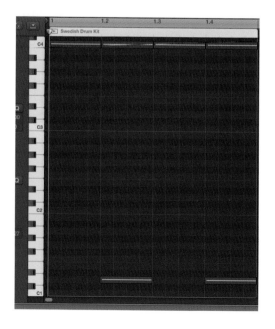

♩ 도입부 스네어 패턴

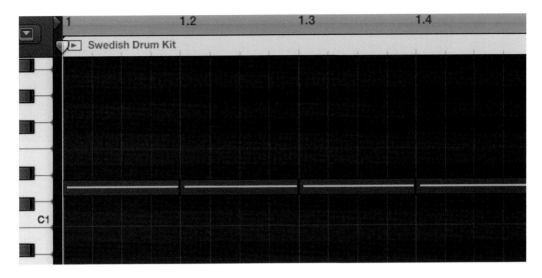

이런 식으로 매 박자마다 스네어가 연주되는 것이죠. 마치 킥 기본 패턴과 흡사합니다. 다만 스네어는 상대적으로 저음이 부족하기에 강력한 펀치(Punch)감을 주는 것보다는 음악의 분위기를 조금씩 달아오르게 하는 목적으로 사용하는 경우가 많습니다.

그리고, EDM에서 가장 흔하게 쓰이는 스네어 필인(Fill-in) 패턴이 바로 스네어 롤입니다.

필인이란 박자를 가득 채운다는 뜻입니다. 다음 프레이즈(Phrase)로 넘어갈 때 전환되는 느낌을 표현하는 용도로 많이 활용되고 있습니다.
분위기를 전환시키는 효과와 더불어 이어지는 부분에 대한 기대감을 높일 수 있기도 합니다.
일반적으로 프레이즈의 끝 부분에서 표현되며, 8마디 또는 16마디 마다 연주되고 있습니다.

♩ 스네어 롤

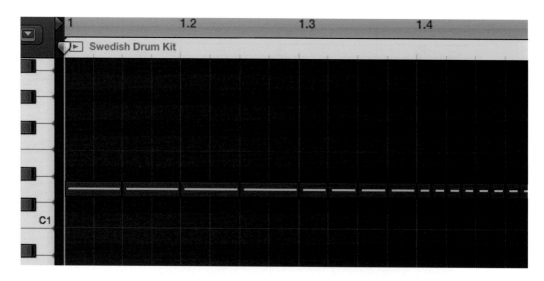

스네어 롤이란 스네어를 빠르게 연속적으로 연주하는 것을 말합니다. 보통 필인부분에서 악보와 같이 점점 빠르게 연주하며 음악의 분위기를 고조시키는 용도로 활용할 수 있습니다.

EDM을 듣다보면 "따 따 따 따 따가다가다가다가 뚜루루루루루…"하는 이런 필인 연주는 쉽게 들을 수 있죠.

요즘은 스네어의 연주 속력이 빨리지며 음정도 함께 올라가도록 하는 표현이 많이 등장하고 있습니다. 스피드가 증가하며 피치가 함께 올라가면 좀 더 극적인 느낌이 배가 됩니다.

이렇게 스네어 롤을 연주하며 피치(Pitch)를 올리는 기법은 어떻게 만들 수 있을지 다음 장에서 알아보겠습니다.

2. 음 높이가 변하는 스네어 (Pitched Snare Roll)

오토메이션(Automation)을 이용하여 '피치드 스네어 롤' 효과를 표현해 보겠습니다.

1_ BATTERY Automation

"BATTERY"의 좌측에 보면 Automation탭이 있습니다. 이것을 선택한 후 host 메뉴에서 Add New…를 클릭하시면 새로운 오토메이션 리스트가 나타납니다.

새로 생성된 오토메이션 리스트를 드래그하여 오토메이션할 노브(Knob) 또는 슬라이더(Slider) 위에 떨어뜨리면 오토메이션 리스트에 적용됩니다.

스네어의 피치를 조절할 것이므로 "#0 Drag to any knob or slider"를 Quick access area에 있는 Tune 노브로 드래그 하십시오. 그러면 Tune이라는 리스트로 설정됩니다.

Edit area의 To Pitch를 선택해도 음정을 조절할 수 있지만 To Pitch는 한 옥타브 범위에서 음정을
조절할 수 있고, Tune은 위로 3옥타브 아래로 3옥타브 범위를 모두 조절할 수 있습니다.
상황에 따라서 적절히 활용하시길 바랍니다.

이제 DAW에서 Tune이라는 오토메이션 값에 변화를 주면 스네어의 피치를 조절할 수 있습니다.

2_ DAW Automation for BATTERY

자신이 사용하는 DAW에서 Tune의 오토메이션을 설정하면 설정한 대로 스네어의 음이 변화됩니다.

스네어롤 필인을 트랙에 입력해 놓습니다.

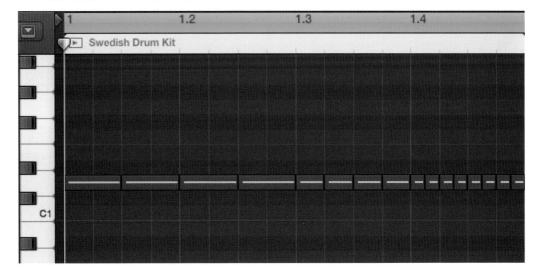

오토메이션을 활성화 시킨 후 Volume이라
고 표시되어 있는 오토메이션 메뉴를 펼쳐
주세요.

오토메이션 메뉴에서 Main 아래쪽의 1 Bat-
tery 4 〉 Tune을 선택하면 Tune의 오토메이
션 값을 지정할 수 있습니다.

오토메이션 값을 0～36까지 올라가도록 한 뒤 재생하면 스네어의 음정이 올라가는 것을 느낄 수
있습니다.

오토메이션의 시작이 0이 아닌 마이너스(-)에서 시작하면 스네어의 피치가 갑자기 쭉 떨어졌다가
올라오게 됩니다.

3. 스네어가 울리는 시간조절 (Snare Sound Envelope)

BATTERY의 Edit area에는 간단히 사운드를 변형시킬 수 있는 다양한 이펙터가 존재합니다. 그 중
Volume Envelope과 Pitch Envelope을 이용하면 음량의 변화와 음정의 변화를 시간의 흐름에 따
라 변형시킬 수 있습니다.

1_ Volume Envelope

시간에 따라 Attack, Hold,
Decay, Sustain, Release
를 조절할 수 있는 노브가
있습니다.

엔벨로프의 모양에 따라서 노브의 적용되는
지점을 그림으로 표현하였습니다.

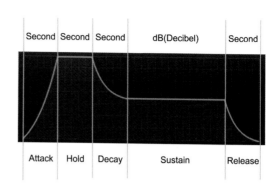

Attack : 소리가 처음 발생되며 가장 큰 음량까지 도달하는데 걸리는 시간
Hold : 가장 큰 음량에서 유지되는 시간
Decay : 가장 큰 음량에서 지속되는 음량으로 낮아지는데 걸리는 시간
Sustain : 지속되는 음량의 크기
Release : 연주를 멈췄을 때 소리가 완전히 사라질 때까지 걸리는 시간
Attack, Hold, Decay, Release는 모두 시간을 조절하기 때문에 노브를 돌리면 아
래에 시간이 표시됩니다.

Sustain은 지속되는 음량의 크기를 결정하기 때문에 노브를 돌리면 아래에 음량
이 표시됩니다.

Volume Envelope의 우측 상단에 있는 두 가지 아이콘 중 산 모양의 아이콘을 선택하면 Attack,
Hold, Decay 이렇게 3가지 노브만 나타납니다.
타악기의 특성상 지속되는 음량 조절기가 필요하지 않을 때 이러한 엔벨로프를 사용해서 음량을
조절하기도 합니다.

악기의 소리가 길게 유지된다면 왼쪽의 아이콘으로 다섯 가지 노브가 나타나게
하여 조절하고, 소리가 짧다면 오른쪽의 아이콘으로 세 가지 노브만 나타나게 해
서 조절하시길 바랍니다.

🎼 엔벨로프
선택 아이콘

보통 킥과 스네어는 짧게 소리가 나타났다가 사라지기 때문에 오른쪽의 아이콘을 선택해서 소리를 조절하시는게 효율적입니다.

어택을 짧게 하면 좀 더 타격감이 있고, 어택을 길게하면 점점 부드러운 느낌으로 표현이 가능합니다.
EDM에서는 부드러운 표현이 많이 쓰이지 않으니 일단 Volume Envelope은 이정도만 알고 그냥 넘어가겠습니다.

2 _ Pitch Envelope

악기의 음 높이가 시간에 따라 변화하도록 설정할 수 있는 장치입니다. 일정한 음을 내도록 두면 깔끔한 소리가 나지만, 음을 변화시키면 좀 더 역동적인 사운드를 얻을 수 있습니다.

피치 엔벨로프를 활성화하면 스네어 소리가 확 달라집니다. 스네어의 음 높이가 크게 변화하기 때문에 그런 현상이 일어나게 되는 것입니다. Amount의 양을 0으로 하면 Pitch Envelope이 작동하지 않는 것과 같고, 끝까지 돌려서 36을 채우면 음의 변화량이 너무 커서 전혀 다른 느낌이 됩니다. 15정도로 조절하면 음이 높아지며 좀 더 타이트(Tight)한 스네어의 사운드를 얻을 수 있습니다.

Volume Envelope은 사용하지 않기에 전원을 끄고, Pitch Envelope은 활성화 된 상태에서 Amount 만 15.0st로 조절하였습니다.

사실, 스네어가 울리는 시간이 매우 짧기 때문에 음 높이의 변화를 인식하려면 Decay를 조절해서 스네어가 울리는 동안에 음의 변화량을 크게하여야 합니다.
다만, 이정도의 조절만으로 원하는 사운드를 얻었다면 그것으로 충분합니다. 기기의 기능을 모두 활용해야 좋은 소리를 얻을 수 있는 것이 아니라 적절히 필요한 기능을 사용할 때 가장 좋은 소리가 만들어질 수 있습니다.

음의 변화량을 조절하여 좀 더 역동적인 사운드로 만들 수 있기에 Pitch Envelope을 적절히 활용하시길 바랍니다.

Pitch Envelope은 Volume Envelope과 조금 다르게 생겼지만 기본적으로 '시간의 흐름에 따라 소리를 변화시키는 장치'라는 것은 동일합니다.

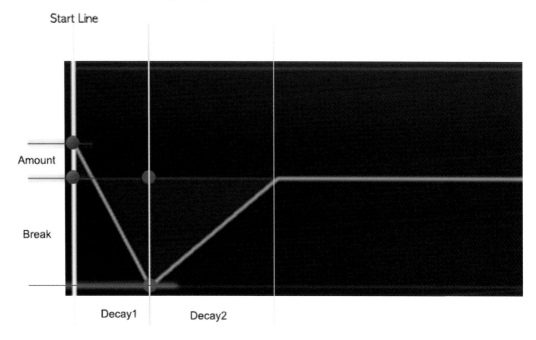

Amount : 처음 시작되는 음 높이의 변화량을 결정합니다.
Decay 1 : 빨간색 시작 점에서 파란 경유점 까지의 시간을 결정합니다.
Break : Decay1이 결정한 시점의 음 높이를 결정합니다.
Decay 2 : 파란 경유점에서 최종적으로 음정 변화량이 0이 되는 시점까지의 시간을 결정합니다.

엔벨로프는 ADSR(Attack, Decay, Sustain, Release)로 이루어진 것이 가장 많습니다. 하지만, 시간의 변화를 조절하기 위하여 Volume Envelope와 같이 AHDSR(Attack, Hold, Decay, Sustain, Release)을 사용할 수 있고 또, Pitch Envelope처럼 ADBD(Amount, Decay1, Break, Decay2)를 사용할 수도 있습니다. 필요에 의해 구성 요소가 달라질 수 있지만 기본적으로 시간의 흐름에 따라 소리를 변화시킨다는 기본 원리는 달라지지 않습니다.

4. 멀티 아웃풋 (Multi Output)

드럼은 한 사람이 여러 드럼을 연주하는 드럼 세트(Drum Set)처럼 하나의 가상악기에 여러 소리가 담겨있는 경우가 많습니다. 하지만, 드럼 소리를 하나하나 따로 조절하고 싶을 때에는 한 사람이 하나의 드럼을 연주하는, 마칭 밴드의 드러머들과 같이 한 채널에 하나의 드럼 소리만 나오도록 설정하는 것이 필요합니다.

다시 말해서, 킥과 스네어 하이햇 등이 모두 하나의 채널에서 소리가 나오던 것을 킥은 킥 채널에서 소리가 나오고 스네어는 스네어 채널에서 소리가 나오도록 분리하는 작업이 필요합니다.

BATTERY에서는 어떻게 각각의 악기를 다른 채널로 분리할 수 있는지 알아보겠습니다.

기본적으로 모든 셀에 심어진 악기들은 1/2번 채널(Master)로 소리가 나오게 되어 있습니다. BATTERY에서는 각각의 셀마다 아주 간단히 다른 채널로 소리를 라우팅(Routing)할 수 있습니다. 우선 스네어를 3/4번 채널로 분리해보겠습니다.

BATTERY의 Swedish Drum Kit 프리셋에서 A행 3열에 위치한 Snare Swedish 1을 선택하고, 마우스의 오른쪽 버튼을 클릭하세요. 그러면 셀 메뉴가 나타납니다.

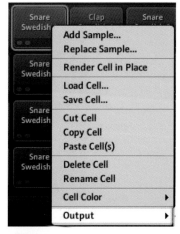

셀 메뉴의 제일 아래에 보면 Output이 있습니다. 이곳으로 마우스를 옮기거나 클릭하면 새로운 메뉴가 펼쳐집니다.

똑같은 방법으로 Direct Out을 선택합니다.

그러면 하위 메뉴에 총 16개의 채널이 나타납니다. 이 중에서 St 3/4를 선택하면 3/4번 채널로 소리가 분리되어 출력됩니다.

이렇게 간단히 다른 채널로 소리를 분리할 수 있습니다.

같은 방법으로 하이햇(Hi-Hat)을 5/6번 채널로 보내고, 탐탐(Tom Tom)을 7/8번 채널로 보내 보겠습니다.

A행 9열에 위치한 ClosedHH Swedish 1셀에서 메뉴를 불러와 Output 〉 Direct Out 〉 St 5/6으로 설정하면 하이햇이 5/6채널에서 소리가 나오게 됩니다.

A행 12열에 위치한 HiTom Swedish 1에서 메뉴를 불러 온 후 Output 〉 Direct Out 〉 St 7/8을 선택하면 탐탐까 지 7/8 채널로 분리가 됩니다.

이렇게 BATTERY를 이용해서 각각의 채널로 분리가 가 능합니다. 분리된 채널에서 각 악기의 특성에 맞추어 사 운드를 조절할 수 있습니다.

다만, 각각의 DAW마다 멀티 채널 설정 방법이 다릅니 다. 자신이 사용하는 DAW에서 멀티 채널 설정을 하셔 야 BATTERY에서 설정한 채널을 사용할 수 있습니다.

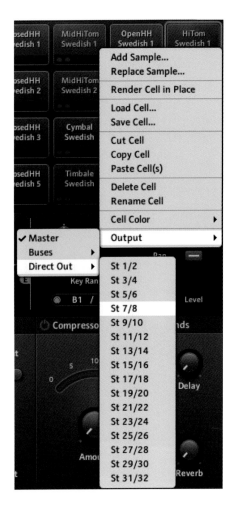

5. 스네어 패턴 정리 (Snare Patterns)

스네어 패턴을 다시 한 번 정리합니다.

기본 패턴은 어느 구간이든 무난하게 사용이 가능합니다. 스네어와 더불어 크랩(Clap)이 함께 어울 어질 때의 효과도 좋습니다. 특히 크랩은 이 기본 패턴을 주로 연주합니다.

KONTAKT FACTORY LIBRARY – Upright Bass

어쿠스틱 드럼을 사람이 연주할 경우 스네어와 킥이 함께 가지 않는 것이 일반적입니다. EDM은 그 음악의 특성상 킥이 정박에 끊임없이 연주되는 경우가 대부분이며 이때 스네어와 함께 연주되는 특징이 있습니다.

♪ 킥 스네어 기본 패턴

킥 대신에 스네어로 리듬을 리드(Lead)하고자 할 경우 쓸 수 있는 패턴입니다. 본문에서도 설명했듯이 도입부에서 리듬을 이끌어갈 경우 효과적입니다.

♪ 도입부 스네어 패턴

EDM 음악을 듣다보면 이런 류의 필인은 꼭 나온다고 할 수 있습니다. 단, 프레이즈가 끝나는 부분에 사용하는 것이 효과적이며, 음정을 함께 올리면 좀 더 극적인 효과를 기대할 수 있습니다.

♪ 스네어 롤 패턴

Bonus 응용패턴

크라이막스로 진입하기 전 4마디 또는 8마디부터 이 패턴을 연주하면 긴장감을 고조시키는데 효과적입니다.

♪ 16비트 변형 패턴

살짝 리듬감을 추가하고 싶은 부분에서 간단히 분위기를 향상시킬 수 있는 패턴입니다.

♪ 8비트 변형 패턴

이 외에도 스네어를 다양하게 바리에이션(Variation)하여 새로운 패턴을 추가 해도 좋습니다. 단, EDM에서는 화려한 드러밍이 등장하는 경우는 드물기 때문에 기본에 충실한 비트를 만들어 주는 것이 효과적입니다.

UP BEAT HI-HAT
(업비트 하이햇)

EDM에서는 주로 하이햇을 엇박에 연주하며 들썩이는 느낌을 배가 시키는데 활용합니다. 어떻게 하면 조금 더 흥겨운 하이햇 비트를 만들 수 있을지 알아보겠습니다.

1. 하이햇 (Hi-Hat)

하이햇은 두 장의 심벌이 함께 소리를 내는 악기입니다. 위쪽과 아래쪽에 있는 하이햇을 서로 밀착시켜 닫은 채로 소리를 내기도 하고 살짝 열어서 소리를 내기도 합니다.

닫은 채로 소리를 내면 '칙'하는 듯한 짧은 소리가 나고 살짝 열어서 연주하면 '칭~'하는 듯한 약간 긴 소리를 내지요.

닫고 연주하는 것을 클로즈드 하이햇(Closed Hi-Hat) 이라 하고 살짝 열어서 연주하는 것은 (Open Hi-Hat)이라 합니다.

위쪽에 있는 하이햇 심벌은 쇠 막대와 연결되어 있습니다. 쇠 막대는 스프링 장치가 되어있어서 아래의 페달(Pedal)에 의해 조절됩니다. 아래쪽에 있는 하이햇 심벌은 기둥에 고정되어 있습니다. 쇠 막대와 연결된 페달에 의해 발로 밟으면 위쪽 하이햇 심벌이 아래로 내려가기 때문에 아래쪽 심벌과 맞닿아 닫히게 되는 것입니다.

다시 간단히 설명하자면 발로 페달을 밟으면 닫히고, 페달에서 발을 살짝 들어올리면 열리게 되어 있습니다.

BATTERY에서 Swedish Drum Kit 프리셋을 열면 9열에 ClosedHH Swedish 라는 에메랄드색 셀이 있습니다. 이것이 바로 클로즈드 하이햇(Closed Hi-Hat) 사운드를 담고 있는 셀입니다.

11열에 있는 OpenHH Swedish 셀이 오픈 하이햇(Open Hi-Hat)소리입니다.

하이햇은 Hi-Hat이라고 표기하기도 하지만 간단히 "HH"라고 표기하는 경우가 많습니다. 다른 타악기류의 가상악기에서도 간단히 "HH"라고 써있는 경우 하이햇일 가능성이 높습니다.

드럼 약어를 "꼭 이렇게만 써야한다" 이런건 없습니다. 다만, 보편적으로 많이 사용하는 표기법을 알고있으면 유용합니다.

Drums (Drum Set) 〉 Dr
Bass Drum (Kick) 〉 BD
Snare Drum 〉 SD
Hi-Hat 〉 HH
Cymbals 〉 Cym

만약 킥의 약어를 BD라고 하지않고, KK라고 해도 자신이 편하게 사용할 수 있으면 문제 없습니다. 하지만 다른 사람들도 쉽게 알 수 있는 표기법을 사용하면 협업을 할 때 편리한 점이 많습니다.

2. 하이햇 패턴 (Hi-Hat Pattern)

EDM에서 많이 쓰이는 업비트 하이햇 패턴에 대해 알아보겠습니다.

우선 하이햇으로 사용할 사운드를 셀에서 선택하고, 어느 음에 할당되어 있는지 확인합니다.

ClosedHH Swedish 2 셀의 사운드를 가지고 하이햇 패턴을 만들겠습니다. ClosedHH Swedish 2는 G#2에 할당되어 있는 것을 확인할 수 있습니다.

클로즈드 하이햇을 엇박에 연속적으로 연주하는 것이 가장 기본적인 EDM 패턴이라 볼 수 있습니다.

♪ 하이햇 기본 패턴

피아노 롤에서 입력하려면 G#2에 8분 음표로 입력해야 원하는 사운드를 만들 수 있습니다.

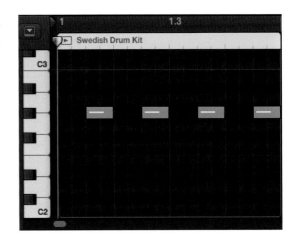

우리가 흔히 아는 하우스(House)의 기본 리듬형이죠. EDM에서 가장 기본적인 하이햇 리듬 패턴은 이와 같습니다.

오픈 하이햇으로 연주하면 좀 더 강렬하게 표현할 수 있죠.

♪ 하이햇 오픈 패턴

피아노 롤에서 입력하기 위해서는 원하는 사운드의 셀을 선택한 후 어떤 음에 할당되어 있는지 다시 확인해야 합니다.

OpenHH Swedish 2의 사운드로 연주하려면 A#2에 노트를 입력해야 하겠죠.

도입부에서는 클로즈드 하이햇으로 연주하다가 강렬한 표현이 필요한 코러스(Chorus) 부분에서 오픈 하이햇으로 변화시키면 분위기를 끌어 올리는데 효과적으로 활용할 수 있습니다.

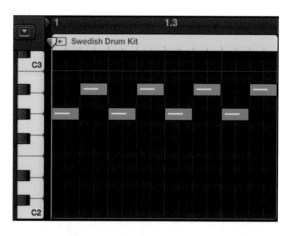

오픈 하이햇이 좀 길게 느껴질때 어떻게 길이를 줄일 수 있을까요?

오픈 하이햇이 닫히도록 하이햇 페달을 밟아서 소리를 잡아주면 됩니다. 하지만 BATTERY에서는 페달을 밟을 수 없습니다. 자~ 어떻게 페달 밟는 효과를 낼 수 있을지 알아봅시다.

가장 간단한 방법이고, 가장 보편적인 방법은 바로 끊고 싶은 부분에 클로즈드 하이햇(G#2)을 연주하는 방법입니다.

이렇게 정박에 클로즈드 하이햇을 넣으면 오픈 하이햇이 엇박에서 시작해서 정박에 끊기는 효과를 볼 수 있습니다. 그런데 또 문제가 있습니다. 정박에 울리는 하이햇 소리가 신경쓰인다는 것이죠. 어떻게 해결할 수 있을까요?

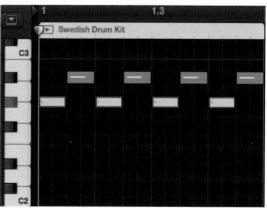

정박에 넣은 클로즈드 하이햇의 벨로시티(Velocity)를 끝까지 줄여서 소리가 들리지 않도록 해보세요~.

이렇게 하면 오픈 하이햇의 길이를 원하는 만큼 줄일 수 있겠죠? 정박이 아니라 좀 더 짧게 또는 좀 더 길게 클로즈드 하이햇을 넣어서 오픈 하이햇의 길이를 조절할 수 있습니다.

하이햇을 16비트로 연주하며 업비트에 엑센트를 주는 패턴도 EDM의 음악에 활용할 수 있습니다.

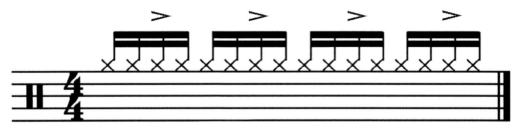

♪ 하이햇 16비트 엑센트

피아노 롤에 입력할 때에는 엑센트노트와 기본 노트의 벨로시티(Velocity) 차이가 크게 나야 합니다.

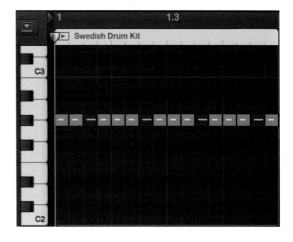

엑센트 노트를 오픈 하이햇으로 바꿔주면 더욱 다이나믹한 사운드의 연출이 가능합니다.

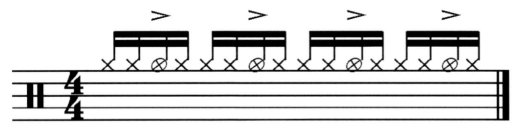

♪ 하이햇 16비트 오픈

엑센트 노트만 오픈 하이햇 위치(A#2)로 바꿔주면 엑센트 노트가 오픈 하이햇 사운드로 변경됩니다.

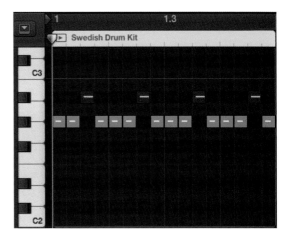

오픈 하이햇을 엑센트로 표현할 때에는 오픈 하이햇만 8분 음표로 바꿔서 연주하는 패턴이 더욱 많이 쓰입니다. 실제로 들어보면 이렇게 연주하는 것이 좀 더 흥겹게 들리는 것을 알 수 있습니다.

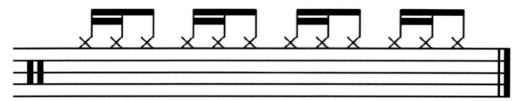

♪ 하이햇 16비트 변형

오픈 하이햇이 첫 박에서 끊어지는데 첫 박의 하이햇 사운드는 크게 필요치 않을 경우가 많습니다. 따라서 첫 박의 하이햇은 벨로시티를 줄여주는 방법으로 시퀀싱을 하면 첫 박에 오는 킥 소리와 어울리며 그루브한 느낌을 줄 수 있죠.

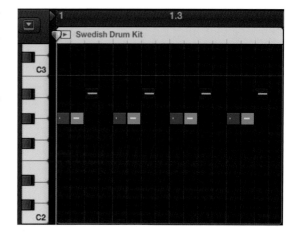

물론 하이햇 사운드와 킥 사운드를 레이어(Layer)시켜 함께 울리는 사운드를 표현하고자 한다면 첫 박의 하이햇을 줄일 필요가 없습니다.
이는 상황에 따라 적절히 활용하시길 바랍니다.

3. 스윙 하이햇 (Swing Hi-Hat)

업비트에 하이햇을 연주하는데 정확한 비트에 연주되는 것보다 약간 뒤로 밀리며 연주될 때 좀 더 그루브한 리듬이 형성되기도 합니다.
이렇게 살짝 뒤로 미는 것을 스윙(Swing)이라 하며 이는 DAW에서 설정할 수 있습니다.

업비트에 있는 오픈 하이햇 노트에 스윙 100을 적용한 경우입니다.

A#2에 있는 오픈 하이햇 노트를 보면 그리드에서 약간 뒤로 밀려 있는 것을 볼 수 있습니다. 스윙을 적용하면 이렇게 그리드에서 뒤로 밀리며 특유의 스윙감을 부여할 수 있습니다.

스윙은 0~100까지 조절 가능하며 0은 그리드에 정확히 닿아 있는 경우이고 100은 3연음의 위치로 밀려있는 것입니다.

다시 말해서 스윙 0은 8분 음표로 표현되는 것이고 스윙 100은 셔플 리듬으로 표현되는 것입니다. 8분 음표와 셔플 사이 어느 부분 즈음이 가장 좋은 그루브로 표현이 되는지 각자의 곡에서 찾아 보신 후 스윙감을 조절하시길 바랍니다.

♪ 스윙 0   ♪ 스윙 100

4. Hi-Hat Pattern

EDM에서 많이 활용되는 하이햇 패턴

♪ 하이햇 기본 패턴

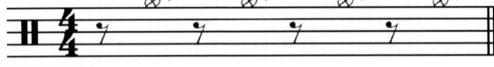

♪ 하이햇 오픈 패턴

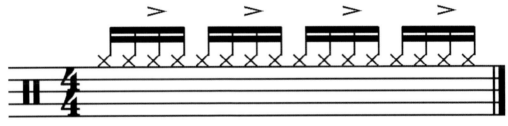

♪ 하이햇 16비트 엑센트

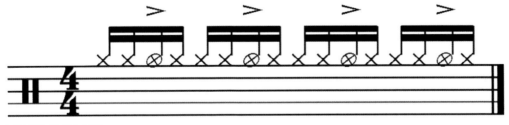

♪ 하이햇 16비트 오픈

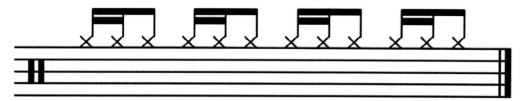

♩ 하이햇 16비트 변형

8분 음표와 셔플 사이의 리듬을 스윙으로 조절하여
그루브를 표현할 수 있습니다.

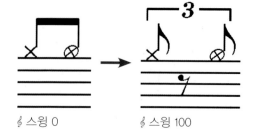

♩ 스윙 0   ♩ 스윙 100

Section 5
Reverse Cymbal
(리버스 심벌)

드럼 세트를 연주할 때 심벌은 보통 첫 박에 '췡~' 하며 울려주는 것이 일반적입니다. 하지만 EDM에서는 첫 박이 시작되기 전에 '쉬~익' 하면서 분위기를 끌어올리며 전환시키는 효과를 표현하는 경우가 많습니다.

1. BATTERY Samples

마칭 밴드 또는 오케스트라에서 심벌즈는 두 장의 심벌을 서로 부딪쳐서 연주합니다. 금속성의 재질에서 나오는 부서지는 듯한 소리를 이용해 곡의 분위기가 전환되거나 강렬한 엑센트가 필요할 때 연주하는 것이 일반적입니다.

드럼 세트에서는 한 장의 심벌을 스탠드(Stand)에 걸어 놓고 스틱(Stick)으로 쳐서 연주하게 됩니다.

🎵 마칭 심벌

🎵 크래쉬 심벌

BATTERY에도 이렇게 스틱으로 쳐서 연주한 느낌의 심벌이 준비되어 있습니다.

Library탭에서 Samples를 선택하면 여러 가지 필터 (Filter)가 나타납니다. 필터에서 자신이 찾고자 하는 것을 선택하면 아래 리스트에 정리됩니다. 정리된 리스트에서 자신이 원하는 소리를 선택한 후 좌측 맨 밑의 스피커 아이콘을 클릭하면 어떤 소리인지 미리 들어 볼 수 있습니다.

선택한 샘플의 소리가 마음에 든다면 BATTERY의 셀에 입력해서 사용 가능합니다.

우선 현재 로딩되어 있는 프리셋에서 자신이 사용할 일이 없다고 생각되는 셀을 선택합니다. 프리셋을 로딩하지 않았다면 아무 셀이나 선택하면 됩니다.
셀을 선택한 후 드래그앤 드롭으로 해당 셀로 선택한 샘플을 가져가면 셀이 바뀝니다. 또는 선택한 샘플을 더블 클릭하면 지정된 셀이 바뀌게 됩니다.

D행 12열의 Metallic Swedish 2 셀을 Crash 707 로 바꾸어 보겠습니다.

셀을 선택한 후 골라놓은 샘플을 더블 클릭하십시오. 그러면 자신이 원하는 소리로 셀이 바뀌어 있는 것을 알 수 있습니다.

선택한 셀을 보면 이름이 'Crash 707'로 바뀌어 있고 셀을 누르면 크래쉬 심벌 소리를 들을 수 있습니다. 이렇게 자신이 원하는 샘플을 셀에 심어서 사용할 수 있습니다.

EDM에서 크래쉬 심벌은 보통 음악의 분위기가 전환되는 부분의 시작 점에 연주합니다. 한 소절이 끝나고 새로운 소절이 등장할 때 연주하는 것이 일반적입니다.

♪ 크래쉬 기본 패턴

두 번째 마디에서 새로운 소절이 시작된다고 가정하고 D행 12 열의 셀에 심어 놓은 사운드를 표현하기 위해서 두 번째 마디 첫 박에 B4 음 노트를 입력해 보십시오.

두 번째 마디가 시작될 때 '쳉~' 하며 크래쉬 심벌이 연주됩니다.

2. 리버쓰 (Reverse)

셀에 심어져 있는 크래쉬 심벌을 리버쓰(Reverse)하여 '쉬~익'하는 소리로 만들려면 어떻게 할까요?

BATTERY에는 간단히 Reverse 버튼을 활성화 시키기만 해 줘도 셀에 심어진 샘플을 거꾸로 연주해 주기 때문에 '쉬~익'하는 리버쓰 심벌 사운드를 쉽게 만들 수 있습니다.

Reverse 버튼이 활성화 된 상태에서 셀을 누르면 샘플이 거꾸로 재생되는 것을 볼 수 있습니다.

이제, 리버쓰 심벌을 적절히 배치하면 원하는 사운드를 얻을 수 있습니다. 그런데 리버쓰 심벌의 타이밍을 맞추기가 쉽지 않습니다.

1_ 리버쓰 타이밍 (Reverse Timing)

두 번째 마디에서 새로운 소절이 시작되고 분위기가 전환되기 때문에 리버쓰 심벌을 두 번째 마디 앞에서 연주하여 두 번째 마디가 시작될 때 사라지게 하고 싶다면, 어떻게 해야 할까요?

미디 노트를 이리저리 옮겨가며
듣기 좋은 타이밍을 찾아가는
것이 하나의 방법입니다.

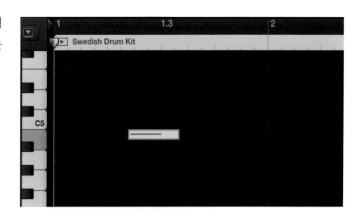

첫 번째 마디 두 번째 박에서 점 16분 음표를 쉬고 연주하면 대충 비슷하게 맞춘 것 같은데 어딘지 모르게 찝찝함을 지울 수 없습니다.

좀 더 정확히 타이밍을 맞추기 위해서는 샘플을 오디오 파일로 변환한 후 DAW에서 리전으로 불러들이는 것이 편합니다.
각자의 DAW에서 나오는 소리를 오디오 파일로 변환한 후 파형을 정확히 맞춰 보시기 바랍니다.

리전에서 오른쪽 마우스를 누르면 메뉴 창이 나타납니다.

메뉴에서 Bounce and Join을 선택하면 하위 메뉴가 나타납니다.

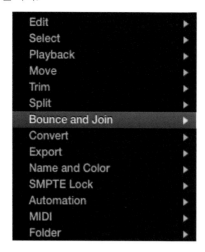

Bounce In Place를 선택하시면 Bounce Regions In Place 설정 창이 나타납니다.

설정 창에서 다음 그림과 같이 설정 후 OK 버튼을 누르면 현재 선택되어 있는 리전은 뮤트가 되고, 새로운 트랙에 Swedish Drum Kit_bip오디오 파일이 만들어집니다.

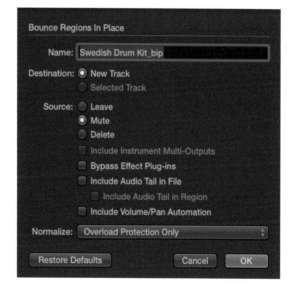

리버스 심벌이 오디오 파일로 만들어 지면 리전을 편집하기 위하여 트랙을 확대합니다.

리전의 뒤에 소리 없는 부분을 삭제합니다.

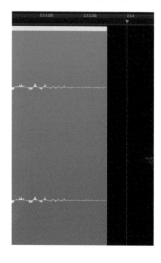

리전의 기준점을 뒤로 옮겨 놓기 위해 더블 클릭하여 File편집 창을 열고 Anchor를 제일 뒤로 옮깁니다.

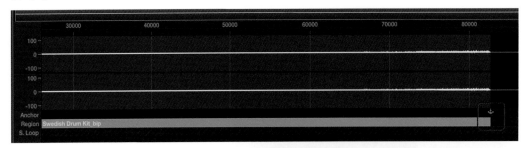

리전의 뒤쪽으로 기준선이 바뀌었으니 2마디에 리전의 뒤를 정확히 맞춰줍니다.
그러면 소리가 정확히 두 번째 마디의 시작 부분에서 사라지게 됩니다.

Snap이 Snap Regions to Relative Value로 되어 있으면 정확히 두 번째 마디에 걸리지 않을 수 있습니다. Snap 메뉴에서 Snap Regions to Absolute Value로 설정하면 정확히 맞춰집니다.

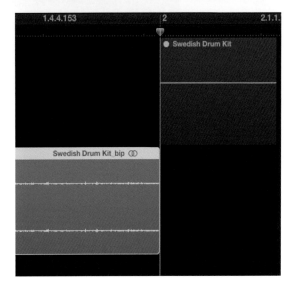

Section 6

IMPACT & BOOMER SOUND
(임팩트와 부머 사운드)

어쿠스틱 악기로 편곡된 음악에서는 크래쉬 심벌이 곡의 분위기 전환 또는 엑센트에 강하게 등장하지만, EDM에서는 크래쉬 심벌 이외에 Impact 또는 Boomer 사운드를 활용하여 좀 더 극적인 표현을 하는 경우가 많습니다.

1. 임팩트 사운드 (Impact Sound)

임팩트 사운드는 무언가 강력한 충격에 의한 소리를 말합니다. 예를 들어 유리컵을 바닥에 내동댕이쳐서 깨지는 소리를 임팩트 사운드라 말할 수 있겠죠.

1_ BATTERY 내장 사운드

BATTERY에는 Impact라는 필터가 마련되어 있습니다. 이러한 충격에 의한 사운드를 쉽게 찾아서 사용할 수 있죠.

BATTERY의 Library 탭에서 Samples 아래 Impact 필터를 적용하면 여러 가지 사운드 리스트가 나타납니다. 자신이 사용할 사운드를 선택한 뒤 드래그 앤 드롭으로 원하는 위치의 셀에 입력하면 쉽게 사용이 가능합니다.

'Impact Sintheti 7'이라는 샘플을 찾아보세요.

찾아낸 샘플을 D행 11열의 셀에 입력하겠습니다.

이렇게 하면 간단히 Impact 사운드를 활용할 수 있습니다. 임팩트 사운드로 활용할 수 있는 샘플은 Impact 필터 이외에도 SFX, Strike, Analog FX 등 다양한 곳에서 찾아 볼 수 있습니다.

2_ 외부 샘플 활용

자신이 구입하거나 무료로 받은 샘플이 있다면 BATTERY에 샘플을 넣어 활용할 수 있습니다. 우선 사운드 샘플이 WAV 파일인지 확인해야 합니다. BATTERY는 MP3파일을 셀에 입력할 수 없습니다. WAV파일로 사운드 샘플이 준비되었다면 간단히 드래그 앤 드롭으로 BATTERY의 셀 위에 떨어뜨리세요. 그러면 셀에 자신의 샘플이 심어집니다. www.freesound.org 에서 'glass break'로 검색하면 "jf Glass Breaking.wav"를 찾을 수 있습니다. 이 파일을 다운받아서 BATTERY에 넣어 보세요. 간단히 드래그 앤 드롭으로 샘플이 셀에 들어간 것을 확인할 수 있습니다. BATTERY에 내장된 샘플 이외에 더욱 다양한 사운드를 원한다면 인터넷 검색을 통해 새로운 샘플을 찾아서 활용할 수 있습니다.

- 다양한 사운드를 다운로드할 수 있는 사이트

www.soundbible.com : 가입 불 필요! 무료 다운로드!

www.freesound.org : 가입 필요! 무료 다운로드!

www.freesfx.co.uk : 가입 필요! 무료 다운로드!

www.soundsnap.com : 가입 필요! 유료 다운로드!

2. 부머 사운드 (Boomer Sound)

멀리 퍼지는 폭탄소리의 느낌을 부머(Boomer)라고 합니다. '강남스타일'의 마지막 부분에 쾅~ 하는 소리 같은거죠.

BATTERY 샘플 중에는 부머 사운드를 찾기 어려운데요. 간단히 리버브를 이용해서 만들어 쓸 수 있습니다.

1_ 소스 (Source) 고르기

우선 쾅~ 터지는 느낌의 소스를 골라야 하는데요. 보통 킥 사운드를 활용해서 만드는 경우가 많습니다. 물론 스네어를 활용하거나 임팩트(Impact) 사운드 등을 활용할 수 있습니다.

BATTERY에서 킥 샘플 중에 뭔가 부서지는 느낌의 사운드를 찾아보면, 'Kick Broken 1'이라는 샘플을 찾을 수 있습니다.

'Kick Broken 1' 샘플을 사용하지 않는 셀에 심어주세요.

D행 9열에 'Kick Broken 1' 샘플을 넣었습니다. 이 샘플을 리버브를 이용해서 멀리까지 퍼지는 폭탄처럼 만들 것입니다. 그러기 위해 채널을 분리하겠습니다.

셀 위에서 오른쪽 마우스로 메뉴를 불러온 다음 그림과 같이 선택하면 St 9/10 채널로 사운드를 보낼 수 있습니다.

부머 소스를 고를 때에는 저음역이 확실하고, 고음역 부분의 어택(Attack)감이 강한 사운드를 선택하는 것이 좋습니다.

'Kick Broken 1'의 주파수 대역을 살펴보면 저음역이 강하게 있고 고음역 부분도 충실한 것을 볼 수 있습니다.

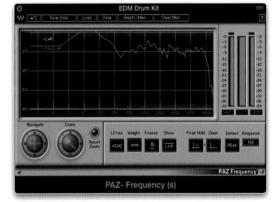

Kick Broken 1

반면에 'Kick Broken 8'의 주파수 대역은 저음역은 괜찮지만 고음역 부분이 좀 약합니다.

Kick Broken 8

따라서 전체적으로 소리가 강하게 들릴 수 있는 'Kick Broken 1'이 부머 사운드를 만들기에 좀 더 어울린다고 보여집니다.

물론 아날라이저(Analyzer)에서 보여지는 것만 믿으면 안 돼지만 이런 부분을 충분히 참고하는 것은 나쁘지 않습니다.

귀로 확인하고 또 눈으로도 재차 확인하면 좀 더 좋은 소스를 찾는데 도움이 될 것입니다.

2_ 인서트 리버브 (Insert Reverb)

리버브는 센드(Send)로 보내는 방식이 아니라 인서트 (Insert)에 직접 거는 방법으로 하는 것이 부머 사운드를 만들때 효과적입니다.

Battery 9/10 채널의 인서트에 RC 24 리버브를 걸고, 프리셋 중 'Large Hall Bright'를 선택하겠습니다.

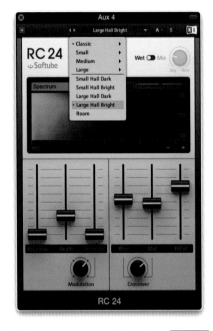

멀리까지 퍼지는 폭탄 느낌의 부머 사운드는 이렇게 간단히 만들 수 있습니다. 만약 RC 24 이외의 리버브를 사용한다면 Dry / Wet 부분에서 Wet 100%로 설정하고 리버브 타임 (Time)을 길게 설정하면 비슷한 효과를 볼 수 있습니다. 그림과 같이 BATTERY 9/10 채널의 Audio FX 슬롯에 RC 24를 삽입하고 프리셋을 적용하면 됩니다.

Section 7
BEAT ARRANGE
(비트 편곡)

이 전에는 각각의 악기별 쓰임을 알아보았다면 이번 파트에서는 악기들이 서로 어울어져 앙상블을 이루며 비트를 만들어 가는 실제 과정을 파해치겠습니다.

그러기 위해 EDM 곡에 자주 등장하는 비트 패턴(Beat Pattern)을 알아본 뒤, 곡의 구성에 따라 쓰이는 실제 예시를 분석합니다.

1. 비트 패턴 (BEAT Pattern)

EDM은 타 장르에 비해 비트가 단순한 경우가 많습니다. 가장 흔하게 쓰이는 패턴들을 악기별로 또 앙상블로 표현한 예를 보겠습니다.

1_ 악기별 패턴

Kick, Snare, Hi-Hat, Crash(Boomer, Impact)의 패턴을 정리하고 이를 따로 또 같이 배치하며 EDM 비트를 만들 수 있습니다. 악기별로 패턴을 정리해 보겠습니다.

[A] Kick

기본 킥 패턴입니다. 90% 이상의 EDM 음악에 등장한다고 생각되는 가장 흔한 패턴이며 가장 중요한 패턴입니다.

♪ 킥 기본 패턴

'스네어 롤'과 같이 킥을 이용한 롤 패턴도 활용할 수 있습니다. 오히려 스네어 롤 보다 속도감이 더 강하게 느껴지기도 함으로 적절히 활용한다면 멋진 사운드를 연출할 수 있습니다.

♪ 킥 롤 패턴

이번에는 덥스텝에 등장하는 킥 패턴입니다. 보통 EDM과 달리 덥스텝에서는 두 마디 하프타임 패턴으로 킥이 연주됩니다. 예를 들어 bpm140으로 흐르는 음악에서 드럼 비트는 그 속력의 딱 절반인 bpm70으로 느껴지도록 연주하는 것입니다. 단 일정한 '쿵쿵쿵쿵'이 아니라 '쿵 쿠쿵 쿠구 쿠쿵'하며 화려한 패턴으로 되어 있는 경우가 많습니다.

♪ 덥스텝 킥 패턴 1

'덥스텝 킥 패턴 1'처럼 연주하는 패턴이 많이 쓰이고 또 살짝 비트를 쪼개어 좀 더 화려한 느낌으로 연주하기도 합니다.

♪ 덥스텝 킥 패턴 2

덥스텝 비트를 만들 때 2분 음표가 있는 부분에서 스네어와 킥이 함께 울리도록 하는 경우도 있고, 스네어가 더욱 부각되도록 킥을 빼는 경우도 있습니다.

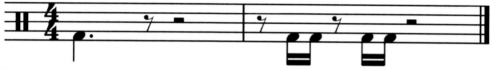

♪ 덥스텝 킥 패턴 3

이런 식으로 비트를 화려하게 만들지만 속력은 반으로 느려진 것처럼 표현하는 것이 덥스텝 리듬에서는 가장 흔하게 쓰입니다.

[B] Snare

2박과 4박에 스네어가 들어가는 가장 일반적인 스네어 패턴이 EDM에서도 제일 많이 쓰이는 패턴입니다. 이러한 패턴에 크랩(Clap)을 연주하는 경우도 많이 있습니다.

♪ 스네어 기본 패턴

기본 킥 패턴과 같이 정박에 연속으로 등장하는 스네어 패턴도 도입부에서는 많이 활용되는 패턴입니다.

♪ 도입부 스네어 패턴

'스네어 롤' 패턴은 프레이즈가 바뀌기 전 분위기를 고조시키는 장치로 활용할 수 있습니다.

♪ 스네어 롤

브릿지 또는 빌드업 부분에서 사용하면 효과적인 스네어 패턴입니다.

♪ 16비트 변형 패턴

이 패턴도 마찬가지로 브릿지 또는 빌드업 부분에서 활용할 수 있으며 빌드업 마지막 부분에서는 '스네어 롤'을 활용하여 드롭으로 넘어가는 것이 일반적입니다.

♪ 8비트 변형 패턴

요즘 유행하는 덥스텝(DubStep) 장르에서는 하프 타임으로 킥과 스네어가 비트를 만드는 경우가 많습니다. 스네어 대신 임팩트 사운드를 넣는 것도 화려한 덥스텝 비트에 어울릴 수 있습니다.

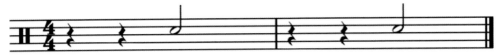

♪ 8비트 변형 패턴

스네어도 타 장르에 비해 좀 더 단순한 패턴이 많이 사용됩니다. 패턴은 단순하게 하지만 사운드는 강렬하게 하는 것이 EDM 비트 메이킹의 가장 중요한 포인트입니다.

[C] Hi-Hat

업비트에 하이햇이 오는 경우가 가장 흔한 경우입니다. 단, 킥이 울릴 때 고음역 부분이 살아나도록 하이햇을 함께 연주하는 경우도 적지 않으니 고려해 볼 만한 선택 사항입니다.

♪ 하이햇 기본 패턴

업비트에 오픈 하이햇으로 연주하면 좀 더 리듬감이 강해집니다.

🎵 하이햇 오픈 패턴

16비트에 엑센트를 넣어 연주하면 속력이 빨라진 것처럼 느껴지며 좀 더 경쾌한 비트를 만들 수 있습니다.

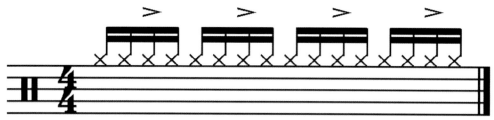

🎵 하이햇 16비트 엑센트

엑센트 부분에 오픈 하이햇으로 좀 더 강한 표현이 가능합니다.

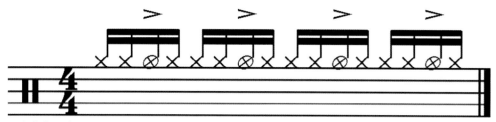

🎵 하이햇 16비트 오픈

오픈 하이햇은 8비트로 나머지는 16비트로 연주하면 속력이 빠르게 느껴지며 동시에 강한 리듬감까지 얻을 수 있습니다.

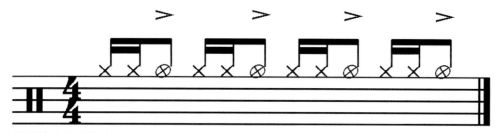

🎵 하이햇 16비트 변형

8분 음표를 클로즈드 하이햇으로 바꾸고 엑센트를 제거한 패턴도 많이 찾을 수 있는 패턴 중 하나죠.

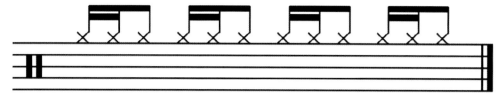

🎵 하이햇 16비트 변형 − 1

이 외에도 2마디 패턴으로 화려한 하이햇을 작은 소리로 첨부하는 경우도 가끔 볼 수 있고, 이러한 엑센트만 따 온 퍼커션을 살짝 삽입하기도 합니다.

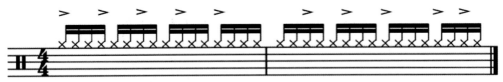

♪ 하이햇 16비트 변형 – 2

이보다 더 다양한 리듬으로 하이햇 또는 퍼커션을 응용하여 리듬을 좀 더 맛있게 만들 수 있으니 자신만의 새로운 패턴을 만드는 것도 좋습니다.

[D] Crash (Impact, Boomer)
크래쉬, 임팩트, 부머는 모두 프레이즈의 시작 부분에서 연주되는 경우가 많습니다.

♪ 크래쉬 기본 패턴

부머와 임팩트는 따로 악보 표기는 하지 않았지만 크래쉬와 같이 분위기가 전환되는 부분에 적절히 번갈아 사용하시면 효과적입니다.

2_ 비트 패턴 만들기

악기별로 따로 있는 패턴을 조합하면 앙상블을 이루며 비트 패턴이 만들어집니다.

예를 들어 '킥 기본 패턴'과 '스네어 기본 패턴'을 조합하면 킥과 스네어로 이루어진 비트가 만들어
집니다.

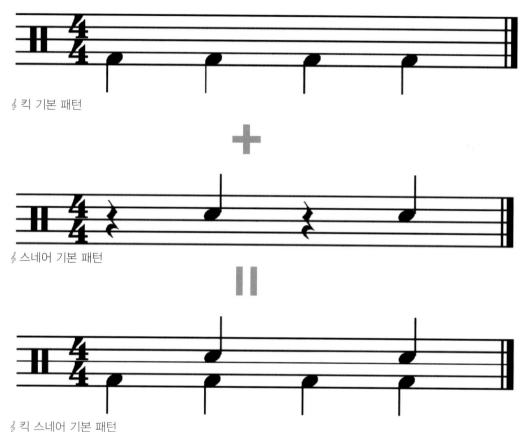

♪ 킥 기본 패턴

♪ 스네어 기본 패턴

♪ 킥 스네어 기본 패턴

여기에 하이햇 기본 패턴을 더하면 가장 기본적인 EDM 패턴이 만들어지는 것이죠.

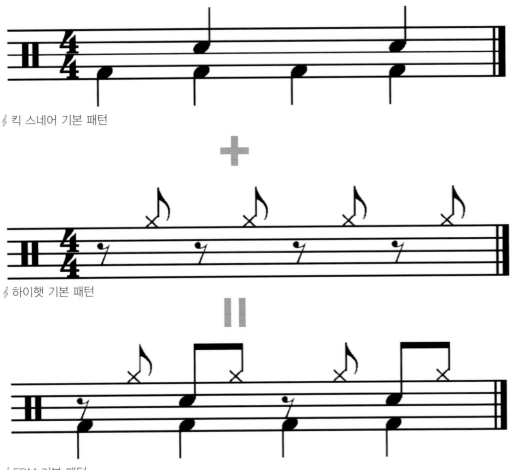

🎵 킥 스네어 기본 패턴

🎵 하이햇 기본 패턴

🎵 EDM 기본 패턴

만약, 하이햇 패턴 중 '하이햇 16비트 변형 – 1' + 스네어의 '하프 타임 비트' + 킥의 '덥 스텝 킥 패턴 3'을 조합한다면 어떤 리듬이 될까요?

다음과 같은 화려하면서도 독특한 그루브(Groove)를 갖는 비트가 만들어집니다.

🎵 덥 스텝 패턴 1

그렇다면 이제 비트 만드는 방법에 대해 좀 아시겠죠?

악기별 패턴 중 마음에 드는 것을 가져와서 조합하면 내가 원하는 비트로 표현할 수 있습니다.

악보에 그려진 패턴을 그때 그때 입력하여 비트를 만들 수 있고, 패턴을 미디 파일로 만들어 정리한 후 블록 쌓기 놀이처럼 비트를 만드는 방법도 있습니다. 미디 파일로 정리해 놓으면 다음에도 계속 활용할 수 있어서 작업 시간을 단축하는데 도움이 됩니다.

아래 그림은 미디 파일로 미리 정리해 놓은 악기별 패턴입니다. 이 패턴 파일을 DAW로 가져오면 쉽고 빠르게 비트를 만들어 갈 수 있습니다. 우선 '스네어 기본 패턴', '킥 기본 패턴', '하이햇 기본 패턴' 이렇게 3가지를 조합해 보겠습니다.

Name	Kind	Size
8비트 변형 패턴.mid	Standard MIDI File	137 bytes
16비트 변형 패턴.mid	Standard MIDI File	137 bytes
덥스텝 킥 패턴 1.mid	Standard MIDI File	166 bytes
덥스텝 킥 패턴 2.mid	Standard MIDI File	173 bytes
덥스텝 킥 패턴 3.mid	Standard MIDI File	146 bytes
덥스텝 킥 패턴.mid	Standard MIDI File	166 bytes
도입부 스네어 패턴.mid	Standard MIDI File	132 bytes
부머.mid	Standard MIDI File	86 bytes
스네어 기본 패턴.mid	Standard MIDI File	112 bytes
스네어 롤.mid	Standard MIDI File	215 bytes
유리 깨기.mid	Standard MIDI File	92 bytes
임팩트.mid	Standard MIDI File	88 bytes
크래쉬 심벌.mid	Standard MIDI File	95 bytes
킥 기본 패턴.mid	Standard MIDI File	133 bytes
킥 롤 패턴.mid	Standard MIDI File	218 bytes
하이햇 16비트 변형 – 1.mid	Standard MIDI File	200 bytes
하이햇 16비트 변형 – 2.mid	Standard MIDI File	356 bytes
하이햇 16비트 변형.mid	Standard MIDI File	196 bytes
하이햇 16비트 엑센트.mid	Standard MIDI File	227 bytes
하이햇 16비트 오픈.mid	Standard MIDI File	224 bytes
하이햇 기본 패턴.mid	Standard MIDI File	133 bytes
하이햇 오픈 패턴.mid	Standard MIDI File	166 bytes
하프 타임 패턴.mid	Standard MIDI File	109 bytes

미리 만들어 놓은 미디 파일을 DAW로 가져가면 마치 블록 놀이처럼 쉽게 비트를 조합할 수 있습니다.

이런 식으로 다양하게 패턴블록(미디 파일)을 맞춰가면서 마음에 드는 비트를 만들어 보세요.

2. 비트와 곡 구성 (BEAT & Song Form)

비트가 준비되었다면 곡의 어느 부분에서 활용할지 결정해야 합니다. 예를 들어 곡의 시작 부분에서 가벼운 킥만 연주하고, Verse/Breakdown에서는 드럼을 연주하지 않습니다. Prechorus/Build-Up에 들어서며 저음이 보강된 강한 킥이 등장하고 킥과 함께 다른 악기가 더해져 비트를 만들어 갑니다. Drop 부분에서는 강한 킥 위에 독창적인 사운드를 표현합니다. 이렇게 자신이 만드는 EDM의 비트를 곡의 구성에 따라 조금씩 다르게 표현할 수 있습니다. 또는 시작 부분에서는 스네어가 주로 연주되다가 드롭비트에 들어서며 저음이 강한 킥이 울려 퍼지게 할 수 있습니다.

구성을 짤 때에는 최대한 춤추기 좋은 시간으로 배분해야 합니다. 그러기 위해 곡의 구성에 대한 기본적인 지식이 필요합니다. 곡을 구성하는 일반적인 구성법에 대해 살펴보며 각각의 구성 요소에 어울리는 비트를 찾아보겠습니다.

1_ Pop Form

일반적으로 가장 흔한 곡의 구성입니다. 비단 EDM뿐 아니라 여러 장르의 대중 음악에서 이러한 구성을 찾을 수 있습니다.

Pop Form	
Intro(전주)	곡의 시작을 알리고, 곡에 대한 힌트를 살짝 던져주는 곡의 제일 처음 부분.
Verse(도입부)	보통은 가사가 시작되는 부분. 일반적으로 곡 전체를 봤을때 가장 차분한 느낌이 드는 부분이고, 악기의 음정 폭도 크게 도약하지 않고 부드럽게 흐름.
PreChorus(연결부)	Verse와 Chorus를 연결하는 다리 역할을 하는 부분. Verse의 차분한 느낌이 점차 상승해서 Chorus에서 가장 흥분할 수 있는 상태로 만들어 주는 기능.
Chorus/Drop(후렴부)	곡 전체적으로 봤을때 가장 고조된 느낌을 주는 부분. 가사가 없이 Drop으로 표현되기도 합니다.
Interlude(간주)	Chorus에서의 고조된 느낌을 조금 가라앉히고 가사없이 악기 연주로만 이루어진 부분. 락 발라드(Rock Ballad)에서 기타 솔로가 등장하는 부분.
Bridge(강조부)	Chorus 이후에 분위기를 전환시켰다가 다시 Chorus로 돌아갔을 때 더욱 극적인 효과를 주기 위해 Chorus와 Chorus 사이에서 반전을 일으키는 부분. 다른 부분과는 확연히 다르게 고조되는 느낌.
Outro(후주)	곡이 끝나는 부분.

Ex〉 강남스타일

Intro - Verse -PreChorus - Chorus
- Verse - PreChorus - Chorus -
Bridge - Chorus - Outro

Intro와 Outro는 위치가 정해져 있지만, Intro 없이 바로 Verse부터 시작하는 것도 가능하고, Bridge와 PreChorus가 없는 구성도 있습니다.

다시 말해서, 곡의 완성도를 위하여 곡의 구성은 마음껏 편집이 가능하다는 이야기입니다. 창의적인 접근으로 좀 더 매력적인 구성을 완성해보세요.

2_ Long Form

EDM 장르에서는 춤추는 분위기를 서서히 형성하며 폭발시키는 구성으로 접근하는 경우가 많습니다. Pop Form보다는 일반적으로 길이가 길며 약간 다른 용어를 사용합니다.

LONG FORM	
INTRO(전주)	곡의 시작을 알리고, 곡에 대한 힌트를 살짝 던져주는 곡의 제일 처음 부분.
BREAKDOWN(도입부)	가장 감성적으로 접근하는 부분. 비트가 약해지고, 화음과 멜로디가 부각되면서 곡에 감성적으로 몰입할 수 있는 구간.
BUILD-UP(연결부)	Drop으로 가기 위해 점차 분위기를 끌어 올리는 부분. Rising FX가 적극적으로 활용되고, 분위기를 한껏 달아오르게 점진적으로 고조시킴.
DROP(후렴부)	곡의 크라이막스(Climax). 강력한 Beat와 Bass로 가장 흥분되는 구간. Drop을 Beat 1, 2로 나누기도 함.
OUTRO(후주)	곡이 끝나는 부분.

EX〉 Martin Garrix – Animals (Original MIX)

Intro – Breakdown 1 – Build-Up 1 – Drop 1 – Breakdown 2 – Build-Up 2 – Drop 2 – Outro

Intro와 outro가 각각 1분 정도씩 됩니다. 이런 긴 인트로를 Long Form에서는 흔히 볼 수 있죠. 인트로에서 살짝 라이징 효과(Rising FX)도 등장합니다. 1분 52초부터가 Drop/Beat 부분입니다. 특이한 점은 Pop Form Mix와 Long Form Mix가 같이 발표되는 것입니다. EDM은 장르적 특성상 Club에서 DJ들이 연주하기 위한 Long Form과 대중들에게 발표하는 Pop Form을 함께 발표하는 경우가 많습니다.

2_ Beat 활용 예시

이 책에서 말하는 활용 예시는 어디까지나 자주 활용되고 있는 내용만 다루고 있습니다. 곡을 만들 때에는 책에서 제시한 예를 활용하고 응용하여 자신이 표현하고자 하는 비트를 만들어 가시길 바랍니다.

[A] EDM 대표 비트

♪ 킥 기본 패턴

Intro와 Drop에서 드럼 비트로 많이 활용되고 있는 패턴입니다. Intro에서는 '킥 기본 패턴'과 함께 고음부의 악기들이 조금씩 추가되고 라이징 이펙트가 나오기도 합니다. Drop에서는 리드(Lead) 사운드와 베이스(Bass)가 함께 새로운 느낌을 만들며 해당 곡에서 가장 매력적인 비트를 표현하게 됩니다. Verse와 Breakdown에서도 심심치 않게 쓰이고 있습니다. 이러한 기본 패턴 위에 다양한 필인('스네어 롤' 등)이 곡의 중간 중간에 활용되고 있습니다. 물론 PreChorus와 Build-Up에서도 '킥 기본 패턴'을 연주하며 다른 악기들을 배치하여 효과적인 느낌을 만들 수 있습니다. 다만, Intro와 Drop 부분에서 좀 더 적극적으로 활용되고 있습니다.

EDM 전반에 걸쳐 가장 많이 쓰이는 드럼 비트가 바로 '킥 기본 패턴'입니다. 곡의 어느 부분에나 쓰일 수 있고 쓰이고 있는 패턴이죠. 그렇기 때문에 많은 EDM 프로듀서와 DJ들은 킥 사운드에 많은 투자를 하게 됩니다.

[B] Kick Sound

킥 사운드를 만들 때 하이패스 필터를 적용하여 고음만 살아있는 킥 사운드를 Intro에 활용하는 경우가 많습니다. 필터가 적용된 킥이 연주되다가 Build-Up 부분에서 필터를 끄고 저음이 보강된 킥을 등장시키는 것이 효과적입니다.

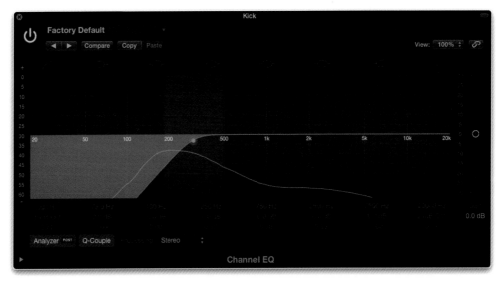

♪ 하이패스 필터 적용

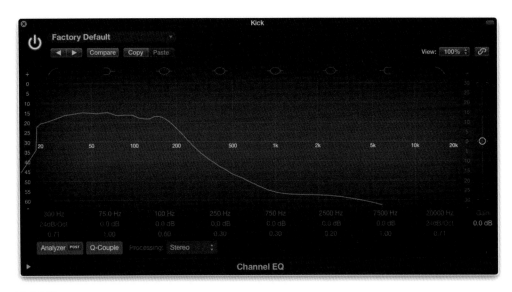

♪ 필터 끔

하이패스 필터를 300Hz 부분에서 적용했다가 필터를 껐을 때 파형을 비교해 보세요. 필터를 끈 상태에서는 저음이 크게 부풀어 올라있는 것을 볼 수 있습니다. 다시 말해서 저음이 강하게 연주되고 있다는 뜻이죠.

곡 전체에 로우패스 필터를 적용하여 멀리서 점점 다가오는 듯한 느낌을 표현하기도 합니다.

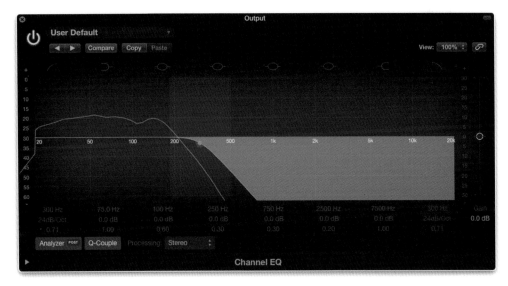

♪ 로우패스 필터 적용

로우패스 필터를 300Hz부분에서 시작해서 서서히 20kHz까지 완전히 열어주면 멀리서 다가오는 듯한 표현이 가능합니다. Pop Form의 곡 Intro부분에서 이런 표현을 찾아보기 쉬우며 Long Form의 곡 중간에 Breakdown 부분에서 활용하는 것도 종종 발견할 수 있습니다.

필터를 활용하는 것 이외에 킥 사운드를 레어어하는 경우도 많습니다. 저음이 강한 킥과 중역대가 좋은 킥 그리고 고음이 강한 킥을 함께 연주하여 좀 더 강력한 사운드를 만들어 내는 것입니다.

미디 노트를 레이어 하여 각각의 킥을 함께 연주하도록 할 수 있습니다.

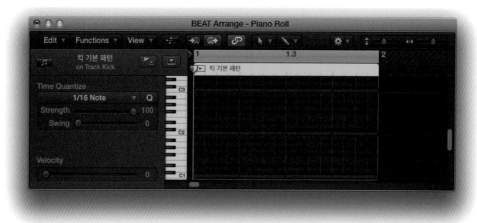

BATTERY의 Editor탭에서 여러 샘플을 레이어하여 킥 사운드를 만들 수도 있습니다.

간단히 원하는 사운드를 라이브러리에서 고른 후 오른쪽 Editor 탭으로 끌어 오면 샘플을 레이어하여 사용할 수 있습니다.

Editor 탭에 입력된 샘플은 벨로시티에 따라 연주되도록 편집도 가능하며 기본적으로는 함께 연주되도록 되어 있습니다.

샘플을 레이어할 때에는 킥만 레이어하지 않고 킥과 함께 하이햇을 함께 섞어서 쓰는 것도 하나의 방법입니다.

[C] EDM 기본 패턴

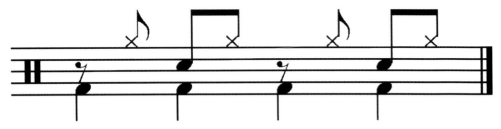

♪ EDM 기본 패턴

킥이 정박에 연주되는 '킥 기본 패턴'이 EDM 비트의 대표라면 'EDM 기본 패턴'은 EDM 비트의 정석이라 할만합니다.
EDM 비트는 거의 다 킥과 스네어 그리고 하이햇이 합쳐진 이 패턴의 응용으로 볼 수 있습니다. '킥 기본 패턴'은 스네어와 하이햇을 뺀 'EDM 기본 패턴'이며, 스네어만 빼면 〈Avicii, Aloe Blacc – Wake Me Up〉의 Drop 부분 비트가 됩니다. 또 하이햇을 크랩 사운드로 바꾸면 Bridge 부분의 비트로 표현이 가능하죠. 〈David Guetta & Showtek – Bad ft. Vassy〉에서는 킥만 연주하다가 스네어 위치에 하이햇이 추가되고 하이햇은 효과음으로 연주하며 Drop의 Beat를 이루고 있습니다.
이렇게 'EDM 기본 패턴'을 응용하면 곡의 구성에 맞는 비트를 만들어 낼 수 있습니다.

[D] 필인

♪ 스네어 롤

필인, 특히 '스네어 롤'은 Build-Up 마지막 부분에 연주하면서 Drop으로 넘어가도록 유도합니다.

♪ 필인-1

♪ 필인-2

'필인-1'과 '필인-2'처럼 킥과 스네어가 함께 연주 되기도 합니다.

[E] 비트 메이킹 (Beat Making)

비트의 음을 하나하나 구성하며 비트를 만드는 방법 이외에 오디오 루프(Audio Loop)를 활용하는 경우도 많습니다.

Logic pro, Cubase, Ableton Live등의 DAW에는 기본 내장되어 있는 오디오 루프들이 훌륭하게 정리되어 있습니다. 이를 적극적으로 활용해서 좀 더 멋진 비트를 만드실 수 있습니다.

또한, 요즘 가장 큰 인기를 얻고 있는 오디오 루프는 단연 벤젠스 사운드(Vengeance Sound)에서 나오는 샘플(Samples)과 루프 (Loops)입니다. 많은 뮤지션이 자신의 곡에 적극적으로 활용하고 있는 제품이죠.

www.vengeance-sound.com

위 홈페이지로 접속하시면 그들의 오디오 루프와 여러 가지 악기 를 구입하실 수 있습니다.

벤젠스 사운드에서 구입한 샘플을 BATTERY에 심어서 활용하거나 오디오 트랙에 가져와서 리전을 편집하 여 바로 곡에 적용할 수 있습니다.

기본적으로 킥과 스네어 하이햇은 직접 노트를 입력하여 비트를 만들고 오디오 루프를 활용해서 Topper Beat를 추가하는 방법이 효과적입니다.

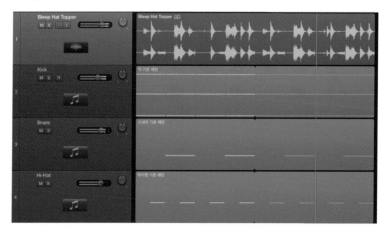

지금까지 살펴본 비트의 예시는 어디까지나 일반적으로 많이 활용되고 있는 것의 일부분일 뿐입니다. 이 외에도 무한히 창의적인 시도가 가능합니다. 각자 자신의 음악을 어떻게 구성할지에 대한 고민을 충분히 하며 매력적인 곡으로 완성해 나가시길 바랍니다.

Chapter 2
SYNTHESIZER

: 신스의 사용법과 각각의 사운드 특징별 적용 방법

신시사이저(Synthesizer)는 소리를 발생시키고 합성하여 사용자가 원하는 음색을 만들고 연주할 수 있는 악기입니다. EDM에서는 신시사이저를 활용해 다양한 Lead, Bass, Pluck, FX 등의 사운드를 만들어 냅니다. 어떻게 하면 좀 더 흥겨운 사운드를 표현해낼 수 있을지 알아보겠습니다.

Section 1
SYNTHESIZER 소개
[신시사이저]

신시사이저의 역사는 1897년 '텔하모늄(Telharmonium)'이라는 최초의 전기악기까지 거슬러 올라갑니다. 이 악기는 교류 전류에 의해 작동하는 건반 악기로 전화선을 이용해 소리를 먼곳으로 보낼 수 있었으며, 초기 모델 중 하나는 무게가 약200(t)톤 스위치가 약2000개에 달하는 것으로 회자되기도 합니다.

♪ Telharmonium

이후 1924년에 '테레민(Theremin)'과 1952년에 'RCA 전자 음악 신시사이저 마크2(RCA Electronic Music Synthesizer Mark Ⅱ)'를 거쳐 1964년 '무그(Moog)'와 기타 아날로그 신시사이저로 발전하여 다양한 음악에 활용됩니다. 특히 무그는 현대 음악의 작품에서 부터 에머슨 레이크 앤드 팔머(Emerson, Lake & Palmer)와 같은 프로그래시브 록 밴드 그리고 비틀즈(Beatles)의 작품에서 쓰였으며 지금까지도 개량된 악기로 록 음악, 일렉트릭 음악, 대중 음악 등 많은 장르(Genre)의 음악가들이 사용하고 있습니다.

♪ Theremin

♪ RCA Electronic Music Synthesizer Mark II   ♪ moog

그러던 중 1983년에 댄스 음악에 적극적으로 활용되는 새로운 신시사이저가 출현했습니다. 이는 기존의 아날로그 신시사이저보다 편리한 기능들로 무장하여 음악가들을 유혹하였지요. 우선 수 많은 노브를 움직여 음색을 변환해야 했던 것에서 단 몇 번의 버튼 조작으로 빠른 음색 전환이 가능해졌습니다. 또, 아날로그 신시사이저에서는 노브의 위치를 기억해 놓아야만 예전에 만들었던 음색을 다시 찾을 수 있었지만 새로운 신시사이저에서는 쉽게 음색을 저장하고 불러 올 수 있었습니다. 거기에 미리 만들어져있는 많은 음색을 몇 번의 버튼 조작으로 편리하게 사용할 수 있었습니다. 이것이 바로 최초의 디지털 신시사이저 야마하(Yamaha)의 'DX7'이었습니다.

아날로그 신시사이저는 전기장치로 배음을 조절하여 소리를 만들어 내지만, 디지털 신시사이저는 소리를 데이터화하여 소리를 쉽게 변형하고 쉽게 저장하고 쉽게 공유할 수 있는 시대가 열리게 됩니다. 'DX7'은 80년대 중반 A-Ha의 'Take on me'와 같은 댄스 음악에 적극적으로 사용되었으며, 현재도 'DX7'의 음색을 원하는 많은 뮤지션들이 댄스 음악과 여러 장르의 음악에 사용하고 있습니다.

그리고, 'DX7'의 출현 이후 수 많은 니지딜 신시사이저가 개발되어 사용되었지만, 1999년 Steinberg사에서 VST 2.0버전을 출시하면서부터 2015년 현재 점점 많은 음악가들은 신시사이저를 실제 만질 수 있는 악기로 소유하지 않고 대신, 컴퓨터 상에서 가상의 신시사이저를 실행시켜서 소리를 합성하고, 음악에 활용하고 있습니다.

사실 처음으로 대중적인 성공을 거둔 신시사이저 '무그'가 나오기 전 이미 1960년대에 Max Mathews가 'Music V'라는 소프트웨어를 개발해 컴퓨터를 가지고 소리의 합성을 실현시켰었습니다.

하지만 1960년대에는 컴퓨터로 음악가들이 소리를 합성하기에는 너무 어려운 작업이었고, 실제로 컴퓨터를 일반적인 음악가들이 소유하는 것은 현실적으로 거의 불가능한 수준이었습니다. 컴퓨터의 값도 비싸고, 덩치도 왠만한 방에는 들어갈 수 없을 정도로 컸기 때문이지요. 따라서 음악가들은 컴퓨터에 비해 저렴하고 실용적인 신시사이저라는 악기를 사용해 음악에 활용했던 것입니다.

1960년대에서 훌쩍 뛰어넘어 약 50여년이 지난 지금은 누구나 컴퓨터를 사용할 수 있습니다. 컴퓨터에 자신의 취향대로 신시사이저를 설치하여 연주를 하고, 음악을 만들고, 사람들과 음악을 공유할 수 있게 되었습니다.

음성 합성과 컴퓨터 음악에 지대한 공을 새운 Max Mathews는 2011년 4월 21일 숨을 거두었지만 컴퓨터를 활용하여 상상하는 거의 모든 소리를 만들어 낼 수 있는 현재의 기술 안에 그의 정신은 남아 있다고 생각합니다.

신시사이저의 역사를 좀 더 공부하고 싶다면 'vintage synth explorer' 사이트에 접속해 보십시오.

www.vintagesynth.com

'vintage synth explorer'에는 각각의 제조사별 신시사이저의 정보가 가득 담겨 있습니다. 아날로그 신시사이저를 공부하기에는 가장 좋은 웹 사이트 중 한 곳입니다.

1. 소프트웨어 신시사이저 (Software Synthesizer)

요즘은 가상악기가 진짜 아날로그 악기의 사운드를 따라올 수 없다고 호언장담하던 분들이 자취를 감추었습니다. 불과 수 년전만 하더라도 그런 분들을 심심치 않게 볼 수 있었지만, 기술의 발전이 거듭되며 이제는 가상악기와 진짜 악기의 사운드에서 차이점을 알아차리기 어려운 지경에 이르렀습니다. 그렇기에 저렴한 가격에 좋은 사운드를 쉽게 조절하여 사용할 수 있고, 컴퓨터만 있다면 어디서든 가상악기를 설치하고 원하는 음악 작업할 수 있는 시대가 도래하였습니다.

신시사이저의 가상악기 중 발군의 사운드를 자랑하는 제품을 소개합니다.

1_ SoftSynth Emulation
소프트신스 에뮬레이션(SoftSynth Emulation)이란 존재하는 또는 존재했던 신시사이저의 사운드를 그대로 흉내내는 소프트웨어 신시사이저를 말합니다.

[A] Moog

Moog의 사운드를 내는 가상악기로는 Arturia의 'Modular V', 'Mini V'가 대표적이고, Native Instruments의 'Monark' (in Reaktor)도 사운드가 훌륭하여 많은 뮤지션들이 애용하고 있습니다.

♪ modular V

♪ modular V

♪ MONARK

'mini V'와 'MONARK'는 노브의 구성이 거의 같습니다. 둘 다 Mini Moog의 가상악기 버전이기에 그렇습니다. 사운드는 두 가상악기 모두 발군의 성능을 보여주며 마치 진짜 Mini Moog의 사운드를 표현하는 착각이 들 정도입니다.

[B] Yamaha – DX7

Yamaha의 'DX7'을 모델로 만들어진 가상악기 중 단연 최고의 사운드를 자랑하는 소프트웨어 신시사이저는 Native Instruments의 'FM8'입니다.

♪ modular V

[C] Roland - Sh-101

Roland의 'Sh-101'을 모델로 만들어진 가상악기 D16 Group의 'LuSH-101'은 단순히 악기를 따라하는 것
을 넘어 좀 더 다양한 접근이 가능하도록 되어 있습니다. 또한 아날로그 사운드에 가장 가까운 가상악기
중 하나입니다.

♪ LuSH-101

2_ New Synthesizer

기존에 존재하던 신시사이저의 흉내가 아닌 새롭게 디자인 된 신시사이저 중 많은 EDM 프로듀서
들이 애용하는 신시사이저를 소개합니다.

[A] Native Instruments - MASSIVE

Native Instruments의 'Massive'는 괴물 신시사이저라 불립니다. 왜냐하면 굉장히 다양한 사운드를 만들어
낼 수 있는 저력을 지니고 있기 때문인데요. 해외 저널의 평가에서도 상위권에 속하며 사용자의 층이 두
텁기에 다른 소프트신스 (Softsynth - Software Synthesizer)에 비해 정보를 얻기 쉬운 장점이 있습니다.
물론 명불허전(名不虛傳)이라하듯 사운드도 매우 훌륭합니다.

♪ MASSIVE

[B] LENNAR DIGITAL – Sylenth 1

다양한 수상 경력에 빛나는 'Sylenth 1'은 한눈에 보이는 UI(User Interface)와 발군의 사운드로 많은 사랑을 받고 있습니다. 이 제품의 특징은 스킨(Skin)을 마음대로 꾸밀 수 있어서 좀 더 색다른 디자인으로 활용할 수 있는 것입니다.

♪ Sylenth 1

[C] Native Instruments - Reaktor

'REAKTOR'는 사용자가 직접 신시사이저를 디자인할 수 있는 강력한 신시사이저 빌더(Builder)입니다. 'REAKTOR'에서 디자인한 신시사이저는 'REAKTOR'에서 실행하여 사용하도록 되어 있습니다.

Native Instruments에서 'REAKTOR' 사용자를 위한 신시사이저를 만들어 발매하기도 합니다. 이들 중에는 앞에서 말씀드렸던 'MONARK'도 있고, 많은 분들이 애용하시는 'RAZOR'등의 신시사이저도 있습니다.

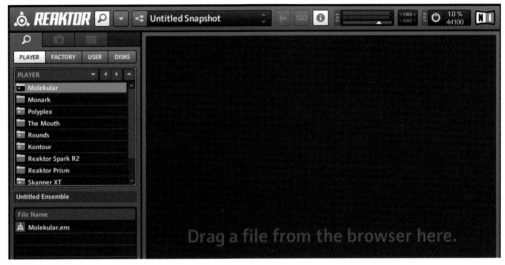

♪ REAKTOR

♪ MONARK

♪ RAZOR

이런 신시사이저 이외에도 각종 이펙터(Effector)를 만들 수도 있습니다. Native Instruments에서 발매한 'REAKTOR' 이펙터 중에 'THE FINGER'는 건반을 누르면 오디오에 효과를 입힐 수 있도록 되어 있습니다. 매우 손쉽게 소리를 변형시킬 수 있는 것이죠.

♪ THE FINGER

이 외에도 Native Instruments 웹 사이트의 'REAKTOR' Community에 가면 매우 다양한 종류의 이펙터와 신시사이저를 무료로 다운 받아 사용할 수 있습니다.

http://www.native-instruments.com/en/community/reaktor-user-library

물론 자신이 직접 'REAKTOR'에서 자신만의 신시사이저와 이펙터를 만들어서 활용할 수도 있습니다.

[D] Native Instruments - ABSYNTH

엄청난 양의 프리셋과 굉장히 훌륭한 사운드 그리고, 쉽게 조절 가능한 사운드 디자인까지! 여러 곳에서 유용하게 쓰일 수 있는 다기능 신시사이저입니다.

세미 모듈러(Semi-Modular) 방식으로 되어 있어서 다양한 방법으로 오디오 프로세싱을 구성할 수 있고, 감산합성과 FM(Frequency Modulation) 등 다양한 합성 방식으로 독특한 사운드 디자인이 가능합니다.

♪ ABSYNTH

[E] Rob Papen – SUBBOOMBASS

Rob Papen의 다른 신시사이저들도 훌륭하지만, 'SUBBOOMBASS'는 베이스 사운드에 특화시켰다는 점이 특별합니다. 보통 신시사이저들은 "다양한 사운드를 만들 수 있다!"를 자랑하지만 이 녀석은 "난 베이스 하나는 끝내줘~"라고 이야기하는 듯합니다.

자신감 있는 이름에 걸맞게 사운드 또한 아주 훌륭합니다.

♪ SUBBOOMBASS

[F] Waves – CODEX

Wavetable 방식의 신시사이저입니다. 특장점은 매우 쉽게 새로운 파형(waveform)을 삽입하여 응용할 수 있다는 점입니다. 자신이 갖고 있는 wave 파일을 간단히 import 시키면 3D파형이 나타나며 이 파형을 보며 원하는 위치의 파형을 사용하거나 역동적으로 소리가 변화하도록 만들 수 있습니다.

♪ CODEX

이 외에도 가상의 신시사이저가 굉장히 많이 있고 지금도 어디선가 새로운 가상의 신시사이저를 개발하고 있을 것입니다.

이 책에서 소개한 소프트웨어 신시사이저가 전부는 아니지만 이들 중 몇 가지만 제대로 다룰 수 있다면 자신이 원하는 사운드를 만드는 데에 큰 문제는 없을 것입니다.

사실, 다양한 소프트신스 중 마음에 드는 것을 골라서 깊이있게 공부하시면 새로운 가상의 신시사이저를 사용하더라도 크게 어렵지 않습니다. 또, 하나를 제대로 공부하는 것이 여러 개를 어설프게 아는 것보다 더 효율적인 작업이 가능하다는 것도 기억하시길 바랍니다.

Section 2
SYNTHESIS THEORY
(사운드 합성 이론)

EDM에서 가장 프로듀서의 개성이 드러나는 부분이 바로 사운드 디자인입니다. Drop의 리드와 베이스 사운드가 얼마나 개성있게 비트를 만들어 가는지가 관건이죠. 이 때 필요한 기술과 내용은 어떤 것이 있는지 알아보겠습니다.

1. 신시사이저 원리

신시사이저를 이용해서 어떻게 소리를 변화시킬 수 있는지 신시사이저의 원리에 대해 간단히 알아보겠습니다.

1_ 신시사이저 사운드 프로세싱

신시사이저는 소리를 발생시키는 오실레이터(Oscillator : OSC)와 배음을 조절하는 필터(Filter) 그리고, 음량을 결정하는 앰프(Amplifier)가 장착되어 있고, 각각의 사운드에 변형을 가할 수 있는 모듈레이션(Modulation)장치가 결합된 형태가 일반적입니다.

모듈레이션 장치는 대표적으로 LFO(Low Frequency Oscillator)가 있고, 이 외에도 신시사이저마다 독특한 기법으로 사운드를 변형할 수 있는 장치들이 탑재됩니다.

일단 간단히 사운드 프로세싱 과정을 살펴보면 오실레이터(Oscillator : OSC))에서 소리를 발생시키고, 필터(Filter)에서 배음을 조절한 후 앰프(Amplifier)에서 음량을 결정하여 사운드가 출력되도록 되어 있습니다. 헌데 오실레이터와 필터 그리고 앰프에 모두 모듈레이션 적용이 가능합니다.
다시 말해서, 오실레이터에서 발생한 음을 모듈레이션을 이용해 음정이 오르락 내리락 하도록 바꾸고, 필터의 적용양을 요동치게 만든 후 앰프에서 출력되는 소리에 딜레이 효과를 걸 수 있습니다.

이를 우리 몸과 비교해 보면 우리의 성대(오실레이터 역할)가 울리며 소리가 시작되고, 입 모양(필터 역할)이 달라지며 소리가 바뀌고, 폐(앰프 역할)에서 내뿜는 힘의 변화에 따라 음량이 결정되는데, 몸을 흔들어서 출력되는 음량이 떨리게 한다든지, 입을 가리며 배음을 조절하는 등 다양한 방법으로 사운드에 변화를 줄 수 있다는 이야기입니다.

이를 도식화하여 표현하면 다음과 같습니다.

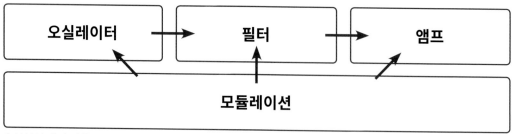

♪ 신시사이저 사운드 프로세싱

2_ 신시사이저 소리 합성 방법

소리를 합성하는 방법에는 FM 방식과 ,RM(Ring Modulation), 감산합성(Subtractive synthesis), 가산합성(Additive synthesis) 등 여러 가지 합성 방식이 있습니다. 앞에서 소개한 'DX7'은 FM 방식의 신시사이저이고, 'Moog'는 감산합성 방식의 신시사이저입니다. 이렇듯 예전에는 신시사이저의 합성 방식에 구분이 명확하게 있었지만 요즘 나오는 새로운 소프트웨어 신시사이저들은 감산합성과 FM, RM 방식 등을 사용자가 적절히 섞어 활용하며 음색을 만들 수 있도록 다양한 조합이 가능합니다. 물론 하나의 신시사이징 방식으로 작동하는 소프트웨어 신시사이저도 많습니다.

합성 방식의 종류	
FM (Frequency Modulation)	라디오 방송 송출 시스템 중 FM방송과 같은 원리로 하나의 주파수에 다른 주파수로 영향을 주며 새로운 소리를 만들어 냅니다.
RM (Ring Modulation)	두 개의 오실레이터에서 출력되는 음을 곱셈 방식으로 변형시키며 원형파에는 없는 주파수 성분을 만들어 냅니다. 주로 전화벨이 울리며 나는 금속성 악기의 음색과 비슷한 음색을 쉽게 만들어 낼 수 있습니다.
감산합성 (Subtractive Synthesis)	배음이 풍부한 음원을 필터에 통과시키며 배음 성분을 감소시키며 음색을 합성하는 방법으로 신시사이저의 합성 방법 중 가장 많이 사용되고 있는 방법입니다.
가산합성 (Additive Synthesis)	감산합성과 반대로 배음을 증가시키며 음색을 만들어 갑니다. 오르간(Organ)에서 밸브를 열어 소리를 풍부하게 만드는 방법과 같은 원리라고 이해하면 쉽게 이해가 될 것입니다.
웨이브테이블 (Wavetable)	기본 파형 이외의 다양한 waveform을 OSC에서 신택하는 방식입니다. 소리를 변화시키는 과정은 감산합성 방식과 유사하게 되어있는 것이 많습니다.

2. 사운드 디자인 기초

새로운 음색은 어떠한 원리로 만들어 질까요? 음색을 합성할 때 이루어지는 과정에 대해 간단히 알아보겠습니다.

1_ 배음

자연 상태에서 어떤 음이 연주될 때 그 음의 음색을 결정짓는 요소를 배음이라 합니다. 예를 들어 피아노 건반의 C1을 연주하면 다음과 같은 배음렬이 만들어집니다.

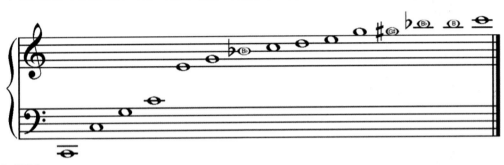

♪ 배음렬

가장 아래의 음(실제 연주한 음)을 기음(Fundamental)이라 하며 사람이 음 높이를 인식하는 기준이 됩니다. 그 위로 쌓여 있는 음의 밸런스(Balance)에 의해 음색이 결정되는 것이죠.

기음을 포함하여 위로 5개의 음 구성을 보면 'Do', 'Mi', 'Sol'로 이루어져 있습니다. 이것은 '으뜸 화음'이고 영어로는 'Major Chord'라 불리는 가장 잘 어울리는 화음이지요. 화성학에서 말하는 협화음의 '끝판 왕'이라 불릴만한 음의 구성은 사실 배음 성분의 가장 아래쪽에 자리한 음들의 조합이었음을 확인할 수 있습니다.

실제 피아노를 연주할 때 배음의 밸런스를 확인하기 위하여 izotope의 'INSIGHT'라는 아날라이저(Analyzer)를 활용해 보았습니다. 분석된 배음 성분을 보면 65.4Hz 부근에서 기음이 형성되어 있고 그 위로 배음들이 빼곡히 쌓여 있는 것을 볼 수 있습니다.

만약 같은 음을 다른 음색으로 연주하면 배음이 어떻게 달라질까요?
바로 눈으로 확인해 보고자 이번에는 여러 악기의 배음을 분석해 보았습니다.

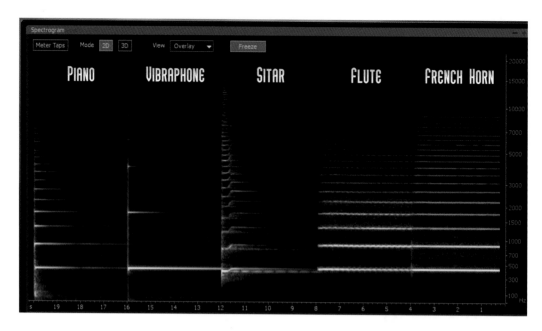

모두 같은 음 높이인 A3(440Hz)로 연주하였을 때의 배음 밸런스입니다. 자세히 보면 모두 같은 배음 구성이지만 배음의 음량 밸런스가 다른 것을 알 수 있습니다. 이렇게 음색은 배음의 밸런스에 따라 결정되는 것입니다.

2_ 파형

오실레이터에서 발진되는 파형은 다음 그림과 같이 5개의 기본 파형(Sine, Triangle, Sawtooth, Square, Pulse)과 노이즈(Noise)로 구성되어 있습니다. 경우에 따라서는 조금 더 다양한 파형이 있는 신시사이저도 있고, 반대로 더 적은 파형만 지원하는 경우도 있습니다. 우선 각각의 파형을 살펴보겠습니다.

[A] 사인파

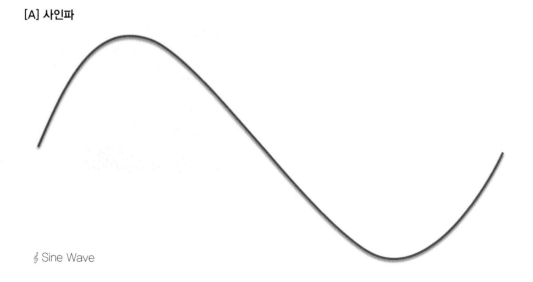

♪ Sine Wave

사인파(Sine Wave)는 배음 없이 기음(Funda
mental)만 있는 사운드로 순음(Pure Tone)이라
고 합니다. 가장 맑은 음이 나며, 소리 합성의
기본이 되는 소리입니다.

아날라이저로 분석한 그림을 보면 440Hz에 하
나의 기둥이 우뚝 서 있는 형태를 볼 수 있습
니다.

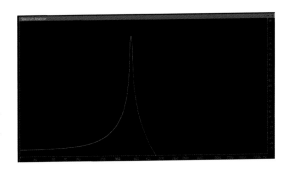

[B] 삼각파

♪ Sine Wave

삼각파(Triangle Wave)는 홀수배의 배음이
쌓여 만들어집니다. 풍부하면서 부드러운
사운드가 특징입니다.

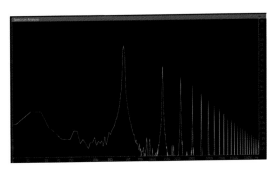

[C] 톱니파

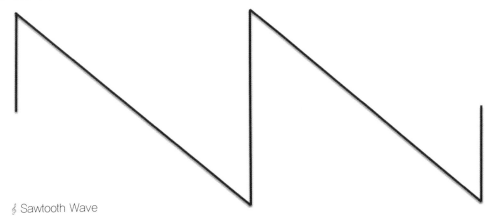

♪ Sawtooth Wave

톱니파는 정수배의 배음이 모두 들어있어서 풍부함을 넘어 약간 거친 느낌의 사운드를 뿜어냅니다. 배음이 풍부하기에 감산합성(Subtractive Synthesis) 방식의 신시사이저에서 많이 활용되며 EDM 음악에서 가장 흔하게 접할 수 있는 파형이기도 합니다.

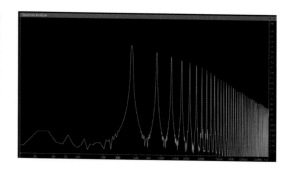

[D] 사각파

𝄞 Square Wave

삼각파처럼 홀수 배음으로 이루어져 있지만 배음쪽의 음량이 조금 더 큽니다. 풍부하면서도 균형잡힌 느낌의 사운드를 지니고 있습니다.

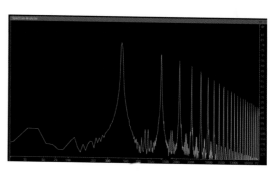

[E] 펄스파

𝄞 Pulse Wave

펄스파는 홀수 배음 사이에 짝수 배음이 껴있는 형태를 하고 있습니다. 특히 펄스파는 하나의 음색이 아니라 사각파에서 좌우의 길이를 조절하여 소리를 만들어 내기에 딱 하나의 배음 밸런스를 갖고 있지 않습니다. 어떻게 길이를 조절하느냐에 따라 조금씩 소리가 바뀌게 되는 것이죠. 보통 사각파보다는 조금 더 칼칼한 느낌의 사운드입니다.

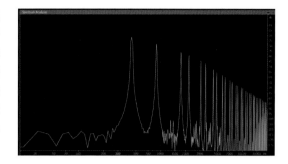

[D] 노이즈

🎼 Noise

노이즈는 배음이 가득차 있습니다. 스네어 드럼과 심벌즈 같은 타악기들의 음 높이를 알기 어려운 이유 중 하나가 바로 노이즈와 비슷하게 배음이 거의 꽉 차 있기 때문입니다. 반대로 생각해보면 노이즈를 이용하면 타악기와 비슷한 소리를 만들 수 있다는 결론에 도달할 수 있습니다.

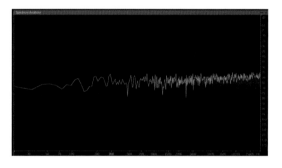

지금까지 살펴본 기본 파형 이외에 다양한 파형을 이용한 사운드 디자인도 가능합니다. 실제로 샘플러(Sampler)를 이용한다면 자신이 원하는 어떤 소리든지 녹음하여 변형시키며 새로운 사운드를 만들 수 있습니다.

신시사이저가 파형을 만드는 오실레이터의 소리를 이용한다면, 샘플러는 원하는 소리를 녹음하여 그것을 오실레이터 대신 이용하는 것입니다. 우리가 비트 만들기에 활용했던 'BATTERY'도 샘플러이며, 가장 많이 쓰이는 샘플러로는 Native Instruments의 'KONTAKT'이 있습니다.

3 _ 필터 (Filter)

필터는 말 그대로 걸러내는 장치입니다. 그런데 무엇을 걸러낼까요?

음색을 결정짓는 요소는 배음이라고 배웠습니다. 필터로 우리는 음색을 조절할 것이니까 당연히 필터는 배음을 걸러내는 용도로 사용합니다. 다시 말해서 배음의 밸런스를 조절하는 장치가 필터입니다.

필터의 원리에 대해 좀 더 알아보겠습니다.

[A] Low Pass Filter

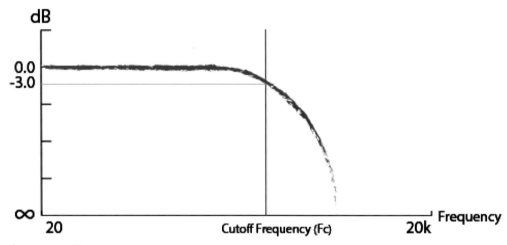

♪ Low–pass filter

로우패스필터(Low Pass Filter)는 Cutoff Frequency를 기준으로 저음역대 주파수를 통과시킵니다.

[B] High Pass Filter

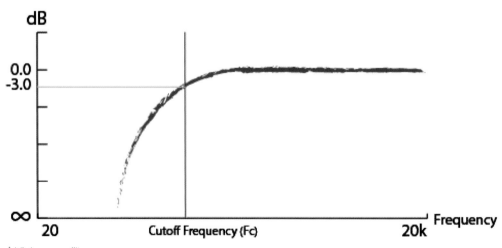

♪ High–pass filter

하이패스 필터(High Pass Filter)는 Cutoff Frequency를 기준으로 고음역대 주파수를 통과시킵니다.

[C] Band Pass Filter

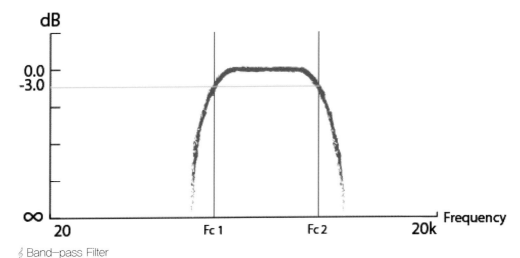

♪ Band—pass Filter

밴드패스 필터(Band Pass Filter)는 지정한 두 지점의 Cutoff Frequency 사이의 주파수를 통과시킵니다.

[D] Notch Filter (Band Reject Filter)

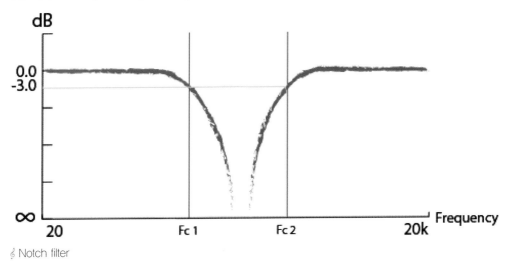

♪ Notch filter

너치 필터(Notch Filter)는 밴드패스 필터와는 반대로 지정한 두 지점 밖의 주파수를 통과시킵니다.

[E] Pole (기울기)

필터는 소리를 두부 자르듯이 직각으로 뚝딱 자르지는 못합니다. 하지만 잘리는 경사도를 회로의 구성에 의해서 조절할 수 있습니다. 소리가 잘리는 경사도가 6dB/octave일 때 이것을 1pole 필터라합니다. 2pole 필터와 4pole 필터는 각각 12dB/octave, 24dB/octave의 기울기를 갖습니다. 경사도가 급할수록 소리가 빠르게 감쇠되는 것입니다.

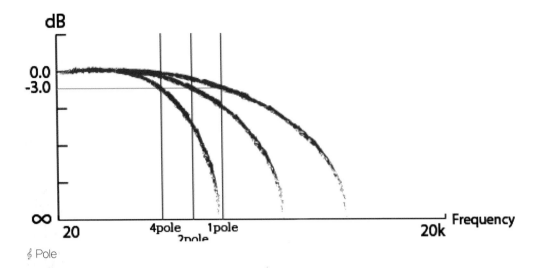

🎼 Pole

[F] Resonance

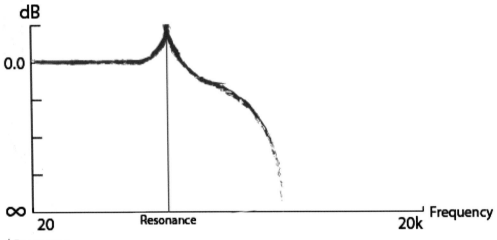

🎼 Resonance

4 _ LFO

저주파 발생기 LFO(Low Frequency Oscillator)는 사람이 들을 수 없는 20Hz 이하의 주파수를 발진시켜 다른 소리를 변화시키는 장치입니다.

LFO를 사용할 때 이해하고 있어야할 용어가 Source와 Target입니다.

만약 '도'음이 연주되고 있는데 LFO를 음 높이(pitch)에 적용시키면 물결치듯 위아래로 흔들리며 '도레미레도시라시도'처럼 바뀌게 됩니다. 이때 Source는 설정한 LFO 값이고 Target은 음 높이가 되는 것이죠. LFO를 적용할 때 Source와 Target을 어떻게 조합하느냐에 따라 다양한 변화가 가능합니다.

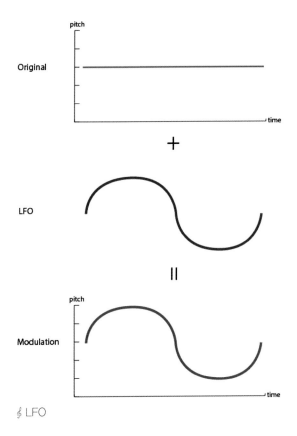

♪ LFO

5 _ etc.

[A] Mono / Poly

Mono(Monophonic)는 하나의 음만 연주되는 방식이며 Poly(Polyphonic)는 여러 개의 음을 동시에 연주할 수 있는 방식을 말합니다. Mono 상태에서는 여러 건반을 동시에 눌러도 하나의 건반에서 나오는 소리만 출력되고, Poly는 동시에 여러 건반의 소리가 출력되는 것입니다.

[B] Portamento(Glide)

연속으로 음이 이어질 때 음이 부드럽게 변하도록 하는 효과입니다. 마치 사이렌(siren) 소리처럼 말이죠.

[C] Envelope

시간에 따른 음량 등을 조절할 때 사용하는 장치입니다.

[D] Semitone / Finetune

세미톤(Semitone)은 반음씩 음 높이를 조절할 때 사용하는 용어이며, Finetune은 미세하게 음정을 조절할 때 사용하는 용어입니다.

3. 신시사이저 활용법

소프트신스(Software Synthesizer)는 대부분 바로 활용 가능한 많은 양의 프리셋이 마련되어 있습니다. 신시사이저와 사운드 합성법에 정통하지 않더라도 단순히 프리셋을 고르는 것만으로 멋진 사운드를 얻을 수 있는 것이죠. 하지만 앞에서 알아본 이론을 응용한다면 좀 더 유니크(Unique)한 사운드를 만들 수 있습니다.

그럼, 어떻게 가장 효율적으로 소프트신스를 이용할 수 있을까요? 프리셋에서 활용하고자 하는 소리를 고른 후 자신의 음악에 맞게 약간의 변형을 가하는 것이 하나의 방법입니다.

사운드를 만드는 방법과 선택하고 응용하는 과정을 알아보겠습니다.

1_ Sound Design

Native Instruments – 'MASSIVE'를 이용하여 간단히 Dirty Dutch Lead 사운드를 만들어 보겠습니다.

상단 중앙의 File 〉 New Sound를 선택하여 악기의 음색을 초기화 시켜줍니다.

이 상태에서는 Sawtooth 파형의 사운드가 출력됩니다. Sawtooth 파형을 기본으로 좀 더 과격한 사운드를 연출할 것입니다. 그러기 위하여 먼저 Sawtooth를 출력하는 OSC1의 Pitch를 12.00로 올려줍니다.

정수 부분은 반음 단위(Semitone)로 되어있고 소수 부분은 미세조정(Fine-tune)이 가능하도록 되어 있습니다. 마우스를 누르고 드래그 하면 조절이 가능합니다.

Sawtooth 사운드를 받쳐줄 소리가 필요합니다. OSC2의 좌측에 있는 동그라미를 클릭하여 파란색으로 활성화시켜줍니다.

OSC2의 파형은 Crusher를 선택하겠습니다. OSC2 우측에 Squ-Swl이라고 쓰여있는 파형 선택 메뉴를 클릭한 후 Analog/Electric 아래에 있는 Crusher를 선택하십시오.

VA	Basic	Analog/Electric	Digital/Hybrid	FX/Chords
Pulse-Saw PWM	Square-Saw I	HardSync	Gentle Speech	Camchord
Pulse-Saw Sync	Square-Saw II	Acid	Modern Talking	Colors
	Smooth Square	Groan I	Deep Throat	Iron
	Sin-Square	Groan II	Melomantic	Cicada
	Sin-Triangle	Groan III	Melofant	Melancholia
	Polysaw I	Groan IV	Digigrain I	Lunacy
	Polysaw II	Crude	Digigrain II	
	Roughmath I	Drive I	Formant Saw	
	Roughmath II	Drive II	Formant Square	
	Roughmath III	Drive III	Sonic	
	Escalation I	Electric	Squelchy	
	Escalation II	Screamer	Duckorgan	
	Multiplex	Dirty Needle	Flenders I	
	Sinformant	Dirty Throat	Flenders II	
	AdditivOctaves	Dirty PWM	Flenders III	
	Additivmix I	Strontium	Digi Cook I	
	Additivmix II	Crusher	Digi Cook II	
	Additivmix III	Reducer	Digi Cook III	
	Additivmix IV	Kangaroo	Chrome	
	Additivmix V	Frozen	Magur	
	Additivmix VI	Vulgar	A.I.	
	Inharmonic	Classic	Silver	
	Sinarmonic I	Disto	Scrap Yard	
	Sinarmonic II	Carbon	Wicked	
	Woody		Bronze	
			Arctic	
			Herby	
			Bender	
			Guitar Pulse	

Filter를 이용해서 고음을 살짝 걸러내겠습니다. FILTER1에서 None이라고 쓰여있는 메뉴를 클릭한 후 Lowpass4를 선택하십시오.

고음만 살짝 줄여주기 위해서 Cutoff를 3시 방향으로 돌려줍니다.

리드 사운드는 모노포닉(Monophonic)으로 연주하게 됩니다. 이를 위해 Voicing탭에서 Monophon 버튼을 클릭하세요.

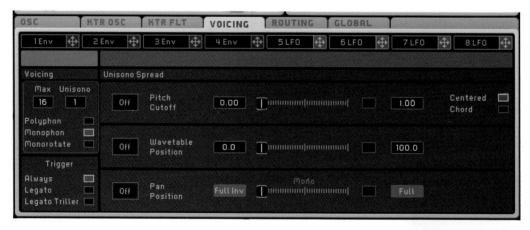

소리를 좀 더 강하게 해주기 위하여 Unisono를 4로 바꿔줍니다.

소리를 흔들어 주기 위해 5LFO를 선택하고 Rate를 최대로 올려줍니다.

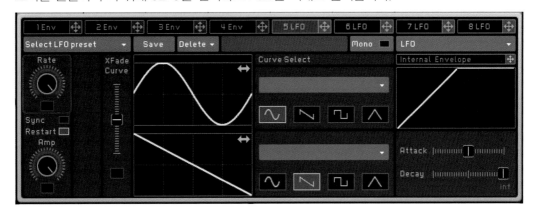

LFO를 적용하기 위하여 사방향 화살표를 클릭합니다. 클릭하면 마우스 포인터에 '5'라는 숫자가 붙어다니기 시작합니다.

OSC1의 음정을 흔들기 위해 '5'번이 따라다니는 마우스 포인터로 OSC1 좌측 중간에 있는 사각형을 클릭합니다.

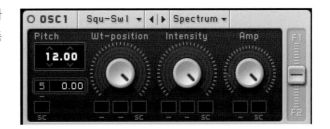

클릭하면 오른쪽에 수치를 조절할 수 있는 창이 나타납니다. 이 수치를 조절하여 모듈에이션 효과의 양을 결정할 수 있습니다.

섹시한 떨림을 위하여 0.69정도로 올려줍니다. 클릭 후 위로 올리면 수치가 올라갑니다.

여기까지 하면 Dirty Dutch Lead의 느낌이 나기 시작합니다. 이제 약간의 공간감을 주기 위하여 FX1을 Reverb로 바꿔주려합니다. 앞에서와 마찬가지로 None이라 쓰여있는 메뉴 버튼을 클릭하면 Reverb를 고를 수 있습니다.

리버브의 Dry/Wet을 아주 살짝만 열어서
존재감이 살아있으면서 공간의 느낌이 나
오도록 조절합니다. 그리고 Color는 가장
밝게 우측으로 끝까지 돌려주겠습니다.

FX2에는 Chorus를 걸어서 약간 두터운 사운드로 만들어 주겠습니다.
FX2의 메뉴를 열어서 Chorus를 선택하세요.

FX2의 Dry/Wet 노브를 8시 방향으로 돌리면 코러스가 살짝 입혀지면서 두텁지만 존재감도 살아
있는 사운드를 얻을 수 있습니다.

Save 버튼을 클릭하고 'Dirty Dutch Lead'
라는 이름으로 저장하면 나중에 필요할 때
불러서 바로 사용할 수 있습니다. 불러올

때에는 File 〉 Open 〉 '저장한 파일'을 선택하시면 됩니다.

이렇게 해서 Dirty Dutch Lead 사운드를 만들어 보았습니다. 이를 응용하면 다양한 사운드로 발
전시킬 수 있을 것입니다.

2_ 사운드 응용하기

소프트신스의 프리셋을 적극적으로 활용하고 거기에 살짝 더해서 응용하는 방법을 알아보겠습
니다.

[A] Native Instruments – 'MASSIVE'

Dirty Dutch Lead사운드를 만들었던 'MASSIVE'
는 매우 훌륭한 프리셋이 다양하게 준비되어 있
습니다. 오른쪽 상단의 View 메뉴에서 Browser
를 선택하면 다양한 프리셋 리스트를 볼 수 있
습니다.

리스트의 Type에서 Synth Lead 필터를 고르고, SubType에서 Dirty Lead를 고르겠습니다.

Bankname	Type	SubType	Mode
Massive Exp. 1	Piano/Keys	Classic Mono Lead	Synthetic
Massive Exp. 2	Organ	Classic Poly Lead	Additive
Massive Factory	Synth Lead	Sync Lead	Dry
Massive Threat	Synth Pad	Huge Lead	Processed
Urban Arsenal 1	Synth Misc	Dirty Lead	Monophonic
Urban Arsenal 2	Guitar	Vox Lead	Chord
	Plucked Strings	Soft Lead	Glide/Pitch Mod
	Bass	Other Lead	Long/Evolving
	Drums		Percussive
	Percussion		
	Mallet Instruments		
	Flute		
	Reed Instruments		
	Brass		
	Bowed Strings		
	Vocal		
	Soundscapes		
	Sound Effects		
	Multitrack		

Synth Lead 중 Dirty Lead에 해당하는 사운드 프리셋이 우측에 정렬되어 나타납니다.

여기서 원하는 사운드를 고르
면 자신의 곡에 바로 활용이 가
능합니다. 일단 Aggressor라는
프리셋을 선택해 보겠습니다.

강렬한 소리가 마음에 듭니다. 하지만 딜레이
효과로 인해 스테레오로 왔다 갔다 하는 것이
마음에 들지 않습니다. 이를 없애고 대신 리버
브 효과를 넣으면 소리가 정리될 것 같습니다.
이럴 땐 다시 우측 상단의 View에서 Synth를
선택하여 사운드를 변화시킬 수 있습니다.

FX2에 보면 Delay S가 걸려있는 것을 알 수 있습니다. 이것을 Reverb로 바꿔 주세요.

이런 식으로 자신이 원하는 사운드를 만들어 갈 수 있습니다. 처음부터 사운드를 만들어 가는 방법도 물론 좋지만 이렇게 프리셋을 활용하는 것이 좀 더 효율적일 수 있으니 두 가지 방법을 필요에 따라 선택하시길 바랍니다.

[B] Native Instruments – 'MONARK'

'Mini Moog'를 모델로 만들어진 가상의 신시사이저인 'MONARK'에도 여지없이 엄청나게 훌륭한 프리셋들이 존재합니다.

중앙 상단에 위치한 프리셋 메뉴를 클릭하시면 다양한 프리셋 리스트가 나타납니다.

프리셋 리스트 중 '2 : Lead 〉 2 : 36 – Daft Funky'를 선택하세요.

Daft Punk의 'Da Funk'에 쓰인 리드 사운드와 거의 흡사한 소리가 출력됩니다.

♪ MONARK

오른쪽 FILTER & AMP 섹션의 좌측 상단에 있는 CUTOFF를 조절하면
굵은 소리와 얇은 소리로 변화가 됩니다.

보통 필터의 노브를 돌리면 저음부터 살아나거나 고음부터 살아나면서
결국 필터가 적용되지 않은 사운드로 되돌아 갑니다. 하지만 'Daft Funky'
프리셋에서는 굵어 지거나 얇아질 뿐 원래 소리로 돌아가지 않습니다. 이
는 필터의 종류가 BP(Band Pass Filter)로 되어 있기 때문입니다.

♪ MONARK

· MM : 24 dB/Octave Low-pass
· LP2 : 12 dB/Octave Low-pass
· LP1 : 6 dB/Octave Low-pass
· BP : 12 dB/Octave Band-pass

[C] Waves - 'CODEX'

이번에는 'CODEX'의 'Analog Greatness (MW)' 프리셋을 불러오겠습니다. 우측 상단의
Load를 누르면 프리셋 메뉴가 나타나며 그 중 'Bass 〉 Analog Greatness (MW)'를 선택
하면 됩니다.

♪ CODEX

'CODEX'는 Wave 파일을 불러들여 파형을 바꿀 수 있습니다. 간단히 IMPORT
버튼을 누르고 파일을 선택하기만 하면 됩니다.

파형 디스플레이(Display) 아래 IMPORT를 클릭하면 파일을 고를 수 있는 창이 나타납니다. 자신이 가지고
있는 *.wav (Wave File)를 선택하면 파형이 바뀌고 새로운 사운드가 출력됩니다.

'Kick.wav' 파일을 불러왔습니다. 파형이 바뀌어 있고 사운드도 변하였습니다. 이렇게 자신이 가지고 있
는 파일을 가져와서 새로운 파형으로 바꿀 수 있으니, 여러 가지 파일을 가지고 시도해 보시기 바랍니다.

Section 3

DROP LINE(드롭 라인)

EDM Drop에서 자주 표현되는 스타일을 알아보겠습니다.

1. Big Room (Electro House)

빅룸이란 넓은 공연장을 마치 클럽처럼 거대한 방안에 들어온 듯한 사운드로 채우는 장르로 이해할 수 있습니다. 특징적으로 리드 사운드에 공간감이 크게 주어지는 경향이 있으며, 음악적으로는 Electro House와 많이 비슷합니다. 비교적 가장 최근에 생겨난 장르라 현재 진행형으로 발전하고 있지만, 점점 다른 음악적 아이디어가 추가되며 정확히 '이것이 빅룸이다!' 라고 명확히 구분짓기는 어려운 점이 있습니다.

EDM에서의 리드 멜로디는 음 높이의 변화가 적고 리듬이 강조된 경우가 많습니다. 특히 요즘 유행하는 Big Room Style에서는 한 음(One note melody)으로 독특한 리듬을 연주하는 경우도 볼 수 있습니다.

1_ One Note Style

리드의 사운드는 약간 타악기처럼 어택이 살아있는 경우가 많으며 리드와 베이스가 거의 하나의 음으로만 지속되고 있습니다.

🎵 빅룸 예제-1

베이스는 한 음으로 계속 정박에 연주되지만 킥에 사이드 체인(Side Chain)이 걸려 약간 엇 박자에 연주되는 느낌이 들기도 합니다.

이에 반해 리드 사운드는 굉장히 독특한 리듬으로 그루브를 만들어 가며 2마디 패턴으로 끝에만 살짝 변화하는 경우가 많습니다.
어떤 사운드로 했느냐에 따라 같은 노트로 연주해도 다르게 들릴 수 있습니다. 예를 들어 오실레이터에 LFO를 적용해서 음 높이가 변화하도록 만든 경우와 짧은 어택과 디케이로만 엔벨로프를 구성하여 타악기 같은 느낌의 사운드를 만든 경우가 있다면, '빅룸 예제-1'에 보여지는 노트 그대로 연주해도 사뭇 다른 느낌의 리드로 표현이 됩니다. 여기에 사이드체인까지 응용한다면 훨씬 다른 느낌도 가능해지는 것이죠.

이렇게, 멜로디 노트 하나하나 보다 사운드를 어떻게 고르고 만드느냐가 좀 더 큰 비중을 차지하는 것이 EDM에서의 Drop입니다.

사이드 체인(Side-Chain)은 다른 채널의 소스를 이용해 변화시키고자 하는 채널에 컴프레서(Compressor) 효과를 주는 기법입니다.

다음은 PAD 사운드에 사이드 체인 효과를 주는 그림입니다.

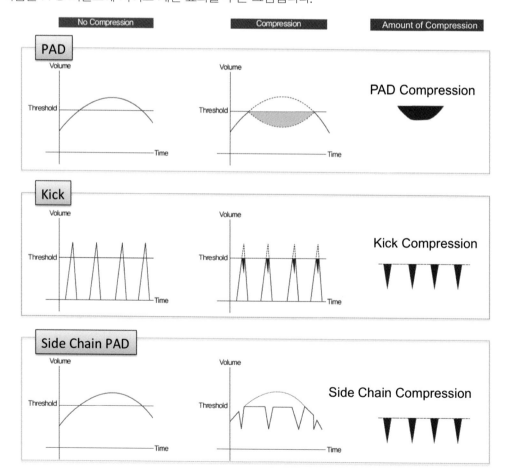

사이드 체인을 걸지 않았을 때 사운드가 제일 위에 보이는 PAD이며 사이드 체인 컴프레서에 소스로 이용할 사운드가 Kick입니다. Kick에 컴프레서를 걸어 나타나는 효과와 동일한 컴프레션(Compression) 값을 PAD에 적용한 것이 바로 Side Chain PAD입니다.

이렇게 다른 소스를 이용해서 컴프레서 효과를 주는 방법을 사이드 체인이라 합니다. 물론, 컴프레서 효과 이외에 게이트(Gate)와 기타 여러 이펙터를 이용할 수도 있습니다.

2_ Unison Style

베이스와 리드가 같은 음으로 연주되는 예시입니다.

♪ 빅룸 예제-2

악보에는 8비트로 표현되어 있지만, 여기에 스윙(Swing)을 적용하면 엇박이 뒤로 밀려나면서 스윙감을 표현할 수 있습니다. 실제로 스윙을 적용하는 경우가 굉장히 많이 있으며, 때에 따라서는 사이드 체인 효과로 인해 스윙 느낌이 표현되기도 합니다.

스윙이 적용되지 않은 미디 노트는 8비트로 찍혀있습니다.

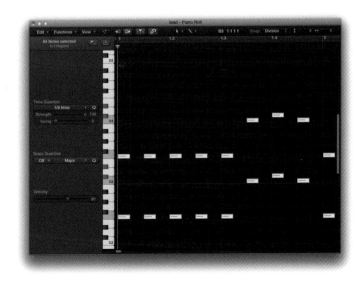

화면에 보이는 미디 노트와 악보의 노트 길이가 다른 것은 일부러 보기 편하도록 악보는 8비트로 그려 넣은 것입니다.

좌측 상단의 스윙 조절 페이더를 보시면 스윙이 '0'으로 되어 있는 것을 볼 수 있습니다.

스윙을 적용하면 다음과 같이 엇박자가 뒤로 살짝 밀려납니다.

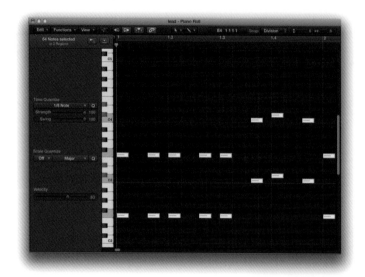

스윙 조절 페이더를 '100'으로 적용시켰습니다.

이렇게 노트에 스윙을 적용시켜 좀 더 유니크한 리듬을 만들 수 있습니다.

'빅룸 예제-2'에서 보는 것과 같이 리드와 베이스의 노트가 옥타브 유니즌으로 연주되는데 베이스 사운드의 한 옥타브 더 아래에 똑같이 옥타브 유니즌으로 서브 베이스(Sub-Bass)를 추가하는 경우도 많습니다.

'MASSIVE'를 이용한다면 다음과 같이 OSC 2의 음정을 -12로 내리면 서브 베이스를 간단히 표현할 수 있습니다.

이처럼 신시사이저의 음정 기능을 이용해서 서브 베이스를 만들 수도 있고, 미디 노트를 유니즌으로 복사해서 표현하기도 하며, 서브 베이스를 위한 새로운 가상악기를 이용해서 표현할 수도 있습니다.

'MASSIVE'와 거의 모든 신시사이저들이 각각의 오실레이터의 음정을 조절할 수 있게 되어 있습니다. 자신이 사용하는 신시사이저에서 오실레이터 음정을 어떻게 조절하는지 알아보시기 바랍니다.

2. Progressive House

House 음악에서 발전하여 좀 더 복잡하게 진행되는 음악이 프로그래시브 하우스입니다. 코드 진행에 주 멜로디가 점점 발전하는 형태가 많이 등장하며, 보컬 멜로디가 전면에 나서는 경우도 많습니다. 예를 들면 처음에는 코드 진행이 아르페지오(Arpeggio)로 연주되며 부드러운 사운드로 멜로디가 표현됩니다. 점점 진행하면서 각종 효과음이 추가되고, 드롭에서 강한 킥과 함께 멜로디의 사운드가 강렬하게 변화하게 됩니다. 또 사운드와 함께 멜로디 자체가 점점 발전하는 경우도 있습니다.

1_ Lead

약간 감성적인 멜로디가 등장하기도 합니다. 코드 진행에 따라 만들어지는 멜로디가 대부분이기에 그런면이 있죠. 멜로디를 반복적으로 재생하면서 사운드를 변화시켜 곡을 구성하게 됩니다.

♪ 프로그레시브 멜로디-1

빅룸 스타일보다는 조금 더 기승전결이 있는 멜로디가 많습니다. '프로그레시브 멜로디-1'과 같은 하나의 멜로디를 계속 반복적으로 사용하기도 하고, 빌드업(Build-Up)에서는 '프로그레시브 멜로디-1'을 연주하다가 드롭(Drop)에서 '프로그레시브 멜로디-2'와 같이 조금 더 단순한 멜로디로 변화하며 비트를 만들어 가는 경우도 있습니다.

♪ 프로그레시브 멜로디-2

드롭에서는 최대한 강렬한 느낌으로 만들 필요가 있기 때문에 음의 변화가 적은 멜로디로 표현하는 것이 좋습니다.

2_ Bass

코드의 변화에 맞춰 한 음씩 연주하는 형태가 많습니다. 단. 사이드 체인 효과를 이용해 리듬감이 이어지도록 표현합니다.

♮ 프로그레시브 베이스-1

물론 노트의 길이를 코드 변화에 맞춰 그리지 않고 정박에 노트를 하나씩 할당해서 연주하는 것이 일반적인 작업이지만 이렇게 코드의 변화에 맞춰 노트를 그리는 것도 많이 활용할 수 있습니다. 그리고, 코드 패턴에 맞춰 베이스가 리듬을 연주하는 경우도 많이 있습니다.

♮ 프로그레시브 베이스-2

이 외에도 다양한 리듬으로 표현할 수 있고, 살짝 라인을 만드는 것도 한 방법입니다.

3_ Pluck

플럭(Pluck)은 정박과 엇박을 섞은 리듬으로 연주하면 좋습니다. 약간 2박 3연음 느낌으로 표현되는 것이죠. '프로그레시브 베이스-2'와 같이 베이스가 리듬을 찍을 때에 플럭을 함께 연주하면 깔끔한 리듬으로 화음을 구성할 수 있습니다.

♮ 프로그레시브 플럭

높은 음자리표 위에 8이 그려져 있는 것은 악보에 보이는 것보다 한 옥타브 위의 음을 연주하라는 뜻입니다.

피아노 롤에서 보면 다음과 같이 C#3부터 D#5까지의 음역대로 쫙 벌려져 있는 것을 볼 수 있습니다.

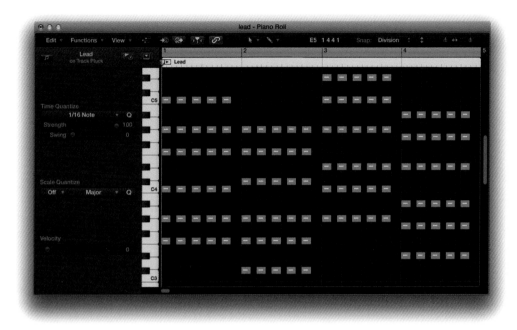

이렇게 풍성한 화음으로 플럭을 연주하기도 하지만 플럭 사운드와 같이 약간 타악기적인 사운드를 드롭에서 리드 사운드로 활용할 수도 있습니다.

3. Trance

'무아지경(無我之境)'에 이르도록 계속해서 반복적인 멜로디 패턴을 들려주는 장르입니다. 테크노 (Techno)가 리듬의 반복에 중점을 둔다면 트랜스(Trance)는 멜로디 패턴의 반복에 중점을 두는 것 이죠. 멜로디 패턴은 다시 말하면 아르페지오(Arpeggio)입니다. 트랜스에서 가장 중점적으로 다루 어야 할 것이죠.

1_ 아르페지오(Arpeggio) 패턴

아르페지오는 신시사이저의 사운드로 표현하는 것이 대부분이지만 어쿠스틱 피아노 사운드로 삽입 하는 경우도 종종 찾아볼 수 있습니다. 연주 방법은 피아노 연주 시에 코드를 나누어 연주하는 것과 동일합니다. 다만 EDM에서는 아르페지오의 리듬 패턴이 좀 더 단순한 경우가 많습니다.

다음 악보는 간단한 8비트 아르페지오 패턴입니다.

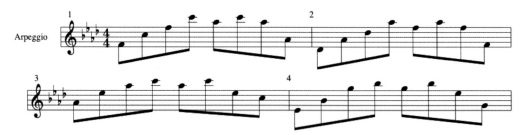

♪ 8비트 아르페지오 패턴

코드의 진행은 Fm – D – Ab – E 이렇게 진행하는 코드의 음을 리듬에 맞춰 나누어 주면 아르페지오 패턴 완성입니다.

8비트 아르페지오를 두 배 빠르게 연주하면 16비트 아르페지오가 됩니다. Trance에서는 16비트 아르페지오가 주를 이룹니다.

♪ 16비트 아르페지오-1

노트의 조합을 살짝 다르게 하면 또 다른 맛이 나는 아르페지오가 완성됩니다.

♪ 16비트 아르페지오-2

이런 식으로 자신의 곡에 맞는 아르페지오를 만들 수 있습니다. 또, 신시사이저에 내장된 아르페지오를 활용할 수도 있습니다.

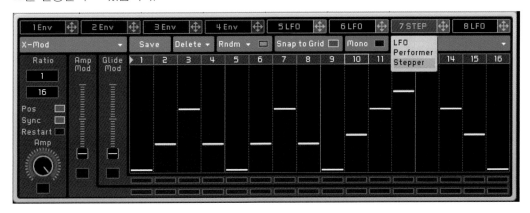

'MASSIVE'를 비롯한 다양한 신시사이저들은 자체적으로 아르페지오를 만들 수 있는 기능을 갖고 있습니다. 'MASSIVE'에서도 모듈레이션 섹션에서 'Stepper'라는 모듈레이션 기능을 선택하면 아르페지오를 만들 수 있습니다.

2 _ PAD

Lead와 Bass 모두 아르페지오를 활용하는 경우가 많고, 아르페지오가 계속 반복되는 것을 PAD가 감싸주는 표현이 많이 쓰이고 있습니다.

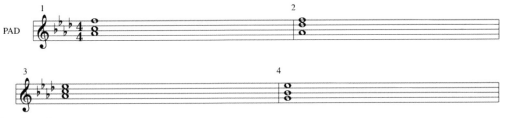

♪ 트랜스 패드

패드는 코드 진행감이 부드럽게 이어지는 보이싱(Voicing)을 위해 코드의 음을 비슷한 높이로 전위(Inversion)시켜 줍니다.

BUILD-UP

빌드업(Build-Up)에서는 점점 고조되는 분위기를 만들기 위해 다양한 효과음이 등장합니다. 특히 Up-Beat Noise와 Rising FX가 많이 쓰이고 있습니다.

1. Up-Beat Noise (Side Chain)

사이드 체인을 이용해 '쉬~익 쉬~익'하는 효과를 주어 좀 더 춤추기 좋은 리듬을 만드는데 활용합니다.

'MASSIVE'를 이용한다면 먼저 OSC는 모두 비활성화 시키고 좌측 하단의 NOISE만 활성화시킵니다.

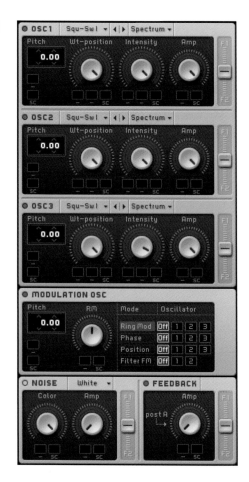

그런 뒤 노이즈의 Amp를 우측으로 끝까지 돌리면 White 노이즈 사운드가 출력됩니다.

노이즈가 출력되는 채널에 RCompressor를 걸어서 사이드 체인 콤프레서 효과를 주겠습니다.

♪ RCompressor

DAW에서 킥이 정박에 연주되도록 되어 있고 그 소스가 BUS 10으로 보내지도록 설정해 주세요. 그런다음 컴프레서에서 BUS 10 소스를 받아서 사용합니다.

Side Chain 소스 메뉴에서 BUS 10을 선택하세요.

그러면 킥 사운드로 컴프레서를 작동시킬 수 있게 준비가 됩니다.

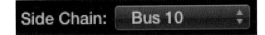

컴프레서가 부드럽게 적용되도록 Warm버튼을 눌러 Smooth로 바꿔 주세요.

이제 사이드 체인 효과가 나도록 컴프레서를 조절해 줍니다. 우선 컴프레서가 적용되도록 Thresh를 −44.0으로 과하게 내려주세요.

그 다음 컴프의 적용 비율을 높이기 위해 Ratio 를 제일 아래 끝까지 내려주세요.

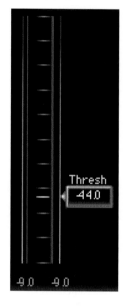

킥 사운드에 맞춰 소리가 눌리도록 Attack을 가장 왼쪽으로 당기고. 압축된 소리가 올라오는 타이밍은 69.0으로 맞추면 섹시(Sexy)하게 노이즈가 올라옵니다.

업 비트 노이즈 (Up-Beat Noise)가 완성되었습니다. 소리를 들으면서 컴프레서를 보면 음량의 변화에 따라 출렁이는 화면을 볼 수 있습니다.

이렇게 Bass와 Lead 그리고 PAD에도 사이드 체인 효과를 걸 수 있습니다. 자신의 곡에 맞게 적절히 활용하시길 바랍니다.

2. Rising FX

저음에서 시작되어 포르타멘토(Portamento)로 고음으로 쭉 이어지며 음악의 분위기를 한껏 고조시킬 때 사용하는 효과입니다. 마치 사이렌(Siren) 소리와 비슷하죠.

'MASSIVE'의 프리셋 중 SHOWER TIME 이라는 프리셋으로 라이징 FX (Rising FX)를 만들어 보겠습니다. 이 사운드를 고른 이유는 길게 이어지는 라이징 효과에 쓰기 적합하게 일정한 사운드가 나오고 있으며 존재감도 확실하기에 선택하였습니다.

우선 모듈레이션 섹션의 OSC탭의 Pitchbend 범위를 +24.00 에서 –24.00으로 설정하여 음의 변화량을 최대한 넓게 벌려줍니다.

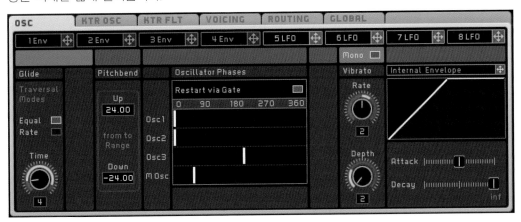

소리가 처음 시작될 부분부터 끝날 때까지 하나의 노트로 입력합니다.

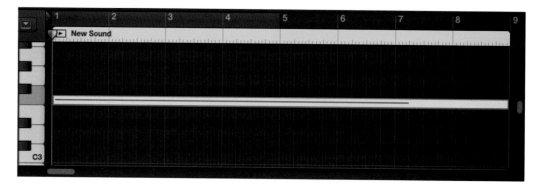

보통 8마디에서 16마디 정도의 길이로 Rising FX가 표현됩니다.

피치 밴드에 오토메이션을 적용하면 저음에서 시작해서 고음으로 이어지는 Rising FX를 표현할 수 있습니다.

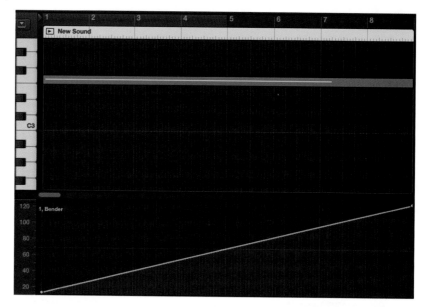

여기에 살짝 효과를 더해주기 위해서 Native Instruments – 'Driver'를 채널에 삽입하겠습니다.

드라이버 프리셋 중 Breath를 선택하고 들어보면 살짝 울렁이며 올라가는 Rising FX 사운드를 확인할 수 있습니다.

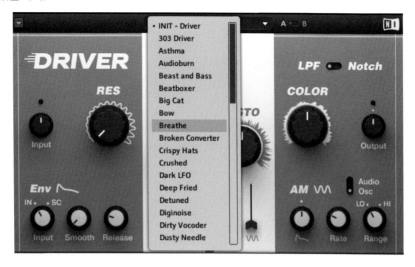

드라이버 이외에도 다양한 이펙터를 걸어보기도 하고, 색다른 소리로 신시사이저에서 변형도 해보면서 더욱 매력적인 사운드를 찾아보세요.

Chapter 3
VOCAL EFFECT

: EDM에 어울리는 보컬 사운드

EDM은 전자악기로 구성되기 때문에 보컬의 음색또한 전자악기에 어울리는 기계적인 사운드로 변형시키는 경우가 많습니다. 어떻게 전자 음악에 어울리는 보컬 사운드를 만들 수 있는지 알아보겠습니다.

Section 1
STUTTER

스터터(Stutter)는 말을 더듬는 것 같이 일정한 음절을 반복하며 리듬감을 만들어 내는 효과입니다. EDM 곡을 듣다보면 '렛츠 댄스 댄스 댄댄댄댄 댄스' 이런 식의 사운드를 접할 수 있는데 이것이 바로 스터터 효과입니다. 보컬 뿐만 아니라 여러 다양한 사운드에 스터터 효과를 줄 수 있습니다.

먼저, 스터터 효과를 표현하기 위해서는 레코딩 된 음원이 있어야 합니다. 직접 녹음을 하시거나 아니면 www.freesound.org와 같은 음원 제공 사이트에서 다운받아 사용하실 수 있습니다.

Freesound에서 다운 받은 'I'm your DJ' 파일을 가지고 스터터 효과를 표현해 보겠습니다.

1. 오디오 편집 (Audio Edit)

DAW에서 리전(Region)을 편집하여 스터터 효과를 표현할 수 있습니다.

자신이 사용하는 DAW에서 파일 가져오기(Import)를 실행하여 다운 받은 Mp3 파일을 리전으로 만듭니다.

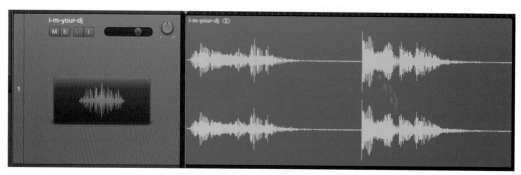

원하는 부분에서 정확히 시작되도록 하기 위해 사용하고자 하는 부분을 마디의 시작 점에 맞춰 자릅니다. 예제 파일에서 앞 부분은 잘라내고 'I'm Your DJ'가 시작하는 지점을 박자에 맞춰 잘라줍니다.

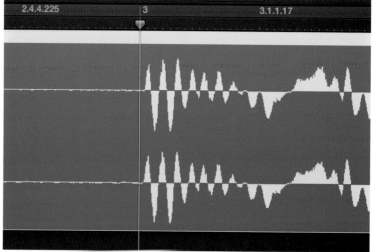

잘라 놓은 파일에서 스터터 효과를 낼 부분. 다시 말해서 더듬는 부분을 표현하기 위해 반복시킬 일부분을 잘라서 복사합니다. 'DJ' 부분을 반복시키기 위해 뒷 부분을 잘라서 복사합니다.

처음에는 'I'm Your DJ'가 다 나오도록 하고 두 번째 마디에서 'DJ'가 두 번 반복되도록 자르고 세 번째 마디에서는 8분 음표 길이로 2 박자 16분 음표 길이로 두 박자를 표현합니다. 마지막 네 번째 마디에서 다시 'DJ'가 나오도록 편집하면 'I'm Your DJ' 'DJ' 'DDDD' 'DDDDDDD' 'DJ' 이렇게 스터터 효과가 완성됩니다.

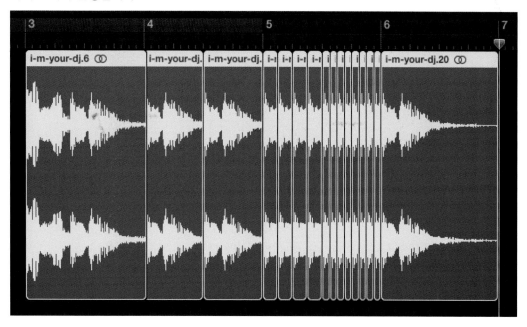

빌드업의 끝 부분에 스네어 롤과 함께 스터터 효과를 넣으면 그 느낌이 배가 될 수 있습니다. 적절히 스터터 효과를 사용해 보세요.

2. THE FINGER

손가락으로 건반을 누르면 스터터 효과를 표현할 수 있는 이펙터가 바로 "THE FINGER"입니다. Native Instruments의 제품이며 "REAKTOR"에서 불러와서 사용 가능한 이펙터입니다.

우선 스터터 효과에 사용할 오디오 채널의 아웃풋을 버스로 보내줍니다. 비어있는 버스로 보내면 되는데 손가락 행진곡이 생각나는 버스 11로 보내겠습니다.

'THE FINGER'에서 소리가 출력될 때 오디오 채널에서도 소리가 같이 나오면 효과가 반감되니까 오디오 채널의 소리는 출력되지 않도록 해주세요. 만약 아웃풋을 버스 11로 보냈다면 버스 11을 뮤트 시켜야 압니다.

그럼 스터터 효과를 낼 수 있는 프리셋을 불러오도록 하겠습니다. 프리셋 메뉴를 열고 리스트에서 "010 Replayer"를 선택하세요.

이제 오디오 파일에서 소리가 나는 부분을 플레이하며 건반을 눌러보세요. 다양한 스터터 효과가 표현됩니다. 예를 들어 'DJ'가 시작할 때 G#2를 누르다가 이어서 D#2를 누르면 리전을 편집했던 효과와 비슷한 표현을 연출할 수 있습니다. 이 외에도 다양한 효과가 건반마다 할당되어 있습니다. 오디오를 플레이해 놓고 연주해 보세요.

단순한 스터터 효과 이외에 점점 음이 높아지거나 점점 빨라지는 등의 다양한 효과를 쉽게 구현할 수 있는 장점이 있습니다. 좀 더 창의적인 곡을 만들고 싶을 때 적극적으로 활용해 보시길 바랍니다.

Section 1
TUNE(음정)

보컬의 음정을 바꾸면서 새로운 느낌을 주는 방법으로 오토튠(Auto-Tune)과 보코더(Vocoder)를 활용합니다. 특히 EDM에서는 전자음과 어울리는 음성을 만들기 위해 이러한 장비를 많이 활용합니다.

1. Auto-Tune EFX

노래를 녹음했을 때 음정이 불안하여 정확한 음 높이로 수정할 때 사용하는 장비가 Antares의 'Auto-Tune'입니다. 하지만 이 장비로 과격한 튜닝(Tuning)을 하면 그 독특한 색채가 더해지는데 그것이 매력적으로 들리기에 일부러 과격한 튜닝을 하게 됩니다. 이에 더해 이런 효과만 전문적으로 만드는 플러그인(Plug-in)이 출시가 되었는데 그것이 'Auto-Tune EFX'입니다.

♪ Auto-Tune EFX

힙합 뮤지션 T-Pain의 음악에서 적극적으로 활용되기에 T-Pain Effect라고 불리기도 하는 효과를 Auto-Tune EFX로 만들어 보겠습니다. 우선 보컬의 스케일(Melody Scale)을 입력합니다. 만약 녹음된 음성이 F minor Scale이고 여성의 목소리라면 다음과 같이 선택합니다.

이렇게 선택하면 건반의 색깔이 F minor 스케일에 맞춰 바뀝니다.

파란색이 설정된 스케일을 나타내는 것이고 음이 조절될 때에 이 파란색 안에서만 음이 움직이도록 되어있습니다. 다시 말해서 F minor스케일을 벗어난 음은 출력되지 않습니다.

제일 아래에 보면 Hard EFX, Soft EFX, Pitch Correct 이렇게 3개를 고를 수 있게 되어 있는데 Hard EFX를 고르면 독특한 뉘앙스의 효과를 제일 선명하게 얻을 수 있고, Soft EFX는 그보다 조금 부드럽게 표현되며, Pitch Correct는 음정만 보정하고 독특한 뉘앙스는 느껴지지 않도록 되어있습니다.

자신의 곡에 어울리는 효과를 적절히 골라 쓰시기 바랍니다.

2. Morphoder

보코더(Vocoder)는 사람의 목소리를 원하는 음으로 변화시키는 장치입니다. 특히 설정한 값에 강제로 음 높이를 맞추기 때문에 영화에서 로봇의 목소리를 흉내낼 때 자주 활용되기도 합니다. 특히 Daft Punk의 음악에서 보코더의 효과를 쉽게 발견할 수 있습니다. 'Morphoder'는 Waves에서 출시한 보코더로서 기능이 훌륭하여 여러 가지 사운드를 표현할 수 있습니다. 'Morphoder'를 활용해서 어떻게 보코더 효과를 표현할 수 있을까요?

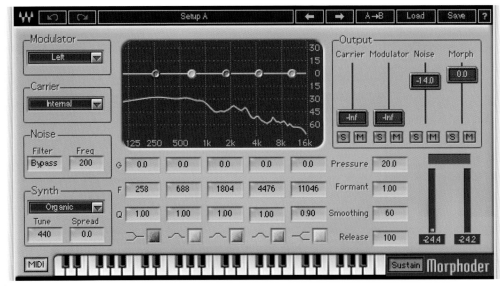

♪ Morphoder

중앙에는 목소리 톤(Tone)을 조절할 수 있는 이퀄라이저가 있으며 Formant를 이용해서 남성의 목소리를 여성의 목소리처럼 바꾸는 것도 가능합니다.

Synth에서 음색을 조절하고 Output에서 출력되는 소리의 음량을 섞어서 최종 출력되는 사운드를 만들 수 있습니다.

당연히 'Morphoder'에도 여러 가지 프리셋이 존재합니다. 마음에 드는 프리셋을 선택한 다음 출력하고자 하는 음을 건반에서 선택하면 설정한 음 높이로 소리가 나는 것이죠.

좌측 하단의 MIDI는 미디 신호를 받아서 음 높이를 조절할 때 활성회시키는 것이고 오른쪽의 Sustain은 건반을 눌러놓고 일정한 음정이 계속 출력되도록 하는 장치입니다.

'Morphoder'는 미디 신호를 이용해서 효과를 조절하기 때문에 기존의 컴프레서(Compressor)와 이퀄라이저(Equalizer)같은 이펙터들과는 사용법이 약간 다릅니다. DAW에서 어떻게 설정하고 활용할 수 있는지 알아보겠습니다.

오디오 채널의 인서트(Audio FX)에 바로 걸지않고 가상악기 트랙(Software Instrument)을 만든 후 채널의 'Instrument 〉 AU MIDI-controlled Effects 〉 Waves 〉 Morphoder(s)'를 선택하여 이펙터를 열어줍니다. ( ) 괄호안의 m은 Mono를 뜻하며, s는 Stereo를 뜻합니다.

Vocoder를 사용할 오디오 채널의 아웃풋을 버스로 보내줍니다. 비어 있는 버스 채널이면 어느쪽이든 괜찮습니다. 편의상 BUS 12로 보내주고 'Morphoder'의 사이드 체인에서 BUS 12를 받아 주겠습니다.

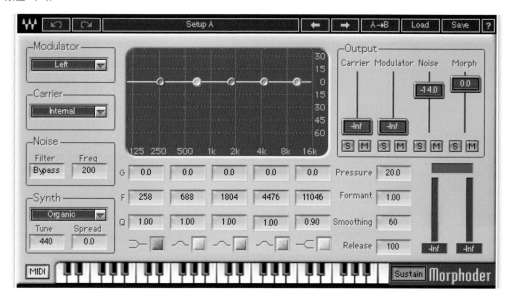

보코더를 보낸 BUS 12채널은 뮤트를 해줘야 보코더에서 출력되는 소리를 명확하게 들을 수 있습니다.

이제 재생할 때 보코더를 열었던 가상악기 트랙에서 미디 신호를 입력하면 보코더를 통해 입력한 음으로 보컬의 음성이 나오는 것을 느낄 수 있습니다.

3. THE MOUTH

보코더 플러그인(Plug-In)은 여러 가지가 있지만, 그 중 가장 쉽게 창의적인 접근이 가능한 플러그 인은 Native Instruments의 'THE MOUTH'가 아닐까 합니다. 'THE MOUTH'는 'THE FINGER'와 활용 법이 비슷합니다. 어떻게 쓰면 가장 효과적으로 쓸 수 있을지 알아보겠습니다.

가상악기로 'REAKTOR'를 열고 'THE MOUTH'를 불러온 다음 오디오 신호를 버스로 보내고 사이 드 체인을 이용해서 오디오 신호를 받아 사용합니다. 편의상 BUS 12로 보낸 오디오 신호를 Side Chain 에서 받아 사용하겠습니다.

♪ THE MOUTH

우선 프리셋을 보면 세 가지로 나뉘어 있습니 다. 첫 번째로 보컬의 음색을 변화시키는 Vocal Effects, 두 번째로 보컬 사운드를 신시사이저의 소리로 변화시키는 Vocal Synth, 세 번째로 보 컬의 음색 변화와 신시사이저의 사운드를 혼합 한 Beats 이렇게 세 가지 카테고리(Category) 에서 원하는 프리셋을 고를 수 있습니다.

효과를 조절하는 부분 또한 세 군데로 나
뉘어 있습니다. 왼쪽 위에는 소리 변화의
정도를 조절할 수 있는 PERFORMANCE
CONTROLS가 있습니다.

오른쪽에는 출력되는 소리들을 혼합할 수 있는
MIXER가 있습니다. INPUT은 원래의 오디오 소
스이며 SYNTH는 신시사이저 소리, VOC은 보코
더 효과, BASS는 저음역대, FX는 공간감을 조절
하게 됩니다.

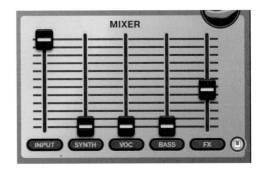

아래는 출력되는 음을 조절하는 부분인데 왼쪽에서 스케일을 설정하면 노란 불이 들어온 음들로
출력이 됩니다. 그리고 건반으로 미디 노트를 입력하면 입력한 값으로 음 높이를 변화시켜 줍니다.

굉장히 다양한 프리셋으로 보컬과 악기의 사운드를 재밌게 변화시킬 수 있는 훌륭한 이펙터입니
다. EDM에서 기계적인 사운드를 표현할 때 적극적으로 활용하시면 창의적인 결과물을 이끌어 낼
수 있으리라 생각합니다.

Part 2

BALLAD

발라드 음악은 보통 bpm 60~80정도의 느린 템포로 표현됩니다. 서정적인 분위기의 곡이 많으며 가사는 사랑에 대한 그리움 또는 이별의 내용이 압도적입니다. 따라서 약간은 슬프고 애뜻한 느낌으로 표현된 음악이 많습니다. 서정적이고 분위기있는 발라드 음악을 쉽게 만들 수 있는 편곡 기법과 이를 도와 훌륭한 사운드를 만들어 낼 가상악기의 활용법을 알아보겠습니다.

Chapter 1
DRUMS
: 어쿠스틱 드럼 가상악기와 리듬

어쿠스틱 사운드를 표현하고자 한 때 어떤 가상악기를 써야 좋을지 막막한 경우가 있습니다. 특히 드럼은 사운드의 중추를 담당하기 때문에 드럼 사운드에서 기계의 느낌이 나면 전체적인 사운드가 어쿠스틱 느낌 과는 멀어지게 됩니다. 어떻게 하면 좀 더 어쿠스틱한 사운드의 발라드 드러밍을 표현할 수 있을지 알아보 겠습니다.

Section 1

SENNHEISER
- DRUMMIC'A

어쿠스틱(Acoustic) 드럼은 마이크로 녹음을 해야 음반에 소리를 담을 수 있습니다. 따라서 어쿠스틱 드럼 세트를 녹음할 때에는 다양한 마이크가 필요합니다. 왜냐면 드럼 세트는 여러 개의 드럼이 모여있는 구조이기 때문에 드럼마다 마이크를 설치하고 녹음하게 됩니다. 드럼의 구조와 명칭에 대한 내용은 Part 1. Electronic Dance Music 〉 Chapter 1. EDM Drums를 참고하세요.

1. Drummic'a 얻기

드럼에 어떻게 마이크를 위치시키고 어떠한 마이크를 사용하는지 한눈에 알 수 있는 가상악기가 있습니다. 헤드폰으로 유명한 회사 SENNHEISER와 마이크로 유명한 NEUMANN이 함께 만든 'Drummic'a'라는 가상악기입니다. 이 가상악기는 Native Instruments의 KONTAKT에서 불러들여 쓸 수 있습니다.

♪ Drummic'a

이름에서 느껴지듯 SENNHEISER와 NEUMAN
N 마이크를 홍보하는 차원에서 제공되는 가
상악기인데요. 아주 좋은 마이크로 매우 깨끗
하게 녹음되어있는 드럼 사운드를 담고 있으
며, 게다가 무료입니다.

http://de-de.sennheiser.com/drummica
여기로 들어가셔서 계정 등록 후 다운받아서
사용하시면 됩니다.
단, 독일어로 되어 있어서 독일어를 모르시면
계정 등록이 어렵습니다. 이럴땐 Google Chrome으로 접속하셔서 Translate하시면 영어로 볼 수
있습니다.

크롬으로 접속하시면 좌측 상단의 주소아래
에 번역을 할 것이지 묻는 내용이 나타납
니다.
여기에서 Translate버튼을 누르면 영어로 바뀌게 됩니다.

영어가 편하신 분들은 영어로 되어 있는 페
이지를 보면서 우측하단의 TO REGISTER〉
를 클릭하시고 계정 등록을 하시면 마음대로
'Drummic'a'를 다운받아 사용할 수 있습니다.

혹시 영어가 어려우신 분들은 약간 어색한 번
역이지만 한글로 번역해서 보실 수도 있습니다.

영어로 번역된 페이지에서 번역 언어를 고를
수 있습니다. 'This page has been translate
d from (German) to (English)' 요기서 'from
(German)'이 원문의 언어이고 'to (English)'
가 번역된 언어를 선택하는 부분입니다.
'English'로 표기된 상자를 클릭하면 언어를 선택할 수 있는 리스트가 나타납니다.

크롬은 다양한 언어를 고를 수 있는데요. 그 중 Korean을 선택하시면 한글로 번역된 페이지를 보실 수 있습니다.

Indonesian
Irish
Italian
Japanese
Korean
Latvian
Lithuanian
Macedonian
Malay

영어로 번역된 것이 좀 더 자연스럽고 한글번역은 약간 어색하지만 그런대로 알아들을 수 있습니다.

다운 받은 'Drummi'ca' 파일은 다른 외부 라이브러리(Third–Party Library)와 마찬가지로 Native Instruments의 Service Center에서 시리얼(Serial) 등록한 뒤 'KONTAKT'의 라이브러리에서 사용하시면 됩니다.

'KONTAKT 5'의 라이브러리에 등록한 후 Instruments를 클릭하면 두 개의 악기(*.nki)가 보입니다.

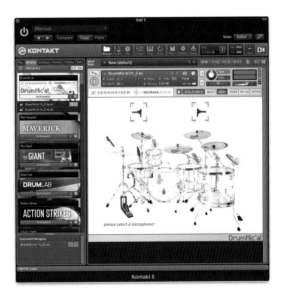

'Drummic'a! V1_0 de.nki'와 'Drummic'a! V1_0 en.nki' 이렇게 두 개의 악기 중 de는 독일어 버전이고 en은 영어 버전입니다. 표시된 언어만 다르고 둘의 사운드는 똑같습니다. 독일어가 편하시면 'Drummic'a! V1_0 de.nki'를 선택하시고 영어가 편하시면 'Drummic'a! V1_0 en.nki' 를 선택해서 사용하시면 됩니다.

2. 마이크 선택

마이크 회사의 가상악기 답게 드럼을 녹음한 마이크를 선택할 수 있습니다.

마이크 위에 마우스를 가져가면 파란 사각형으로 마이크가 표시되고 이를 클릭하면 마이크를 선택할 수 있는 화면으로 바뀝니다.

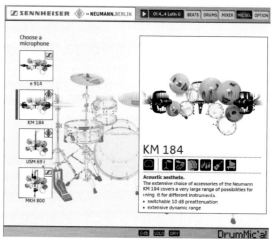

좌측에는 선택할 수 있는 마이크가 있고 우측에는 마이크가 소개되어 있습니다. 그리고 하단에 보시면 '0db', 'SOLO', 'DRY' 이렇게 세 개의 비튼이 있는데 이 버튼을 이용해서 마이크의 사운드를 좀 더 세심하게 관찰할 수 있습니다.

0db : 소리를 노멀라이즈(Nomalize) 시켜서 좀 더 잘 들리도록 해 줍니다.
SOLO : 선택한 마이크로 녹음한 소리만 들을 수 있습니다.
DRY : 마이크로 녹음한 소리에 어떠한 효과도 적용하지 않은 완전한 생톤을 들을 수 있습니다.

드럼에 설치된 마이크마다 2개~ 4개의 마이크를 선택하며 마이크에 따른 소리를 직접 들어볼 수 있습니다.

3. 믹서 (MIXER)

우측 상단의 'BEATS', 'DRUMS', 'MIXER', 'MIC SEL', 'OPTION'탭 중 'MIXER'를 선택하세요.

드럼 사운드를 조절할 수 있는 믹서 화면이 나타납니다.

좌측 상단의 PRESETS에는 아이스크림이 생각나는 총 31개의 믹스 프리셋(Mixed Preset)이 마련되어 있습니다. 프리셋은 양쪽 화살표 버튼을 클릭하여 다음 프리셋으로 넘어갈 수 있습니다.

프리셋 아래에는 VIEW를 선택할 수 있는데 AUDITOR(관객)와 DRU MMER(연주자) 두 가지로 되어 있습니다. 둘은 서로 반대 방향으로 들리도록 되어있습니다.

믹서의 채널은 위에서부터 REV(Reverb), OV(Overhead Mic), LR(Panorama), SOLO, DRY, MIC model, Volume Pader, Instrument Name으로 구성되어있습니다. 같은 악기에 두 개의 마이크를 사용한 것에 추가적으로 LINK와 위상 버튼(Ø)이 있습니다.

참고로, LINK는 연결된 두 채널의 페이더가 함께 움직이도록 묶어주는 기능이며, 위상 버튼(Ø)은 오디오 신호의 위 아래를 뒤집어 주는 기능입니다.

OV 채널과 REV 채널은 살짝 다른데 OV(Overhead Mic) 채널은 MONO 버튼으로 스테레오 이미지를 조절할 수 있습니다.

REV(Reverb) 채널은 High Pass 와 Low Pass 필터가 달려있고 리버브 종류를 선택할 수 있습니다.

각각의 채널은 SELECT버튼을 클릭한 후 상단 우측의 창에서 따로 EQ(Equalizer), TRANS DESIGNER, COMPRESSOR를 이용한 프로세싱이 가능합니다.

4. 비트 (BEATS)

드럼 비트를 입력하기 위해서 미디 노트를 하나하나 입력하던 시절이 있었습니다. 하지만 요즘은 매우 잘 만들어져있는 비트를 간단히 끌어오면 드럼 비트가 완성되며, 이를 살짝 변형하여 원하는 비트로 만드는 방법이 많이 쓰입니다.

'Drummic'a'에도 굉장히 다양한 장르에 어울리는 드럼 비트가 미리 마련되어 있습니다. Ballads부터 시작해서 Samba에 이르기까지 존재하는 거의 모든 장르에 필요한 리듬이 정리되어 있는 것이죠.

BEATS 버튼을 클릭하면 장르별 드럼 비트 리스트가 나타납니다. 친절하게도 장르별 추천 템포까지 보여주고 있습니다.

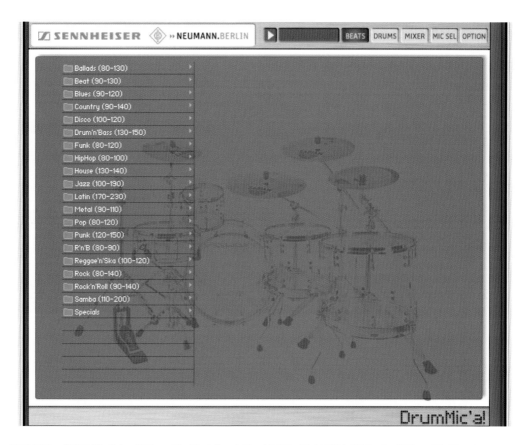

BEATS는 '장르폴더 > 패턴 그룹 폴더 > 미디 파일'로 구성되어 있으며 패턴 그룹에는 Grooves, Intros, Fills, Endings가 있으며 이들은 각각 Even과 Shuffle로 나뉘어 있습니다. 이들을 간단히 알아보면 다음과 같습니다.

용어	해설
EVEN :	Straight한 리듬을 일컫습니다. 가장 흔히 접할 수 있는 비트로 일정한 하이햇 또는 라이드 심벌이 연주됩니다.
SHUFFLE :	Shuffle 느낌의 패턴입니다. 8분 음표가 연주될 때 엇박자의 음이 뒤로 밀려서 연주되는 프레이즈를 말합니다.
GROOVES :	장르별 그루브 파일이 담겨 있습니다. 쉽게 말해 장르에 어울리는 드럼 비트가 정리되어 있는 것입니다.
INTROS :	드럼이 등장할 때 비트가 바로 나오지 않고 약간 꾸며주며 나오는 경우가 있습니다. 그런 등장용 프레이즈가 모여 있는 폴더입니다.
FILLS :	장르에 어울리는 필인이 담겨있습니다.
ENDINGS :	Intros와 반대로 드럼 연주가 끝날 때 부드럽게 끝 마칠 수 있는 프레이즈가 담겨있습니다.

Ballads (80-130) 〉 07 Intro Even 〉 01 4_4 Ballad.mid 를 더블 클릭하여 선택하고 재생 버튼을 누르면 점점 볼륨이 커지며 '다다다다다다땅'하는 드럼 패턴이 연주됩니다.

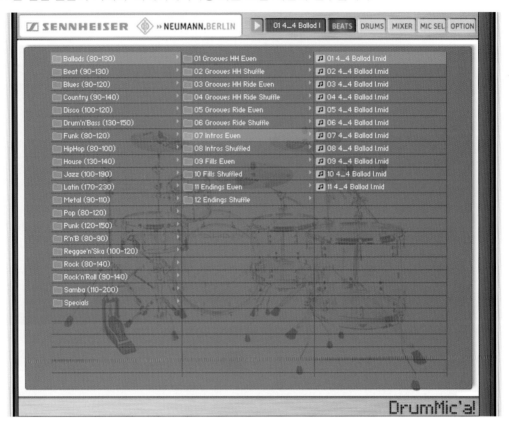

재생 버튼 오른쪽의 01_4_4 Ballad 1을 마우스로 잡고 DAW로 끌어가면 간단히 패턴이 입력됩니다.

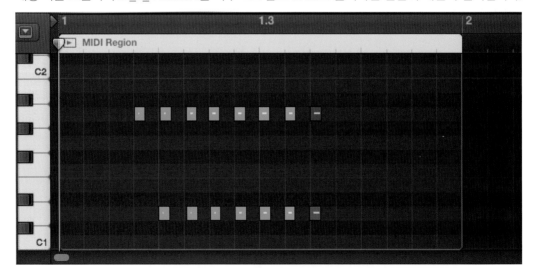

이렇게 손쉽게 패턴을 입력할 수 있습니다. 이어서 Ballads 〉 01 Grooves HH Even 〉 02 4_4 Ballad G.mid를 선택한 후 DAW로 가져가겠습니다.

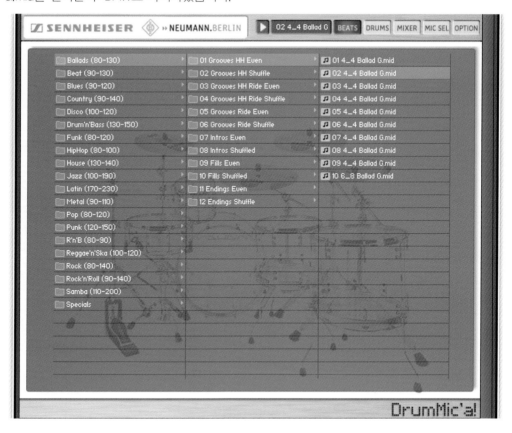

Ballads 〉 09 Fills Even 〉 04 4_4 Ballad F.mid를 DAW로 가져가 필인도 추가합니다.

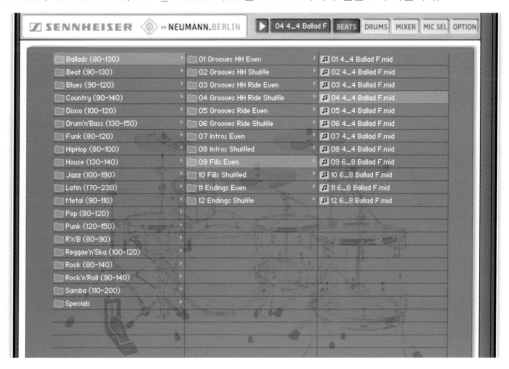

마지막으로 Ballads 〉 11 Endings Even 〉 03 4_4 Ballad E.mid를 DAW로 가져가겠습니다.

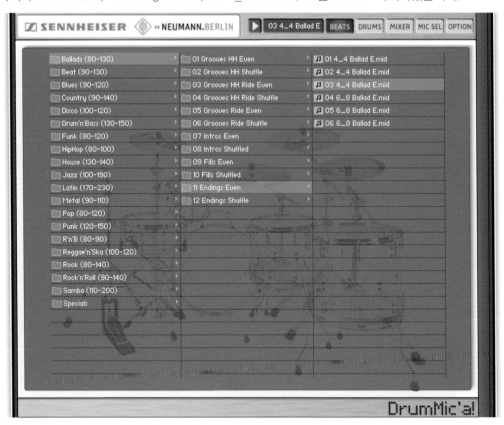

이렇게 가져가서 순서대로 나열하면 Intro − Groove − Fill − Ending으로 이어지는 4마디 드럼 패턴이 완성됩니다.

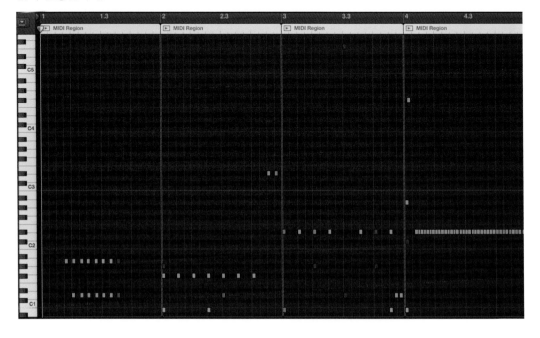

물론 이대로 곡을 완성짓는 것이 아니라 인트로 다음 그루브는 충분히 반복시키고, 곡의 구성에 따라 약간씩 다른 그루브 파일을 연결합니다. 그 후 적절히 필인을 삽입하고 마지막에 엔딩으로 끝을 내는 구조로 만들어 가야 합니다.

5. 16마디 리듬 편곡

간단히 16마디의 곡을 만든다면 이런 식으로 구성이 가능합니다.

Intro - Verse - Chorus - Ending

여기에 사용된 비트는 다음과 같습니다.

간추린 이름	BEATS 파일 경로
INTRO	Ballads > 07 Intros Even > 01 4_4 Ballad I.mid
HH 1	Ballads > 01 Grooves HH Even > 02 4_4 Ballad G.mid
HH 2	Ballads > 01 Grooves HH Even > 03 4_4 Ballad G.mid
RIDE 1	Ballads > 05 Grooves Ride Even > 01 4_4 Ballad G.mid
FILL 1	Ballads > 09 Fills Even > 02 4_4 Ballad F.mid
FILL 2	Ballads > 09 Fills Even > 01 4_4 Ballad F.mid
ENDING	Ballads > 11 Endings Even > 03 4_4 Ballad E.mid

Intro는 그대로 제일 앞에 붙여넣고 Verse는 HH1 + HH2로 세 번 반복하여 총 6마디를 만들고 HH1+Fill 1으로 Verse를 마무리하며 Chorus로 넘어갑니다. Chorus에서는 Ride 1으로 7마디를 반복하고 Fill 2를 마지막한 한 마디에 채워 넣어 총 8마디를 만듭니다. 끝으로 Ending을 삽입하면 Intro와 Ending을 제외한 16마디 곡을 구성할 수 있습니다.

리전의 색깔별로 표현하면 다음과 같이 Intro와 Ending을 포함한 총 18마디의 구성을 볼 수 있습니다.

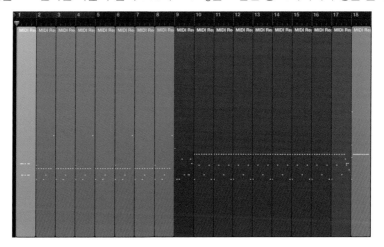

이제 어느 정도 곡의 구성이 느껴집니다. 하지만 약간 아쉬운 부분이 있죠. 아쉬운 부분은 노트를 살짝 편집해서 해결하면 됩니다.

Verse가 시작되는 부분의 노트를 편집해 보겠습니다.

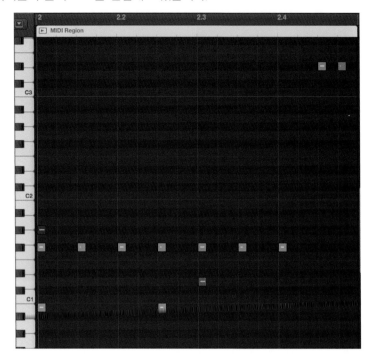

시작이 하이햇 사운드로 되어 있습니다. 시작 부분에 있는 G#1의 음을 C#2로 옮기고 필요 없는 F#1의 음은 삭제하겠습니다.

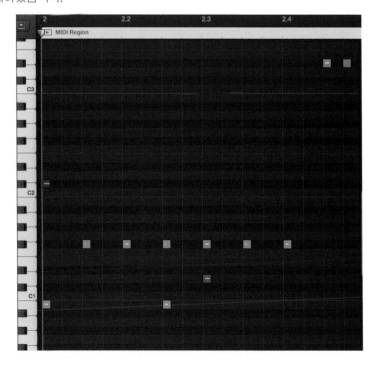

이렇게 하면 Intro 후 Verse가 시작되는 부분에서 심벌을 시작으로 그루브가 연주됩니다.

같은 방법으로 Chorus의 시작 부분도 심벌 연주로 바꿔 보겠습니다.

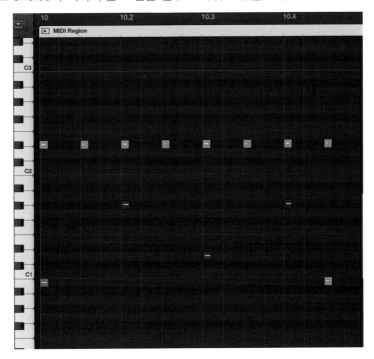

10마디에 있는 리전의 노트 중 D#2의 노트를 C#2로 옮기고 벨로시티 값을 최대치로 바꾸겠습니다.

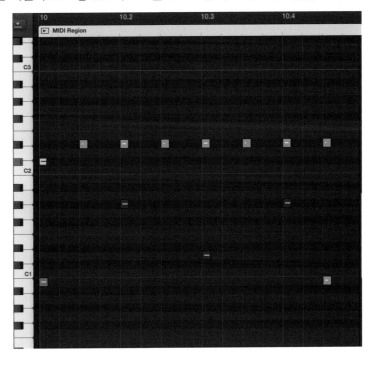

이렇게 바꾸면 코러스가 시작되는 부분에서 심벌을 연주하며 들어가게 됩니다.

좋은 리듬을 손쉽게 가져온 후 노트 편집을 통해 세부적인 표현을 정리하는 이러한 형태의 작업이 가장 효율적이며 빠른 시간에 곡을 완성할 수 있는 방식입니다.

6. 그루브 만들기

제공되는 프리셋 이외의 새로운 표현을 하고자 할 때 직접 노트를 입력하여 그루브를 표현할 수 있습니다.

'Drummic'a'는 악기별로 색상을 달리하여 키보드의 건반을 표현해주기 때문에 손쉽게 음색을 찾고 연주할 수 있습니다.

악기	색깔
KICK :	청색
SNARE :	붉은색
TOM :	초록색
HIGH-HAT :	노란색(검은 건반에서는 연누색)
CYMBALS :	하늘색

미디 건반을 이용하여 그루브를 만들 때 색상을 보고 어떤 악기인지 바로 확인할 수 있으니 많은 도움이 됩니다.

EDM 비트는 마우스로 찍는 것이 오히려 느낌을 살리는데 좋지만 어쿠스틱 악기는 건반 연주를 녹음하는 것이 리얼(Real)한 사운드를 만드는데 유리합니다. 건반을 누를 때 나오는 다양한 벨로시티(Velocity)와 타이밍(Timing)을 마우스로 입력하려면 엄청난 삽질을 해야 하죠.

건반으로 그루브를 만들 때에는 DAW에서 짧은 구간(보통 2~4마디)을 정한 후 루프(Loop)을 설정하고 Kick부터 차례대로 하나씩 입력하면 쉽게 그루브를 만들 수 있습니다.

'8비트 발라드' 악보와 같이 리듬을 입력해 보겠습니다.

우선, 킥부터 건반으로 녹음을 합니다. 이때 악보에는 표기되지 않았지만 실제 드럼 연주를 표현할 때 정박의 킥은 강하게 엇박의 킥은 조금 약하게 연주하는 것이 자연스럽습니다.

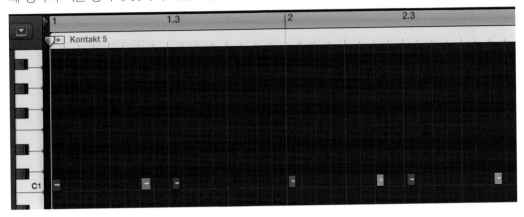

노트의 색상은 벨로시티 값을 표현하는데 노트의 값이 모두 다른 것을 알 수 있습니다. 정박은 벨로시티 값이 크고 약박은 벨로시티 값이 작게 입력되었습니다.

다음은 스네어를 녹음합니다. 스네어는 벨로시티 값이 일정하게 똑같은 힘으로 건반을 녹음해 주세요.

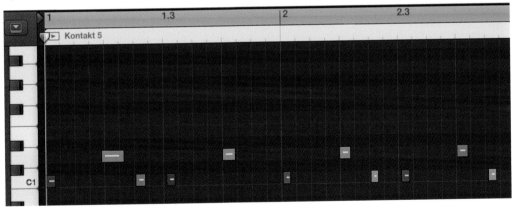

일정하게 녹음하려 했지만 살짝 벨로시티 값이 다르게 녹음된 것을 알 수 있습니다.

스네어의 벨로시티 값을 확인해 보면 다음과 같습니다.

첫 번째 스네어	두 번째 스네어	세 번째 스네어	네 번째 스네어
99	97	97	102

이렇게 살짝 다른 값으로 표현된 것이 좀 더 어쿠스틱한 사운드를 만들어줍니다.

하이햇은 정박은 강하게 엇박은 약하게 하지만 전체적으로 일정하게 녹음하는 것이 좋습니다.

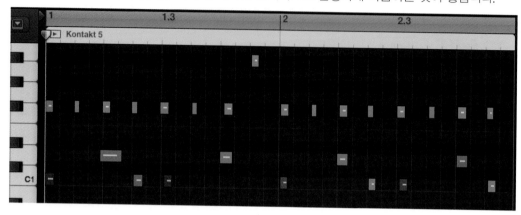

하이햇 녹음까지 이렇게 하나씩 하나씩 악기별로 녹음을 하면 드럼 연주를 못 하더라도 쉽게 드럼을 녹음할 수 있습니다.

녹음 트랙을 들어보면 실제 연주한 것과 같이 자연스럽지만 아마추어의 향기가 뿜어져 나옵니다. 연주를 칼박에 완벽히 녹음했다면 프로의 느낌이 날 수 있지만 보통 그렇게 녹음하기는 쉽지 않습니다. 이런 아마추어 느낌의 원인은 타이밍에 있습니다. 정확한 타이밍에 딱 맞추는 것은 많은 훈련이 필요하지만 퀀타이즈(Quantize) 기능을 활용하면 간단히 정확한 타이밍에 맞출 수 있습니다. 컴퓨터를 활용한 녹음은 실제 연주보다 훨씬 더 잘 하는 것처럼 편집이 가능하다는 장점을 적극적으로 활용해야 하는 것이죠.

첫 번째 마디의 네 번째 박자를 확대해서 보면 노트들이 정확한 타이밍에서 뒤로 또는 앞으로 밀려있는 것을 볼 수 있습니다.

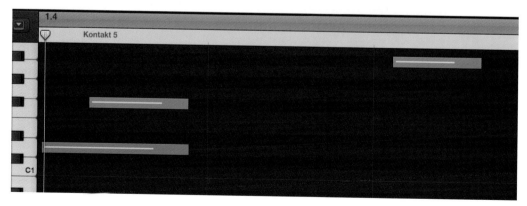

녹음된 노트들을 전부 선택한 후 퀀타이즈 기능으로 맞춰줍니다.

퀀타이즈를 1/8 Note로 설정하고 Strength를 90으로 맞춰서 적용시키면 다음과 같이 타이밍이 맞춰집니다.

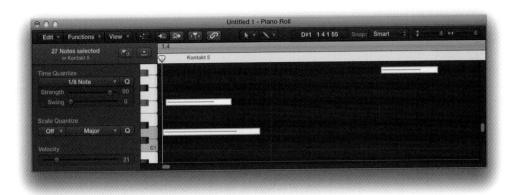

입력된 노트의 상태에 따라 Strength를 조절해 주세요. 정확한 박자에서 크게 벗어났다면 Strength를 높게 잡고 박자가 비교적 정확하다면 Strength를 작게 잡아서 실제 연주의 느낌을 살릴 수 있습니다. 혹 너무 박자에서 크게 밀려난 노트들이 있다면 입력한 위치에서 벗어나 다른 박으로 밀려나거나 당겨져 있을 수 있습니다. 이러한 노트들은 수작업으로 이동시켜 줘야 합니다.

퀀타이즈를 적용한 후 연주를 들어보세요.

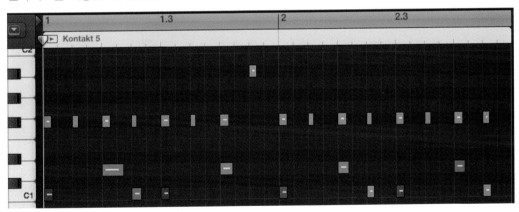

자연스러우면서도 프로가 연주한 것처럼 박자가 딱 들어맞는 연주가 재생됩니다. 퀀타이즈 전 후를 비교해 보세요.

혹시 벨로시티 때문에 어색하게 들리는 부분이 있다면 그런 부분도 편집 기능을 이용해서 간단히 수정하면 됩니다. 실제 연주력보다 훨씬 더 잘하는 것처럼 꾸밀 수 있다는 것이 아마 컴퓨터 음악의 최대 장점이 아닐까 합니다.

기타 가상악기와 전자 드럼

앞에서 살펴본 가상악기 이외에도 엄청나게 좋은 어쿠스틱 드럼 가상악기들이 여럿 있습니다. 다만 다른 드럼 가상악기들도 인터페이스만 다를 뿐 기본적인 사용법은 대동소이(大同小異)합니다.

하지만 자신에게 더 잘 맞는 가상악기를 발견한다면 좀 더 효율적인 작업이 가능하겠지요.

드럼 가상악기 중 최고라 불리는 몇 가지를 소개하며 어쿠스틱한 사운드를 표현할 때 큰 도움이 되는 전자 드럼도 소개하겠습니다.

1. Drummer Series

Native Instruments의 Drummer 시리즈는 세계적으로 유명한 AbbeyRoad 스튜디오에서 드럼 사운드를 녹음하여 시대별로 어울리는 사운드를 담고 있는 AbbeyRoad 시리즈가 있으며 여기에 STUDIO DRUMMER라는 현대적인 감각의 드럼 사운드까지 포함하고 있습니다.

모두 "KONTAKT 5"에서 불러와 사용하는   ♪ NI Drummer
가상악기이기 때문에 앞에서 살펴본 'Drummic'a'와 사용법이 유사한 부분이 많습니다. 하지만 좀 더 많은 프리셋과 다양한 드럼 셋이 존재하기 때문에 좀 더 편리하게 사용할 수 있습니다.

아마도 이 시리즈만 있어도 어쿠스틱 드럼이 필요한 전 장르의 음악에 어울리는 드럼 사운드를 찾는 것이 가능합니다.

2. EZDRUMMER

어쿠스틱 드럼 가상악기를 말하는데 빼먹으면 섭섭한 악기가 있습니다. 가장 널리 쓰이는 대표적인 어쿠스틱 가상악기를 뽑자면 TOONTRACK의 EZDRUMMER가 있겠죠. 현재 2버전까지 나와있으며 자체적으로 드럼편곡을 끝낼 수 있는 Song Creator가 내장되어 있습니다.

♪ EZDRUMMER 2

이름처럼 매우 쉬운 사용법을 특징으로 하며 다양한 EXPANTION을 추가로 구매하면 거의 모든 장르에 필요한 드럼을 구비할 수 있게 됩니다.

물론 사운드를 만지는 것도 매우 쉽게 되어있고, 프리셋 또한 엄청나게 좋은 퀄리티로 마련되어 있습니다.

EZDRUMMER의 고급 버전으로 사운드의 세부 설정이 좀 더 디테일한 "Superior Drummer"라는 제품도 TOONTRACK에서 출시되어 있습니다. "Superior Drummer"는 EZDRUMMER의 사운드를 모두 가져다가 사용할 수 있습니다.

3. BFD

"가장 리얼한 가상악기를 뽑아라!" 그러면 바로 이 녀석을 뽑을 사람이 많을 것 같습니다. 매우 섬세한 처리가 가능하며 실제 드럼 사운드를 표현하고자 하는 리얼함에 초점을 맞춘 가상악기입니다.

현재 3버전까지 나와있습니다.

♪ BFD 3

4. Addictive Drums

EZDRUMMER와 같이 쉬운 사용법에 아주 잘 만들어진 프리셋으로 많은 사랑을 받고 있는 어쿠스틱 드럼 가상악기입니다. 현재 2 버전까지 나와있으며 후발 주자이면서도 퀄리티가 매우 훌륭하기에 앞에 소개한 두 가상악기와 어깨를 나란히 하는 위치에 있습니다.

♪ ADDICTIVE DRUMS 2

사람마다 자신이 원하는 사운드가 다릅니다. 어떤 사람은 Jazz를 좋아하지만 어떤 사람은 Heavy Metal을 좋아하는 것처럼 취향차이로 인해 호불호가 갈리는데요. 어쿠스틱 드럼 사운드를 지니고 있는 가상악기들도 마찬가지입니다. 이 책에서 이야기하는 그리고 소개한 가상악기들은 모두 매우 훌륭한 사운드를 표현해 주고 있습니다. 다만 자신이 원하는 사운드를 찾고자 할 때 조금이나마 도움이 되고자 유명한 가상악기를 살짝 소개하고 넘어가는 것입니다.

5. Roland V-Drum

'전자 드럼의 대명사'하면 바로 Roland의 V-Drum 시리즈입니다. 거의 모든 드럼 가상악기가 'V-Drum' 맵핑을 지원할 정도로 전자 드럼 하면 'V-Drum'입니다. 물론 Yamaha의 DTX 시리즈도 매우 훌륭하고 2box의 'DrumIt Five' 또한 엄청난 물건이지만 'V-Drum'의 아성을 무너뜨리기엔 이직 인지도가 부족합니다.

♪ V-Drums TD-30KV

어쿠스틱 드럼 사운드를 디지털로 표현하는데 필요한 방법에 대해 앞에서 설명해 드렸지만, 직접 드럼을 연주하는 것보다 더 훌륭한 방법은 없습니다. 직접 드럼을 연주하여 미디 노트를 입력할 때 필요한 장비가 전자 드럼이지요. 만약 드럼 연주가 가능하고 전자 드럼을 컴퓨터에 연결해서 녹음할 수 있다면 가장 어쿠스틱 드럼 소리와 같은 사운드를 표현해 낼 수 있을 것입니다.

6. ddrum Trigger

전자 드럼 이외에 드럼 트리거 (Trigger)를 어쿠스틱 드럼에 설치하고, 연주하는 데이터를 받아서 미디 노트로 녹음하는 방법도 있습니다.

♪ DD1M RS KIT

어쿠스틱 드럼 녹음은 실제로 엔지니어에게 가장 어려운 작업 중 하나이며 녹음 된 연주를 수정하는 것도 만만치 않습니다. 이 때 미디 노트로 입력한 다음 좋은 소리의 가상악기로 사운드를 만들어 내는 것도 대안이 될 수 있습니다.

물론 최고의 방법은 프로 엔지니어가 프로 드러머의 연주를 좋은 레코딩 스튜디오에서 녹음하는 것이지요.

Chapter 2
BASS

: 베이스 가상악기 선택과 베이스 편곡

우리가 흔히 부르는 베이스(Bass)라는 악기는 사실 Bass Guitar입니다. 드럼의 킥도 Bass Drum이기에 둘 다 베이스라 칭하면 서로 어느것을 이야기하는지 혼란스러울 경우가 있습니다. 그래서 베이스 드럼을 킥이라 부르기로 한 것입니다. 그리고 앞으로 베이스 기타는 그냥 베이스라 칭하겠습니다.

발라드에서 저음역을 담당하는 베이스 사운드를 어떻게 표현할 때 좀 더 부드러운 사운드로 연출할 수 있는지 알아보겠습니다.

Section 1
ELECTRIC BASS
(일렉트릭 베이스)

♪ DELUXE ACTIVE JAZZ BASS® OKOUME

사진에 있는 악기는 Fender에서 나온 DELUXE ACTIVE JAZZ BASS® OKOUME 이라는 일렉트릭 베이스입니다.

일렉트릭 베이스는 흔히 베이스 기타 (Bass Guitar)라고 불립니다. 이 악기는 저음역대의 소리를 내어 곡을 안정감있게 만들어 주는데 큰 역할을 하죠. 특히 팝(Pop) 음악에서는 빼 놓을 수 없는 필수 악기 중 하나입니다.

우선 일렉트릭 베이스에 대해 알아본 후 우리가 어떠한 가상악기로 이 악기를 표현할 수 있는지 살펴보 겠습니다.

일렉트릭 베이스는 크게 바디(Body), 넥(Neck), 헤드(Head) 이렇게 3부분으로 이루어져 있습니다.

우선 바디를 보면 브릿지(Bridge)와 픽업(Pickup), 컨트롤 노브 (Control Knob) 그리고 현(string)이 보입니다.

현은 가는 줄부터 G string, D string, A string, E string 이라 부릅니다.

바디는 주로 오른손이 위치하며 줄을 튕기는 부분이라고 이해하시면 됩니다.

브릿지는 현을 잡아주는 역할을 합니다. 연주할 때에는 브릿지를 만질 일이 거의 없습니다.

§ Bridge

픽업은 줄의 진동을 감지하는 부분으로 마이크와 같은 역할이라 이해하시면 됩니다. 보통 베이스 연주자들이 손가락으로 E현 또는 A현을 튕길 때 엄지손가락을 받쳐주는 지지대의 역할도 합니다.

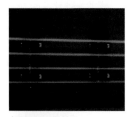

§ Pickup

컨트롤 노브는 픽업에서 받아들인 소리를 조절하는 부분입니다. 조금 더 맑은 소리를 만든다든지 음량을 조절하는데 사용합니다.

넥은 주로 왼손으로 음을 조절할 때 만지는 부분입니다.

넥에는 현을 가로지르는 방향으로 쇠막대가 박혀 있는데 이것을 플렛(Flet)이라 합니다. 이 플렛은 반음간격으로 음의 높이를 조절할 수 있도록 도와줍니다.

동그란 점은 플렛의 위치를 빨리 파악할 수 있도록 도와주는 보조 표시이며 플렛과 플렛 사이를 핑거 보드(Finger Board)라고 하는데, 이 부분 위에서 현을 손가락으로 누르며 음 높이를 조절하는 것입니다.

헤드쪽에 있는 하얀색 막대는 너트(Nut)라고 하며 줄을 넥 위에 살짝 띄워주는 역할을 합니다.

헤드는 현의 장력을 조절할 수 있는 부분으로 음을 조율할 때 사용합니다.

현을 당기거나 풀때 사용하는 손잡이를 페그(PEG)라고 하는데 이 부분을 돌려서 음을 조율하는 것입니다.

베이스 기타를 언주할 때 오른손은 손가락으로 튕기거나 피크(Peak)를 이용하기도 합니다. 하지만 발라드와 같은 부드러운 사운드가 필요한 곡에서는 손가락으로 줄을 튕기는 연주법이 주를 이룹니다.

1. Software Bass Guitar

Ballad에 주로 쓰이는 일렉트릭 베이스 가상 악기 중 가장 리얼한 사운드를 뽑자면 단연 Scarbee 의 Bass 시리즈를 선택할 것입니다. 놀랍도록 훌륭한 사운드에 사용법까지 편리하게 만들어진 가 상악기 시리즈이며 'MM-BASS', 'MM-BASS Amped', 'PRE-BASS', 'PRE-BASS Amped', 'JAY-BASS', 'Rickenbecker Bass'가 현재 출시되어 있습니다.

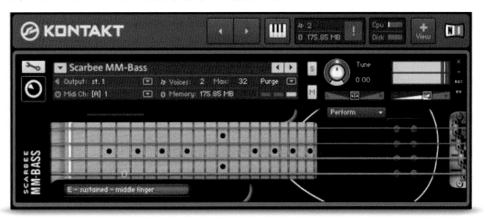

♪ Scarbee MM-BASS

'MM-BASS'는 70년대 Funk와 Disco 음반에서 들을 수 있는 따뜻하고 부드러운 사운드를 담고 있습니다.
꼭 Funk와 Disco에만 어울리는 것이 아니라 어떤 장르에서도 활용할 수 있는 깨끗한 베이스 사운드가 특징입니다.

'MM-BASS Amped'는 'MM-BASS'를 4개의 다른 앰프사운드로 녹음해 놓아서 바로 음반 제작에 활용할 수 있습니다.

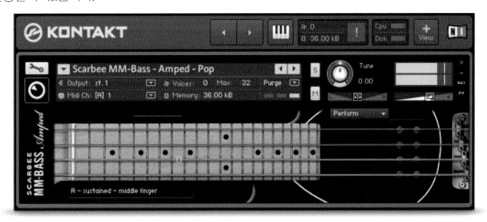

♪ Scarbee MM-BASS Amped

유명한 'FENDER® PRECISION BASS'를 그대로 담아낸 'PRE-BASS'는 POP, ROCK, Hip-Hop과 R&B까지 전 장르를 넘나드는 활용성이 뛰어난 베이스입니다.

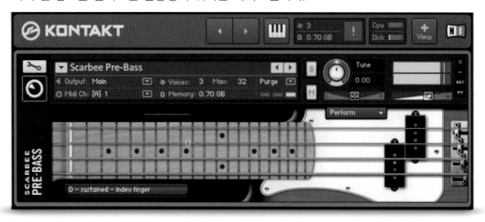

🎵 Scarbee PRE-BASS

'PRE-BASS Amped'는 음반 제작에 바로 적용할 수 있는 아주 잘 만들어진 4개의 앰프 사운드를 담고 있습니다.

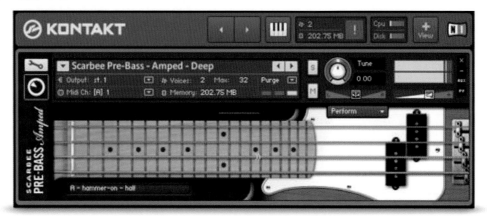

🎵 Scarbee PRE-BASS Amped

70년대 Jazz Bass 사운드를 담고있는 'JAY-BASS'는 Slap주법과 Finger 연주의 사운드가 특징입니다. Funky한 느낌의 그루브를 만드는데 사용하면 그 진가를 발휘할 것입니다.

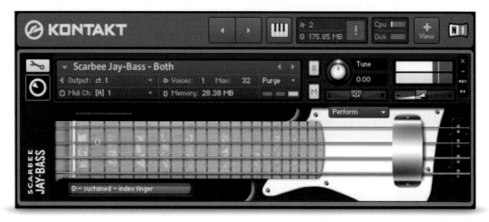

🎵 Scarbee JAY-BASS

'Beatles'의 베이스라면 떠오르는 베이스가 있죠. 'Rickenbacker Bass'가 바로 그 사운드를 담고 있습니다. Old Rock에서 느낄 수 있는 베이스 사운드를 표현하고자 할 때 이보다 더 좋은 선택은 없을 것입니다.

🎼 Scarbee Rickenbacker Bass

Scarbee Bass 시리즈 이외에도 모든 베이스 사운드를 하나의 가상악기에서 끝낼 수 있는 Spectrasonics의 'TRILIAN'이란 가상악기가 있습니다. 여기에는 어쿠스틱 베이스 사운드에서부터 신시사이저의 베이스 사운드까지 베이스의 모든 것이라 할 정도의 방대한 사운드가 담겨있습니다.

이들 중 Ballad에 바로 활용하기 좋은 악기를 선택하려고 한다면 부드러운 사운드를 특징으로 하는 'MM-BASS Amped'가 1순위에 오를 것 같습니다. 이 베이스를 어떻게 활용할 수 있는지 알아보겠습니다.

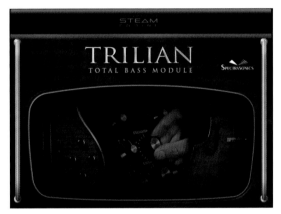

🎼 Spectrasonics - TRILIAN

2. Scarbee - MM-BASS Amped

Scarbee의 베이스 시리즈는 사용법이 모두 비슷비슷합니다. 따라서 한 가지 모델의 사용법을 익힌다면 다른 악기도 쉽게 활용할 수 있습니다.

우선 'MM-BASS Amped'를 열면 네 개의 앰프 사운드로 나뉘어 있습니다.

각각의 사운드 특징은 다음과 같습니다.

* MM-BASS 패치

악기 이름	설명
Fat	풍부하고 꽉찬 사운드로 Rock과 Pop 음악에 어울리는 베이스
Crunch	살짝 디스토션(Distortion)이 걸린 강력한 사운드로 Rock 음악에 어울리는 베이스
Heavy	날카롭고 딱딱한 사운드로 Heavy Rock에 어울리는 베이스
Pop	깔끔하면서도 풍부한 사운드로 R&B와 POP 음악에 어울리는 베이스

이 중 발라드에 가장 어울리는 프리셋 Pop을 선택한 후 기본적인 사용법에 대해 알아보겠습니다.

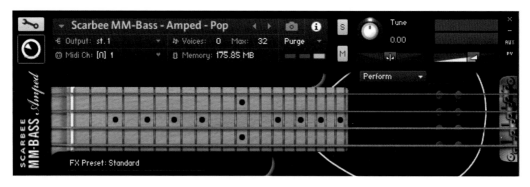

건반에서 E1을 누르면 4번째 줄 개방현이 연주 됩니다. 이 때 화면에는 어떻게 사운드가 표현되고 있는지 나타납니다.

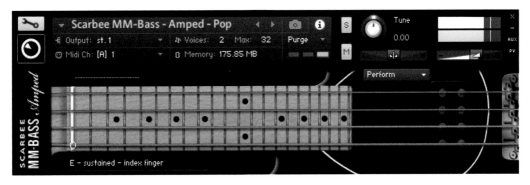

좌측 상단의 디스플레이에서 어떤 악기가 로딩되어 있는지 알 수 있습니다. 그 외에도 어느 정도의 메모리를 사용하고 있는지

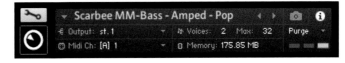

와 오디오 라우팅 정보와 미디 정보 등을 확인할 수 있습니다.

우측 상단을 보면 음량이 표현되는 정도와 팬의 설정 그리고 솔로와 뮤트 등을 확인할 수 있습니다.

본격적으로 MM-Bass의 인터페이스를 보면 현재 연주되고 있는 표현 방식이 나타납니다.

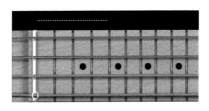

베이스 넥(Neck)의 위쪽에는 점선으로 현재 연주되고 있는 위치를 표현하고 있습니다. 넥의 하단에는 표현양식에 대한 설명이 나타납니다. E현에서 서스테인(Sustain)을 검지(Index Finger)로 연주하고 있다는 정보를 알 수 있습니다. 넥 부분의 현에는 연주방식에 따라 아이콘으로 표현됩니다.

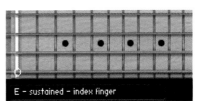

기본적인 연주형태인 서스테인(Sustain)은 큰 동그라미(O)로 연주 위치에 표현됩니다.

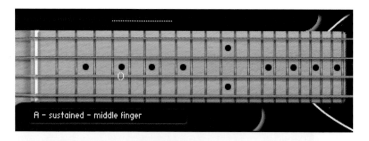

하모닉스(Harmonics)는 작은 동그라미(o)로 표현됩니다.

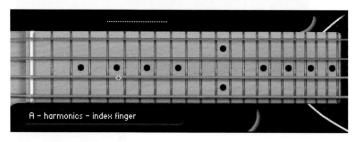

뮤트(Mute)는 엑스표(X)로 표현됩니다.

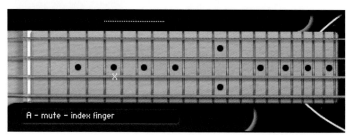

슬라이드는 이동 화살표(-〉〉)로 표현됩니다.

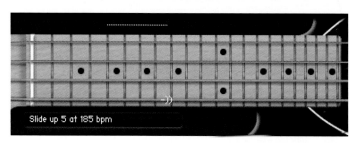

햄머 온(Hammer-on)은 화살표(〉〉) 로 표현됩니다.

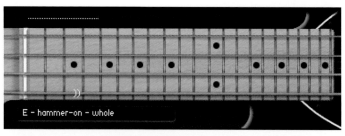

건반은 네 부분으로 나뉘어 연주 방법, 표현될 음, 오른손 피킹, 연주 위치를 설정할 수 있습니다.

Bb0은 노이즈 사운드가 담겨있으며 이를 기준으로 좌측의 빨간색은 연주 방법을 결정하고 우측의 파란색은 음을 결정합니다. 오른쪽으로 더 나가서 C5는 오른손 연주 방법을 결정하는데 "MM-Bass"는 핑거(Fingered) 연주법만 지원합니다. "JAY-Bass"와 같이 슬랩 연주를 지원하는 악기를 로딩하면 이 부분을 활용할 수 있습니다. 그리고 F5부터는 연주 위치를 설정할 수 있습니다. 연주 위치는 음에 따라 결정되는 것이 우선이며 같은 음을 다른 위치로 변경할 때 이 부분을 이용하면 됩니다.

좌측 키 스위치는 자주 활용할 수 있기에 따로 정리해서 알고 있으면 편합니다.

건반위치	설명
A -1	Sustain
A# -1	Mutes
B -1	Reset
C 0	Index Finger
C# 0	Middle Finger
A 0	A String
G 0	G String
E 0	E String
D 0	D String
* D# 0	Chord Mode
* F 0	Pickup hit and tight release toggle
F# 0	Extended hammer-0n / Pull-off
G# 0	Buzz-trill / Trill

1_ Velocity에 따른 연주 기법

키 스위치를 누르지 않고 파란색 건반을 누를 때 어떠한 세기(빠르기)로 누르냐에 따라 연주법이 달라집니다. 어떤 표현을 할 수 있는지 하나씩 알아보겠습니다.

[A] Harmonics

벨로시티(Velocity)를 15 이하로 아주 약하게 누르면 하모닉스(Harmonics)가 연주됩니다.

하모닉스는 줄의 어느 한 점에 손가락을 가볍게 대고 연주하면 플렛(Flet : 지판)을 누르는 음과는 다르게 배음이 표현되는 것을 말합니다. MM-BASS에서는 현의 위치에 따라 하모닉스가 표현되지 않는 곳도 있습니다. 이는 실제 베이스 기타에서도 위치에 따라 다르기에 그런 느낌을 잘 표현해 놓은 것입니다.

[B] Mute

벨로시티를 16~40 정도로 약하게 누르면 뮤트(Mute) 사운드를 얻을 수 있습니다.

뮤트는 현의 떨림을 최소화 시켜서 마치 타악기를 연주하는 듯 짧게 표현하는 방식입니다. 음을 길게 연주할 때에는 Index Finger(검지)로 연주되지만 음이 짧게 이어질 때에는 Index Finger 한 번 Middle Finger(중지) 한 번씩 번갈아 연주됩ㅣ디. 실제 베이스 연주자들이 연주하는 것처럼 약간 다른 사운드로 표현되기 때문에 좀 더 자연스러운 사운드를 표현할 수 있습니다.

다음 두 사진을 비교해 보면 좌측 하단의 아티큘레이션(Articulation) 설명에 손가락이 바뀌는 것을 볼 수 있습니다.

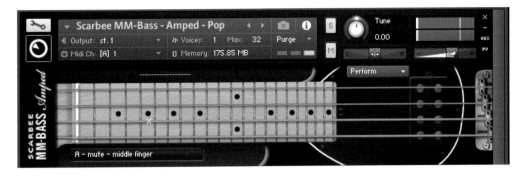

건반에서 키 스위치(Key switch)로 할당되어있는 (A#1)을 누르면 벨로시티에 상관없이 뮤트로 연주할 수 있습니다.

[C] Sustain

벨로시티가 41 이상이면 서스테인(Sustain)으로 연주가 됩니다.

서스테인도 뮤트와 같이 짧게 연속해서 누르면 검지와 중지로 번갈아 연주하게 됩니다.

다음 두 사진에서 Index Finger와 Middle Finger로 달리 연주되는 것을 볼 수 있습니다.

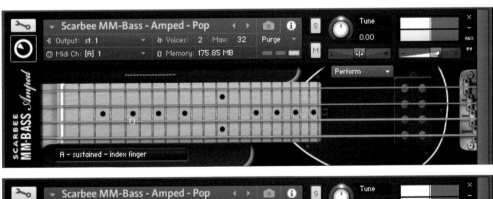

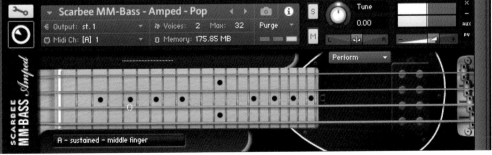

2 _ Legato에 따른 연주 기법

레가토(Legato)를 이용하면 음이 부드럽게 이어지는 표현이 가능합니다.

[A] Hammer-on / Pull-off

레가토(Legato)로 연주할 때 "MM-Bass"는 자동으로 Hammer-on / Pull-off로 표현합니다. 단 반음 또는 온음으로 이어질 경우에 해당하며 더 큰 음폭으로 연주할 때에는 키 스위치 F# 0을 활용해야 효과를 얻을 수 있습니다.

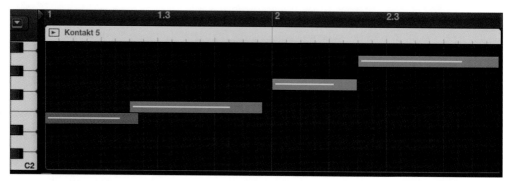

E음에서 F음으로 넘어갈 때에 노트가 겹쳐진 것을 볼 수 있습니다. 이렇게 살짝 겹쳐질 때 "MM-Bass"가 레가토로 인식합니다. 만약 F음에서 G음으로 넘어가는 것 같이 노트가 살짝 떨어져있거나 G음에서 A음으로 이어지는 것처럼 정확히 잘려있으면 레가토가 적용되지 않습니다.

[B] Slide

슬라이드(Slide)를 적용하고 싶을 때에는 서스테인 페달(Sustain Pedal)을 밟고 레가토로 연주하면 음이 미끄러지듯 표현되는 슬라이드 효과가 적용됩니다.

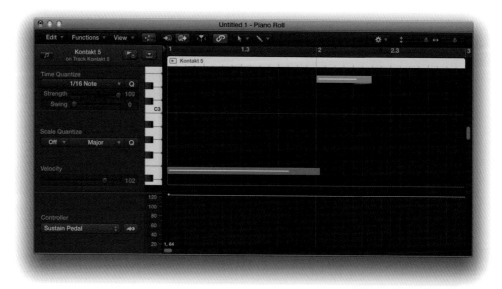

서스테인 페달을 밟고 있다고 하더라도 레가토로 연주하지 않는다면 슬라이드가 표현되지 않습니다.

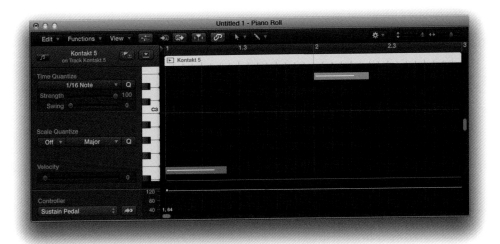

BASS 표현

MM-Bass를 활용하여 발라드(Ballad)에 어울리는 베이스 표현 방법에 대해 알아 보겠습니다.

1. Bass Arrange

발라드는 보통 60~80bpm 정도의 템포(Tempo)가 많으며 드럼 비트는 간결하게 표현합니다.

1_ Kick and Bass

다음과 같은 드럼 비트가 있다면 베이스는 드럼의 킥 리듬에 맞춰 연주하는 것이 일반적입니다.

🎼 발라드 비트 1

여기서 킥과 베이스의 리듬을 맞춰 연주한다면 다음과 같은 표현이 가능합니다.

🎼 킥 1

🎼 베이스 1

킥이 연주될 때 베이스도 함께 같은 리듬을 연주하지만 킥과 달리 베이스는 좀 더 여운이 있도록 길이를 조절합니다.

E-B7-C#m-A로 이어지는 코드 진행에 맞춰 드럼과 베이스를 피아노 롤에 입력한 것이 다음 그림입니다. 킥은 빨간색으로 베이스는 파란색으로 표시하였습니다.

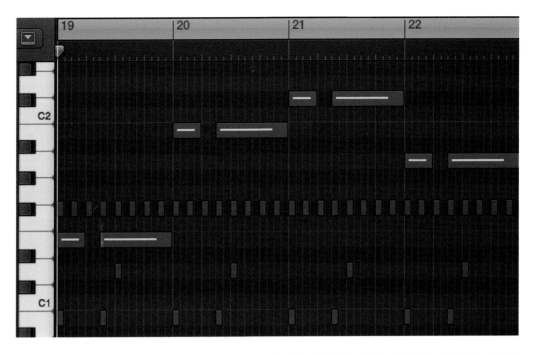

킥 1과 베이스 1을 피아노 롤에 입력할 때에는 킥의 시작 타이밍과 베이스의 시작 타이밍을 맞춰줍니다. 그림에서 보는 것과 같이 시작 타이밍은 같지만 길이는 킥과 베이스가 다릅니다. 특히 드럼은 악보에서 보는 표현과 실제 미디 입력과의 길이 차이가 확연하게 다릅니다. 드럼을 기보할 때 연주자들이 편하게 악보를 읽어가기 위해 실제 들리는 음길이와는 다르게 표현하는 경우가 많기 때문입니다.

♪ 드럼 베이스 코드

베이스를 좀 더 부드럽게 이어주기 위해서 앞 음의 길이를 점 4분음으로 늘려주면 리듬감은 조금 둔화되지만 부드럽게 전체를 감싸주는 사운드로 표현됩니다.

킥과 베이스만 확대해서 보면 킥의 시작 점과 베이스의 시작 점은 같지만 둘의 길이는 차이가 많이 나는 것을 볼 수 있습니다. 악보의 표기와는 다르게 피아노 롤에서는 실제 들리는 사운드와 좀 더 닮아있는 것을 확인할 수 있습니다.

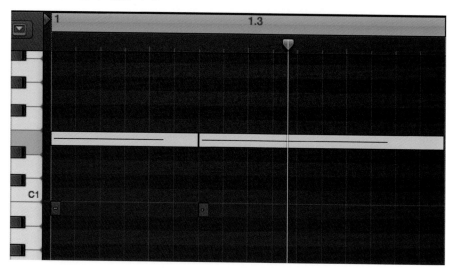

드럼의 하이햇과 스네어를 추가하면 다음과 같습니다.

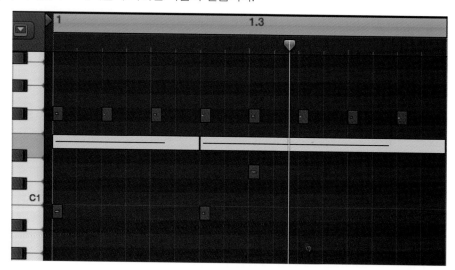

이렇게 코드의 근음(Root)을 킥의 리듬에 맞춰 연주하는 것만으로 충분히 발라드 느낌의 베이스 라인을 얻을 수 있습니다.

♪ 드럼 베이스 코드 1

피아노 롤에서 보겠습니다.

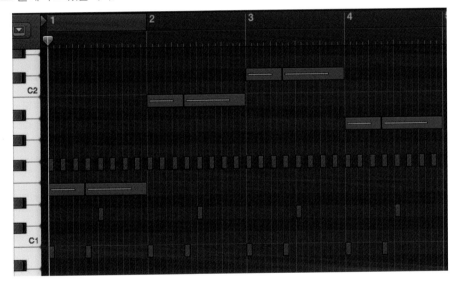

2_ 해머온(Hammer-On)

비트 1과 다른 리듬으로 킥이 진행하는 패턴입니다.

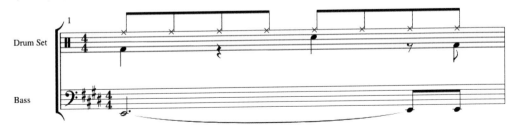

♪ 드럼 베이스 2

킥의 리듬이 바뀐 것에 맞추어 베이스의 리듬도 따라가는 것을 볼 수 있습니다. 다른 바뀐 부분을 찾아보면 하이햇으로 연주하던 것이 라이드 심벌로 바뀌어 있습니다. 하지만 이런 부분은 베이스 연주에 별다른 영향을 주지 않습니다. 오로지 킥의 리듬이 바뀐 것에 의해 베이스의 리듬이 변화합니다.

피아노 롤에서 보면 좀 더 이해가 쉽습니다.

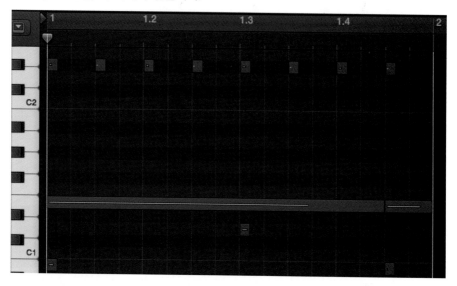

하나의 프레이즈가 끝날 때 다음 프레이즈로 부드럽게 넘어가기 위해 마지막 박자에서 약간의 변화를 주기도 하는데 이 때 해머온(Hammer-on) 사운드를 활용하면 좀 더 부드러운 느낌으로 넘어갈 수 있습니다.

♪ 드럼 베이스 코드 2

프레이즈의 마지막에 보면 다음으로 부드럽게 이어지기 위해 A음에서 G#음으로 변화하는데 이 부분을 해머온으로 표현하기 위해서는 A음을 G#음에 겹쳐지도록 살짝 길게 늘려야 합니다.

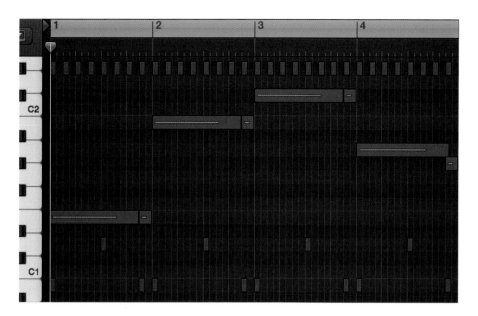

늘린 부분을 확대해서 보면 A음의 뒷 부분을 조금 더 늘려 놓은 것을 알 수 있습니다. 이 때 G# 을 앞으로 당겨도 해머온 효과가 나지만 리듬이 앞으로 당겨져서 연주됨으로 주의하셔야 합니다.

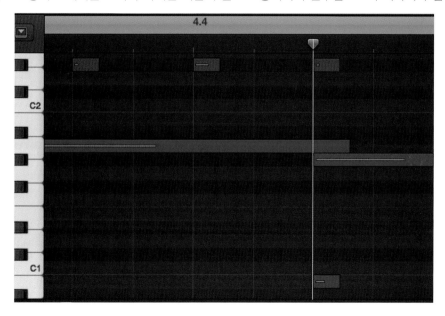

2. 슬라이드(Slide)

곡의 중간에 베이스가 들어갈 때 슬라이드를 활용하면 좀 더 부드럽게 이어지는 느낌으로 표현됩니다. 발라드 음악을 들어보면 베이스 연주가 들어갈 때 두우~웅 하면서 미끄러지듯 표현하는 부분이 있죠. 이런 테크닉이 들어가면 곡을 좀 더 부드럽게 만들어 줄 수 있습니다. 어떻게 표현할 수 있는지 알아보겠습니다.

코드 진행이 E–B7–C#m–A라고 가정했을 때 첫 코드인 E코드부터 베이스를 연주할 것입니다. 그렇다면 E 코드의 근음인 E음을 연주하게 되는 것이죠. 슬라이드의 표현은 E음을 연주하기 전 한 박자 앞에서 E음이 연주되기 시작하는 순간까지 부드럽게 표현해 주면 좋습니다. 그런데 베이스 연주의 첫 음이 E1이라면 슬라이드를 표현할 때 더 낮은 음부터 올라가는 것은 쉽지 않습니다. 실제로 4현 베이스의 경우는 제일 낮은 음이 E1이기 때문이죠. 물론 5현 베이스를 사용한다든지 튜닝을 특수하게 한다든지 하면 가능하지만 일반적인 4현 베이스를 많이 사용하기 때문에 이럴 경우 한 옥타브 위 음인 E2에서 E1으로 미끄러져 내려오는 표현이 자연스러울 것입니다.

E2에서 E1으로 미끄러져 내려오는 슬라이드 표현을 해보겠습니다.

슬라이드의 표현은 서스테인 페달을 밟은 상태에서 첫 음을 정하고 이어지는 음을 레가토로 연주하면 됩니다. 그런데, E2음을 누르고 서스테인 페달을 밟은 상태에서 E1을 레가토로 연주해도 슬라이드가 표현되지 않는 경우가 발생합니다. E2음을 첫 번째 줄(E현)에서 연주하지 않고 두 번째(D현) 혹은 세 번째(A현) 줄에서 연주하게되면 E1음으로 미끄러지는 연주가 불가능하기 때문에 연주가 되지 않습니다.

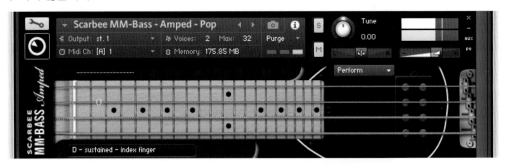

위 그림과 같이 D현에서 E2음을 연주한다면 아무리 서스테인 페달을 밟아도 E1으로 슬라이드 테크닉을 구사할 수 없습니다.

따라서 먼저 첫 음의 위치를 정해야 하는데 E현에서 E2음을 연주시키기 위해서 키 스위치의 E0를 누르면 가능한 음들은 E현에서 연주하도록 인식합니다. 그런다음 E2음을 연주하면 E현에서 E2음을 연주하게 됩니다.

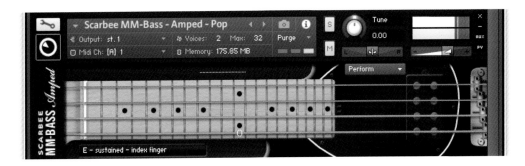

이렇게 연주할 현을 지정한 뒤 서스테인 페달을 밟고 레가토로 연주하면 슬라이드 표현이 됩니다. 어떤 음에서 다른 음으로 슬라이드 표현을 하고자 할 경우 이처럼 어느 현에서 연주가 되고 있는지 확인해야 원하는 결과물을 만들 수 있습니다.

피아노 롤에서 어떻게 입력해야 하는지 살펴보겠습니다.

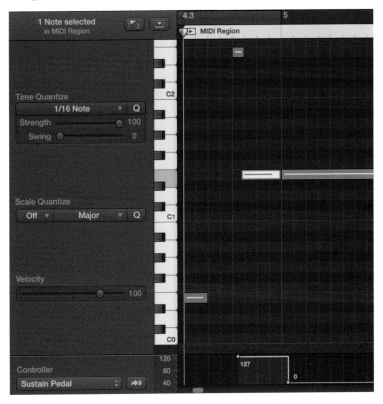

피아노 롤에 입력한 정보를 보면 5마디에서 첫 음이 시작되며 따라서 4마디 마지막 박자에 슬라이드를 표현하였습니다. 4마디 두 번째 박자에서 E0를 입력해서 E현으로 연주하도록 하고, 서스테인을 127(ON)으로 설정한 뒤 E2에서 E1을 레가토로 연주한 것입니다.

그런데, 슬라이드 표현이 너무 빠르게 지나가서 원하는 부드러운 느낌이 나지 않는 현상이 발생합니다. 이유는 슬라이드를 표현할 때 타겟 노트(Target Note : 레가토로 연주하는 뒤음)의 벨로시티가 너무 크게(100) 잡혀 있어서 그렇습니다.

*타겟 노트(Target Note)의 벨로시티에 따른 슬라이드 표현

VELOCITY	설명
1~30	60~89bpm 정도의 속력에 어울리는 미끄러짐
31~60	90~119bpm 정도의 속력에 어울리는 미끄러짐
61~127	120~480bpm 정도의 속력에 어울리는 미끄러짐

보통 발라드 음악은 60~80bpm 정도가 많습니다. 따라서 타겟 노트의 벨로시티 값을 1~30정도로 작게 입력하면 좀 더 어울리는 슬라이드 표현을 얻을 수 있습니다.

뒤쪽 타겟 노트의 벨로시티만 30으로 바꿔주면 발라드에 어울리는 슬라이드 표현이 완성됩니다.

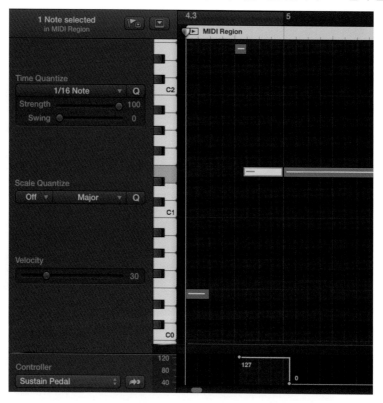

3. 페달 포인트 (Pedal Point)

코드 진행이 E–B7–C#m–A일 때 베이스가 E–B–C#–A로 근음 진행하는 것이 가장 일반적으로 연주되는 형태이며, 또 가장 안정적인 사운드를 표현하는 방법이기도 합니다. 하지만 베이스 음을 처음부터 쭉 똑같이 E음으로 연주하는 테크닉을 사용하기도 하는데 이렇게 연주하는 것을 페달 포인트(Pedal Point, Pedal Tone, or Organ Point)라 합니다.

이 페달 포인트는 오르간의 페달로 연주하는 지속 저음[Basso Continuo]에서 유래했다고 전해집니다. 피아노를 이용해서 설명하면 좀 더 쉽게 이해가 되는데요, 피아노의 페달(Damper Pedal, or Sustain Pedal)을 밟고 있으면 음이 이어지죠. 페달을 밟을 때부터 연주되던 음들은 페달에서 발을 떼기 전까지 계속 유지되고 있는 것처럼 어떤 음을 길게 유지시키는 테크닉을 말합니다.

댐퍼 페달, 서스테인 페달에 대해 잠깐 알아보겠습니다.

피아노에서 보면 페달 중 가장 오른쪽에 있는 페달을 댐퍼 페달(Damper Pedal)이라고 하며 이 페달을 밟고 연주하면 서스테인(Sustain)효과를 얻을 수 있습니다. DAW에서는 서스테인 페달(Sustain Pedal)이라 부르며 각종 디지털 건반 악기에서도 서스테인 페달이라 부르는 경우가 많습니다.

페달 포인트를 악보에서 보면 다음과 같이 코드의 변화가 있어도 베이스의 음은 계속 일정하게 연주하도록 되어 있습니다. 이렇게 계속해서 한 음이 이어지도록 하면 좀 더 통일된 느낌이 들기도 하고 코드가 전위(Inversion)된 독특한 느낌이 들기도 합니다. 베이스는 일정하게 유지하면서 코드가 바뀌게 되는 분위기에서 좀 더 부드러운 진행감을 얻게 되기도 하기에 발라드에서 표현되는 것을 쉽게 찾을 수 있고 재즈와 락에서도 심심치 않게 발견할 수 있습니다.

♪ Pedal Point

악보에서 화성 진행을 살펴보면 E–B7/E–C#m/E–A/E 이렇게 되어있습니다. E음을 각각의 코드에서 보면 E코드에서는 근음(Root), B7코드에서는 텐션(11th), C#m코드에서는 3음, A코드에서는 5음으로 이루어져 있는 것을 볼 수 있습니다. B7을 제외하고는 모두 코드톤이기에 무리가 없으며 B7은 화성의 진행상 약박의 위치에 있기에 텐션으로 베이스가 연주되어도 큰 거부감 없이 다음 화성으로 진행이 가능합니다.

피아노 롤에서 입력해보면 다음과 같습니다.

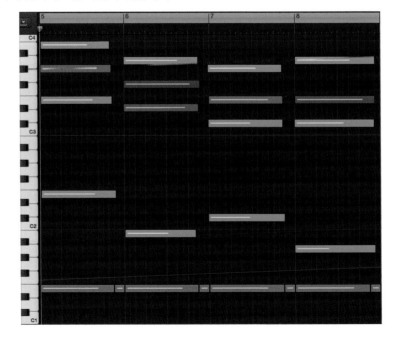

제일 아래 E1음이 베이스로 페달 포인트를 입력한 것이며 위의 화성은 피아노 코드입니다.

페달 포인트를 표현할 때 주의할 점은 음이 끊이지 않도록 노트와 노트 사이를 붙여서 입력하는 것이 필요합니다. 그리고, 페달 포인트를 표현하는 구간에서는 킥과 리듬을 맞추지 않고 온음표로 한 마디를 채워서 연주하는 것도 효과적입니다.

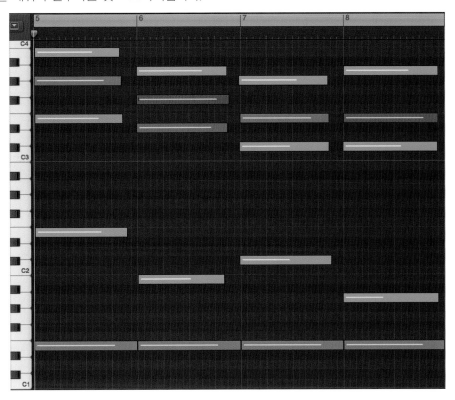

빠른 곡이라면 그냥 한 음으로 쭉 몇 마디를 갈 수도 있습니다.

Chapter 3
PIANO

: 코드 보이싱과 아르페지오

피아노는 가장 많은 사람들이 배우는 악기 중 하나이면서, 가장 많은 장르에서 활용되는 악기 중 하나입니다. 그렇듯 굉장히 광범위하게 활용되는, 음악을 이야기할 때 빼 놓을 수 없는 위치에 있는 악기라 할 수 있습니다.

특히 발라드 음악에서는 피아노가 화성을 이끌고 고음과 저음을 넘나들며 곡의 감성을 표현할 때 가장 큰 위치를 차지하는 경우가 많습니다. 사실 피아노를 오랜 기간 연주해온 사람들은 익숙하게 피아노 진행을 만들 수 있지만 피아노 연주가 어려운 사람들에게는 정말 쉽지 않은 일이죠.

어떻게 하면 피아노 연주자가 아닌 많은 사람들이 좀 더 쉽게 피아노 편곡할 수 있을지 알아보고 실제로 연주자가 직접 녹음한 듯 착각이 들 수 있도록 노트를 꾸미는 방법을 찾아보겠습니다.

PIANO

피아노는 여린 음(Piano)과 강한 음(Forte)을 건반을 누르는 힘(속력)으로 조절하여 넓은 다이나믹(Dynamic)을 표현할 수 있는 건반 악기입니다. 그래서 처음에 만들어 졌을 당시에는 Pianoforte 라는 이름으로 불리웠으며 지금은 Piano라는 앞 글자만 따서 악기를 부르고 있습니다. 정식 명칭은 피아노 포르테(Pianoforte)이지만 피아노(Piano)로 통용되고 있죠.

1. Acoustic Piano

피아노는 크게 두 가지로 나뉩니다. 하나는 피아노의 현이 옆으로 누워있는 그랜드 피아노(Grand Piano)이며, 다른 하나는 현이 아래위로 서 있는 업라이트 피아노(Upright Piano)입니다. 그랜드 피아노는 클래식 공연장에서 많이 볼 수 있고 업라이트 피아노는 피아노 학원 또는 가정집에서 많이 볼 수 있습니다.

다음 그림이 그랜드 피아노입니다.

♪ Steinway & Sons concert grand piano, D–274

다음 그림은 업라이트 피아노입니다.

♪ Steinway & Sons upright piano, K-132

피아노는 그랜드 피아노와 업라이트 피아노
둘 다 연주 방식에는 큰 차이가 없습니다. 일
단 손으로 연주하는 건반이 있죠.

건반은 그림과 같이 흰색과 검정색으로 나
뉘어 있고, 총 88개의 건반으로 구성되어 있
으며 12개의 건반이 하나의 옥타브(Octave)
를 이루고 있습니다.

손으로 연주하면서 발로는 페달을 밟아서
음을 조절할 수 있습니다.

피아노에 따라 페달이 두 개가 있기도 하고 세 개가 있기도 합니다. 보통 두 개의 페달이 달려있다
면 댐퍼 페달과 소프트/시프트 페달이 있고, 세 개의 페달이 있다면 가운데 소스테누토 또는 머플
러 페달이 달려있습니다.
페달을 밟으면 어떻게 사운드가 달라지는지 다음 표에 설명해 놓았습니다.

* 피아노 페달

페달 위치	설명
오른쪽	댐퍼 페달(Damper Pedal) 이라 부르며 현의 울림을 조절하는 댐퍼를 현에서 떼어내는 역할을 함. 댐퍼 페달을 밟으면 음이 길게 이어지기에 서스테인 효과라 하며 여러 현이 동시에 울리며 더욱 풍부한 사운드가 나타남.
가운데(GRAND)	소스테누토 페달(Sostenuto Pedal)은 그랜드 피아노에만 있는데 연주자가 지정한 음에서만 댐퍼를 떼어내 소리가 지속되도록 하고 다른 건반은 댐퍼가 현에 닿아서 짧은 음으로 연주할 수 있도록 함.
가운데(UPRIGHT)	머플러 페달(Muffler Pedal)은 업라이트 피아노에만 있는데 이 페달을 밟으면 펠트 천이 현을 가리게 돼 음량이 대폭 줄어드는 효과를 냄.
왼쪽(GRAND)	시프트 페달(Shift Pedal)은 건반과 현을 때리는 망치가 오른쪽으로 살짝 이동하면서 적은 수의 현을 치게 되는데 이때 음량도 줄어들고 음색도 살짝 변화하게 됨.
왼쪽(UPRIGHT)	소프트 페달(Soft Pedal)은 현을 때리는 망치가 현으로 가까이 다가가면서 좀 더 약하게 연주되도록 하여 음량이 살짝 줄어들도록 함.

1. Virtual Piano

피아노 사운드를 표현할 수 있는 가상악기는 샘플링(Sampling) 방식의 가상악기와 피지컬 모델링(Physical Modeling) 방식의 가상악기가 많이 쓰입니다.

참고로, 이전에 살펴보았던 "MM-BASS"와 "Drummic'a"는 샘플링 방식의 가상악기입니다.

피지컬 모델링 방식의 피아노 가상악기 중 가장 유명한 제품은 MODARTT의 "PIANOTEQ"입니다. 피지컬 모델링이란 피아노의 작동 방식과 현의 울림을 물리적으로 분석하여 실제 악기의 특성을 그대로 데이터화 하는 것을 말합니다. 피지컬 모델링은 샘플링 방식에 비해 보통 악기의 용량이 작습니다. 대신 CPU의 연산량이 많아지는 단점이 있습니다.

♪ MODARTT – PIANOTEQ 5

샘플링 방식의 피아노 가상악기는 매우 다양한 제품이 이미 출시되어 있으며 특히 유명한 가상악기로는 Native Instruments 의 "ALICIA'S KEYS"와 Synthogy의 "Ivory 2" 그리고 Best Service의 "GALAXY 2"가 있습니다.

♪ Native Instruments – ALICIAS KEYS

♪ Synthogy – Ivory 2

♪ Best Service – GALAXY 2

이 외에도 다양한 좋은 제품들이 많지만 팝 발라드에 어울리는 Native Instruments의 "ALICIA'S KEYS"를 중심으로 피아노의 표현 방법에 대해 알아 보겠습니다.

1_ ALICIA'S KEYS

"ALICIA'S KEYS"는 이름에서 유추할 수 있듯이 미국의 유명 R&B 뮤지션 앨리샤 키스(ALICIA KEYS)가 제작에 참여한 가상악기입니다.

♪ the diary of alicia keys

앨범 표지만 봐도 그녀가 건반을 얼마나 사랑하는지 알 수 있습니다. 그런 그녀이기에 자신의 이름을 건 가상악기까지 만들 수 있었겠죠?

자! 본격적으로 "ALICIA'S KEYS"에 대해 알아보겠습니다.

"ALICIA'S KEYS"는 앨리샤 키스의 스튜디오에 있는 "Yamaha C3 Neo"라는 피아노의 사운드를 담고 있습니다.

"ALICIA'S KEYS"는 총 일곱 개의 공간 잔향을 프리셋으로 마련해 놓았는데 연주자의 위치와 관객의 위치에 따라 같은 공간을 두 개씩 정리해 놓았습니다. 총 14개의 프리셋이 있으며 사용자가 직접 프리셋을 만들어서 저장할 수 있는 여유분도 있습니다. 화면의 왼쪽에 PRESET이라 쓰여진 메뉴를 클릭하면 프리셋 리스트가 나옵니다. 여기에서 자신이 원하는 느낌의 프리셋을 고른 후 바로 컴퓨터와 연결되어 있는 건반으로 연주하면 훌륭한 피아노 사운드를 확인할 수 있습니다.

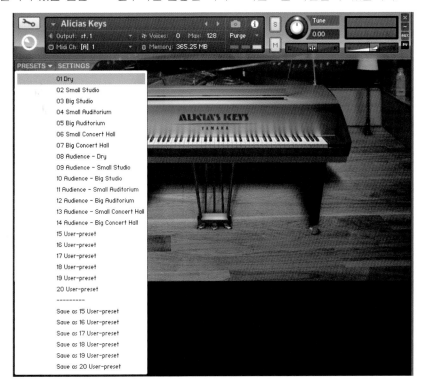

피아노의 리버브 또는 노이즈 등을 변화시킬 수 있는 SETTINGS를 클릭하면 아래에 다양한 조절 장치가 나타납니다.

SETTINGS에는 리버브 효과를 조절할 수 있는 ROOM, 건반을 누를 때 반응을 조절할 수 있는 KEYS, 페달을 어떤 컨트롤러로 조정할지 결정하는 PEDAL, 다른 현의 울림에 공명하는 양을 조절할 수 있는 RESONANCE, 페달과 건반에서 발생하는 노이즈 양을 결정하는 NOISE, 가상악기 개발에 참여한 사람을 알려주는 CREDITS까지 있습니다.

[A] ROOM

공간감 표현을 조절하는 부분입니다. DIGITAL AMBIENCE, CONVOLUTION REVERB, STEREO IMAGE 이렇게 세 개의 섹션으로 나뉘어 있습니다.

DIGITAL AMBIENCE와 CONVOLUTION에는 똑같이 AMOUNT와 SIZE가 있습니다. AMOUNT는 리버브의 양을 조절하고 SIZE는 공간의 크기(잔향길이)를 조절합니다.

CONVOLUTION에서는 HALL, AUDITORIUM, STIDIO 이렇게 세 가지 공간을 선택할 수 있습니다.

STEREO IMAGE는 ARTIST와 AUDIENCE를 선택하여 듣는 위치를 바꿀 수 있으며, SPREAD를 조절하여 피아노가 들리는 넓이를 조절할 수 있습니다.

[B] KEYS

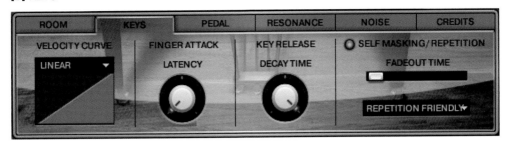

컴퓨터와 연결되어 있는 건반을 누를 때 가상악기(ALICIA'S KEYS)의 반응을 조절할 수 있는 부분입니다. VELOCITY CURVE, FINGER ATTACK, KEY RELEASE, SELF MASKING / REPETITION으로 이루어져 있습니다.

VELOCITY CURVE는 건반을 누르는 세기(VELOCITY)에 따라 음량의 변화 정도를 조절합니다.

예를 들어 LINEAR일 경우 건반을 누르는 세기에 따라 음량의 변화량이 똑같이 증가합니다.

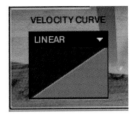

하지만 CONVEX 100%로 하면 약하게 누를 때에는 음량의 변화량이 미미하다가 강하게 누르는 부분에서는 변화가 크게 일도록 할 수 있습니다.

반대로 CONCAVE 100%로 하면 약하게 누를 때는 변화가 크고 강하게 누르면 변화가 작게 나타나는 것입니다.

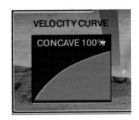

LINEAR, CONVEX, CONCAVE라 쓰여진 곳을 클릭하면 VELOCITY CURVE를 선택할 수 있는 리스트가 나타납니다.

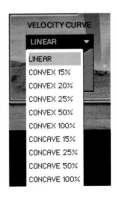

FINGER ATTACK은 건반을 눌렀을 때 바로 소리가 나도록 할 것인지 살짝 뒤로 밀려서 소리가 나도록 할 것인지를 조절할 수 있습니다.

KEY RELEASE는 건반에서 손을 뗐을 때 소리가 사라지는 시간을 조절합니다.

SELF MASKING / REPETITION은 똑같은 음을 연속해서 연주할 때 먼저 연주된 음이 페이드 아웃되는 시간을 설정하는 부분입니다.

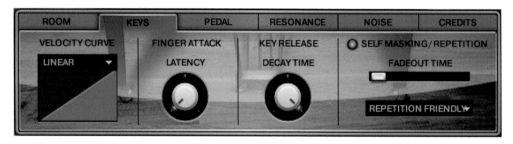

[C] PEDAL

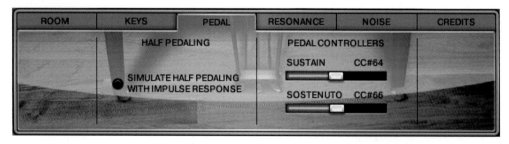

페달 효과를 조절할 수 있는 부분입니다. 컴퓨터와 연결되어 있는 건반의 페달 컨트롤 넘버(CC : Continuous Controllers) 설정을 바꿀 수 있고, HALF PEDALING을 활성화 시킬 수 있습니다.

HALF PEDALING은 페달을 반만 눌렀을 때의 사운드를 얻을 수 있는 기능을 활성화 시키는 것입니다. 단, 갖고 있는 페달 컨트롤러가 ON/OFF가 아니라 연속되는 페달의 값을 조절할 수 있어야 합니다.
SIMULATE HALF PEDALING WITH IMPULSE RESPONSE를 활성화하면 작동합니다.

PEDAL CONTROLLERS는 MIDI(MUSICAL INSTRUMENT DIGITAL INTERFACE) 신호의 CC(Continuous Controllers)값을 조절하여 자신이 갖고 있는 장비의 신호로 페달을 조절할 수 있도록 합니다. 보통 SUSTAIN은 CC#64에 그리고 SOSTENUTO는 CC#66에 할당해 놓고 쓰지만 자신의 장비 구성에 따라 CC 값을 조절해서 사용할 수 있습니다.

[D] RESONANCE

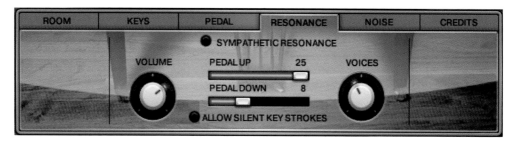

SYMPATHETIC RESONANCE는 피아노에서 하나의 건반을 연주했을 때에도 다른 건반의 현이 함께 공명하는 것을 의미합니다. 공명하는 정도를 조절하고 싶을 때에 SYMPATHETIC RESONANCE를 활성화하면 됩니다.

* RESONANCE Controls

컨트롤러	설명
SYMPATHETIC RESONANCE	활성화하면 피아노의 공명을 조절 가능
VOLUME	공명하는 사운드의 음량을 결정
PEDAL UP/DOWN	페달의 상태에 따라 공명하는 사운드의 양 조절
VOICES	공명하는 사운드의 하모닉스(배음) 양 조절
ALLOW SILENT KEY STROKES	아주 작은 벨로시티에서 소리가 나지 않도록 설정

[E] NOISE

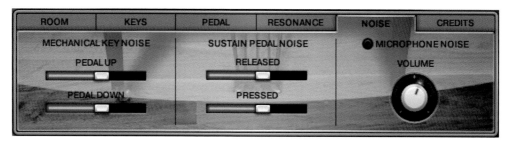

건반을 누르거나 페달을 밟을 때 물리적으로 발생하는 노이즈의 양을 조절하는 부분입니다.

MECHANICAL KEY NOISE는 건반을 누를 때 또는 건반을 눌렀다가 뗄 때의 잡음의 양을 조절합니다.

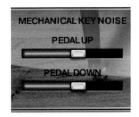

SUSTAIN PEDAL NOISE는 페달을 밟을 때와 페달에서 발을 뗄 때의 잡음의 양을 조절합니다.

MICROPHONE NOISE를 활성화 시킨 뒤 VOLUME을 조절하면 마이크 자체의 잡음의 양을 조절할 수 있습니다.

[F] CREDITS

ALICIA'S KEYS를 개발한 사람들을 소개하는 부분입니다. Produced by : Alicia Keys라고 적혀있네요.

Section 2
CHORD VOICING

피아노를 녹음할 때 코드(Chord)의 사운드를 예쁘게 하거나 코드 진행이 부드럽게 이어지도록 하기 위해 코드의 구성음들을 인버전(Inversion) 하거나 옥타브 유니즌(Octave Unison)으로 함께 울리도록 하는 등의 방법을 사용합니다. 어떻게 하면 간단히 코드의 음들을 듣기 좋게 배치할 수 있는지 알아보겠습니다.

1. 코드 기본형

우선 Eadd9 〉 G#m7 // E7 〉 Amaj7 C#m7 〉 B7 이렇게 진행하는 4마디 화성을 예로 어떻게 보이싱(Voicing)을 할 것인지 알아보겠습니다.

♪ 발라드 코드 진행 1

코드의 기본형으로만 녹음을 하면 다음과 같이 코드 진행 시에 음의 도약이 크게 됩니다.

♪ 발라드 코드 진행 1

피아노 롤에서 보면 코드 진행에 따라 탑 노트(Top Note)의 차이가 큰 것이 확연히 드러납니다.

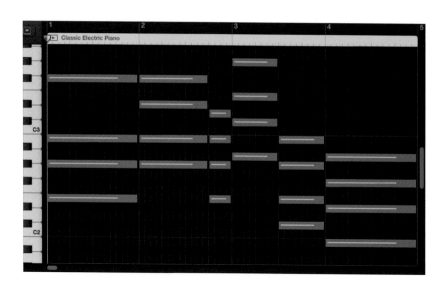

2. 코드 보이싱

좀 더 풍성한 사운드와 진행할 때 부드럽게 나아가기 위해 피아노의 보이싱을 다음과 같이 바꿀 수 있습니다.

♪ 코드 보이싱

코드 기본형으로만 진행할 때보다 훨씬 부드럽게 이어지는 것을 알 수 있습니다. 어떤 방법으로 이러한 진행이 만들어지는지 하나씩 살펴보겠습니다.

1_ 인버전 (Inversion)

탑 노트를 옥타브 아래로 옮기기나 코드 구성음을 옥타브 위로 올리는 방법 등으로, 음의 위치를 바꾸어 주면 코드에서 다음 코드로 진행할 때 음의 도약을 줄일 수 있어서 코드 진행을 부드럽게 하는데 도움이 됩니다.

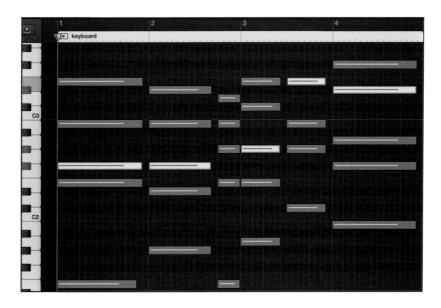

그림에서 밝은 색으로 보이는 것이 인버전 된 음입니다. 탑 노트에 있던 음을 한 옥타브 아래로 내리고, 진행상 도약이 크지 않고 어울리는 음을 위쪽으로 한 옥타브 올려 주어 한결 부드러운 진행감을 얻을 수 있습니다.

이처럼 코드 구성음의 일부를 옥타브 위 또는 아래로 내려서 사운드를 조절하는 것을 인버전이라 합니다.

2_ 애드 노트 (Add Note)

사운드를 좀 더 강하게 또는 풍성하게 하기 위하여 코드의 근음(Root) 또는 구성음을 추가하는 방법입니다.

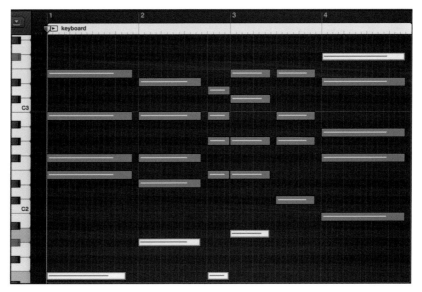

그림에서 밝은 색으로 보이는 것이 추가된 음입니다. 안정적인 사운드를 위하여 근음을 보강하고, 좀 더 풍성한 느낌을 주기 위하여 5th음을 추가한 것도 볼 수 있습니다.

3_ 옥타브 유니즌 (Octave Unison)

보통 근음을 유니즌으로 쌓아 올려서 안정적인 느낌을 배가 시키는 사운드의 표현을 위하여 옥타브 유니즌을 많이 활용합니다. 또, 원하는 사운드를 위하여 코드 구성음 중 옥타브 유니즌을 형성하여 화려한 느낌 또는 코드의 색채감을 뚜렷이 하는 사운드를 만들 수 있습니다.

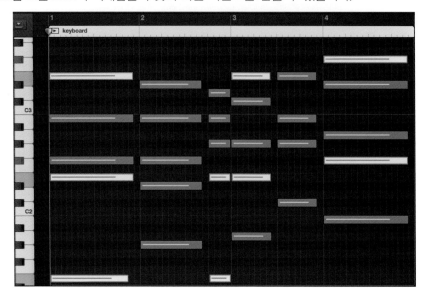

그림에서 밝은 색으로 보이는 것이 옥타브 유니즌을 형성하고 있는 음입니다.

4_ 드롭 노트 (Drop Note)

사운드를 좀 더 깔끔하게 표현하기 위해 종종 코드의 구성음을 생략하는 경우가 있습니다.

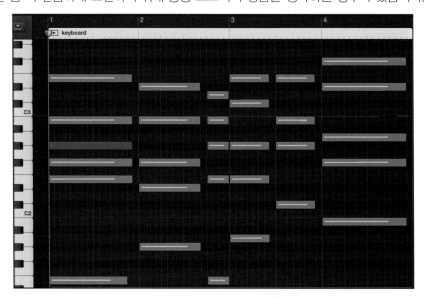

그림에서 파란색으로 보이는 노트가 생략된 음입니다. 생략된 코드의 구성음을 보면 근음이 옥타브 유니즌으로 3개의 건반에서 함께 울리며, 5th음과 9th음이 코드의 사운드를 만들고 있다는 것을 알 수 있습니다. 자세히 보면 E2음과 F#2음이 붙어 있는 것을 발견할 수 있습니다. 만약 여기에 G#2음까지 함께 울리면 인접한 화음이 너무 많아져서 지저분한 소리가 날 수 있습니다. 그렇기 때문에 G#2음을 생략하여 깔끔한 사운드가 나도록 보이싱한 것입니다.

3. 사운드

1_ 휴머나이즈 (Humanize)

인버전, 애드 노트, 옥타브 유니즌, 드롭 노트 등의 방법을 상황에 맞게 활용하여 코드의 보이싱을 만들어 주어 좀 더 자신이 의도한 사운드로 만들어 갈 수 있습니다. 이렇게 만들어 놓은 보이싱을 자연스러운 연주느낌으로 표현하기 위해서 벨로시티(Velocity), 랭스(Length), 포지션(Position)을 무작위로 변형하면 실제 사람이 연주한 듯 좀 더 자연스러운 사운드로 표현됩니다.

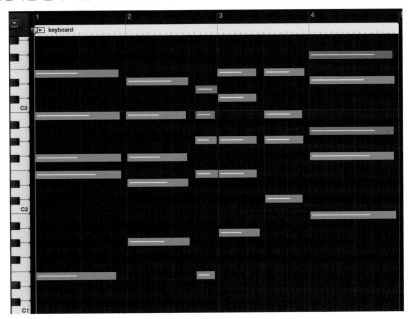

발라드 곡에서 피아노의 벨로시티는 보통 80이하로 부드럽게 연주하는 경우가 많습니다. 부분적으로 엑센트를 줄 경우를 제외하고는 전체적인 벨로시티를 중간 정도로 하여 부드러운 사운드를 만들어 주면 좀 더 사람이 연주한 듯한 자연스러운 사운드로 표현할 수 있습니다.

2_ 서스테인 (Sustain)

피아노 연주할 때에는 풍성한 사운드를 위하여 댐퍼 페달을 밟고 연주합니다. 이 댐퍼 페달의 효과를 "ALICIA'S KEYS"에서는 Sustain으로 조절할 수 있습니다. 피아노 롤에서 Sustain Pedal 값을 직접 입력할 수 있습니다.

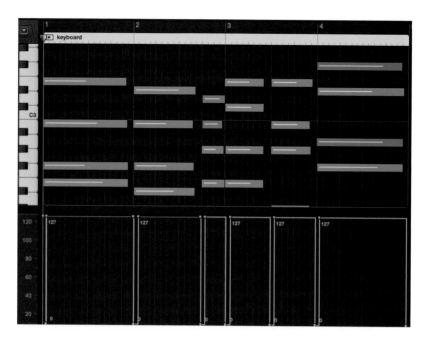

그림에서 보는 것처럼 코드가 바뀔 때마다 서스테인을 짧게 끊어 주는 것이 요령입니다. 실제 피아노 연주자들은 코드가 시작할 때 짧게 페달을 올렸다 내려서 다른 코드의 음이 지저분하게 혼합되는 것을 막고 원하는 코드의 울림을 풍성하게 만들어 냅니다.

3 _ 레코딩 (Recording)

피아노 연주가 가능하다면 실제 연주를 통해 더욱 사실적인 사운드로 표현할 수 있습니다.

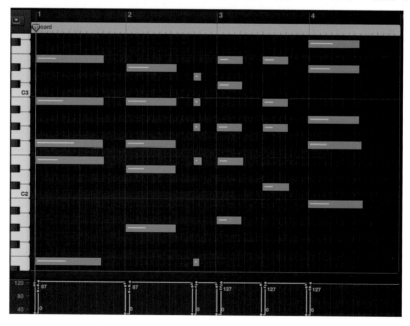

실제로 연주하여 정확한 타이밍에 녹음을 하려면 많은 연습이 필요합니다. 하지만 직접 연주한 사운드가 마우스로 입력한 깃보다 훨씬 사연스럽게 표현될 경우가 많으니 그만큼 노력에 대한 보상이 있다 할 수 있습니다. 또 시간을 많이 단축시킬 수 있기도 하죠.

그리고, 직접 연주한 녹음을 살짝 편집하여 타이밍과 벨로시티를 조절하면 프로 연주자가 녹음한 것이 부럽지 않게 표현할 수 있습니다. 단, 그만큼 들을 수 있어야 하겠죠. 좋은 소리를 아는 것이 현대 작곡가에게는 필수입니다.

4_ 앰비언스 (Ambience)

"ALICIA'S KEYS"에는 훌륭한 프리셋이 준비되어 있기에 간단히 선택해 주는 것으로 좋은 사운드를 만들 수 있습니다.

프리셋 중 06 Small Concert Hall을 선택하면 마치 작은 콘서트홀에서 피아노 연주를 듣는 것처럼 공간감이 형성됩니다.

이 상태에서 피아노를 감상해 보시죠~ 실제 녹음한 피아노와 다를 것 없는 훌륭한 사운드를 느낄 수 있습니다.

ARPEGGIO / RHYTHM

피아노의 건반은 한 번에 여러 개를 울려서 화음을 만들기도 하고, 또 하나씩 차례대로 누르며 순차적인 울림을 만들기도 합니다. 발라드 곡에서 어떻게 건반을 입력하여 리듬(Rhythm)과 아르페지오(Arpeggio)를 표현하는지 알아보겠습니다.

1. Basic Rhythm

발라드 피아노에서는 기본적인 4비트 형태의 리듬이 주로 쓰이며 때에 따라 8비트 리듬이 간헐적으로 등장합니다.

보통 60~80bpm(beats per minute) 정도의 템포를 가지며, 다음 예시에 사용된 음악도 bpm 72로 표현하였습니다.

1_ 4 Beat pattern 1

C – G – Am – F 로 진행하는 화성이 있을 때 이를 4비트로 연주하면 다음과 같습니다.

♩ 4 Beat

이를 피아노 롤에 입력할 때 건반으로 직접 녹음을 하거나 입력 후 휴머나이즈(Humanize)를 적용해서 사람이 연주한 느낌으로 표현해 주는게 좋습니다.

직접 연주해서 녹음하면 다음과 같이 표현됩니다.

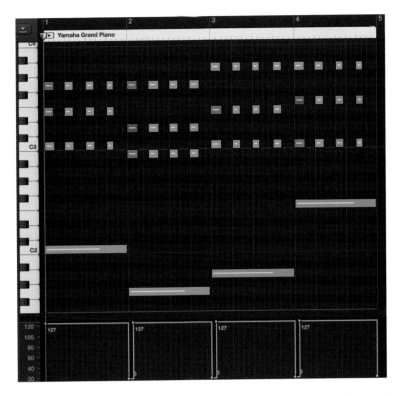

벨로시티가 색깔별로 나타나있는데 첫 박이 뒤 따르는 박에 비해 좀 더 강하게 연주되고 있음을 알수 있습니다. 첫 박을 강하게 연주하면 화성 진행을 확실히 느끼게 해주고 자연스럽게 느껴 질 수있습니다. 단 너무 크게 차이가 나면 어색하겠죠. 그리고 왼손으로 연주한 베이스 음은 4비트가 아니라 한 마디 전체를 연주하고 있습니다. 피아노를 연주할 때 4비트는 일반적으로 이러한 형태로표현하는 것이 많습니다. 물론 좀 더 강렬한 비트감을 위해 베이스 음도 4비트로 연주해도 안될 것은 없습니다. 언제나 자신의 음악에 가장 어울리는 표현을 찾는 것이 중요합니다. 배운 것만 넣는게아니라 배운 걸 활용해서 더 좋은 표현을 만들어 낼 때 프로에 한발 다가서는 것이겠죠.

1_ **4 Beat pattern 2**

♪ 4 Beat- 1

오른손은 그대로 연주하고 왼손으로 연주하는 부분만 살짝 8비트로 바꿔서 연주하는 이러한 패턴도 굉장히 흔하게 쓰입니다.

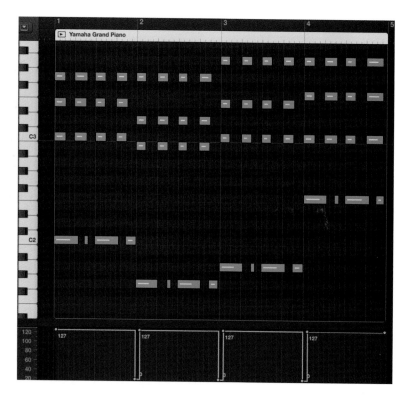

그림의 아래쪽에 컨트롤러(Controller) 표현은 서스테인(댐퍼 페달)입니다. 서스테인은 화음이 바뀌는 부분에서 살짝 떼었다가 다시 밟아서(서스테인 적용) 연주하는 것이 일반적입니다. 연주자에 따라서는 건반을 살짝 밟는 하프 페달(Half Pedal)을 이용해서 사운드를 조절하기도 합니다.

2. Basic Arpeggio

아르페지오는 펼친 화음이라 부르기도 합니다. 화음을 동시에 울리는 것이 아니라 순차적으로 화음의 구성음을 소리내어 좀 더 아름답게 표현하는 방법으로 이해할 수 있을 것입니다.

1_ 상행 패턴

코드의 근음부터 시작해서 위로 하나씩 계단을 밟고 올라서는 것처럼 연주하는 패턴입니다. 만약 C9코드를 상행으로 연주한다면 다음과 같이 표현이 될 것입니다.

♪ 상행 패턴

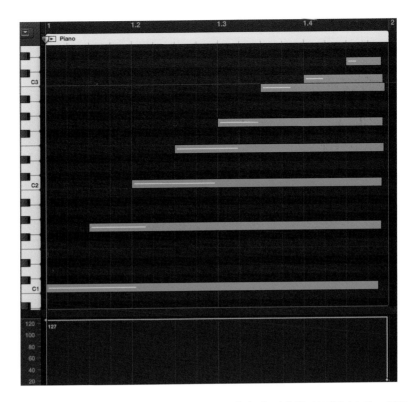

8분 음표를 쭉 이어서 코드를 쌓아올릴 수 있습니다. 이럴 때 저음은 간격을 넓게 그리고 고음은 간격을 좁게 하는 것이 포인트입니다. 저음의 간격이 너무 좁으면 울림이 지저분해지고, 고음의 간격이 너무 넓으면 도약되는 느낌이 커서 좀 어수선한 느낌이 들 수 있습니다.

물론, 이때도 저음의 지저분한 느낌이 표현하는 음악에 어울린다든지 고음의 큰 도약이 효과적으로 작용할 때에는 과감하게 사용하는 것도 필요합니다.

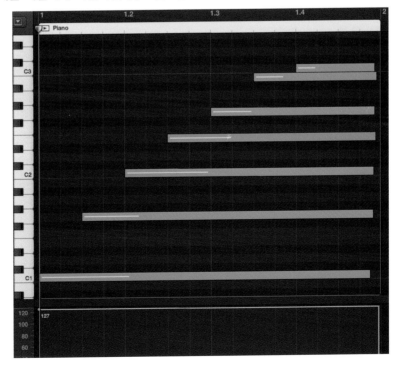

리듬의 변화를 주기 위해서 마지막 음을 제거하면 오히려 더욱 애절하게 느껴지기도 합니다. 여기서는 9th음이 제거되어 화음의 구성이 C7 코드로 바뀌게 되지만 다른 악기에서 9th음을 연주하고 있다면 문제될 것이 없습니다. 또 가끔 코드의 구성음을 생략해서 표현해도 괜찮습니다.

7th음을 제거하면 흐르다가 느려지는 느낌으로 리듬의 변화가 이루어집니다. 이렇게 되면 C major 코드의 기본 형태가 되지만 7th음과 9th음을 생략했다고 여겨질 수 있습니다. 물론 다른악기에서 C9코드가 연주되고 있다면 전체적인 사운드는 C9화음이 되는 것이죠.

2_ 혼합 패턴

음을 위 아래로 옮겨가며 아르페지오를 만들어 표현하는 것도 효과적일 수 있습니다. 똑같이 C9코드 안에서 위로 아래로 움직이는 것을 혼합해서 표현하면 다음과 같이 만들 수 있습니다.

♪ 혼합 패턴

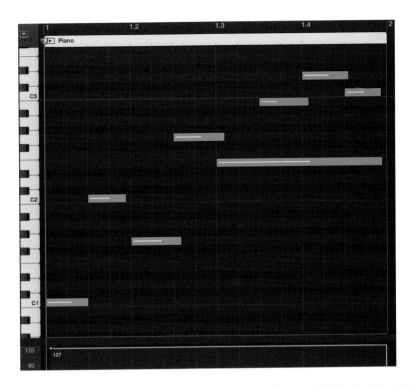

E3음만 유독 길게 연주한 것은 손가락이 움직일 때 누르고 있는 것이 편하기 때문에 그런 것이지 특별한 의미가 있지 않습니다. 서스테인 효과를 전체적으로 주고 있기 때문에 음 길이는 크게 신경 쓰지 않고 원하는 시작 타이밍과 위치만 잘 선택하면 됩니다.

3. Ballad Phrase

실제로 음악에서의 피아노는 하나의 패턴이 처음부터 끝까지 쭉 이어지는 경우는 드물고 여러 패턴이 섞여서 프레이즈를 만들어 갑니다. 부분별로 어떻게 표현이 되고 있는지 살펴보겠습니다.

1_ **Intro**

♪ Ballad Intro

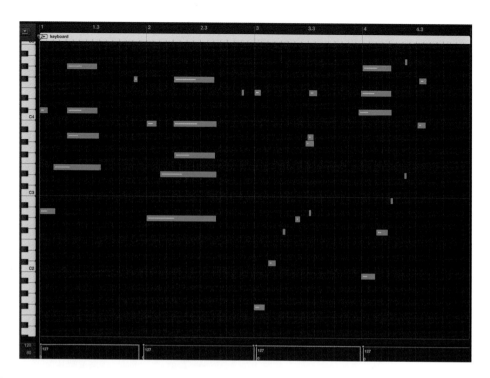

전체적으로 보면 왼손은 상행 아르페지오의 형태를 취하고 오른손은 화음을 연주하고 있습니다. 크게는 아르페지오 패턴과 4비트 리듬 패턴의 조합으로 볼 수 있겠죠. 그리고 탑 노트의 진행이 듣기 좋은 멜로디를 취하고 있습니다.

탑 노트의 멜로디 리듬을 분석해 보면 첫 마디와 두 번째 마디의 탑 노트는 리듬이 동일하고 세 번째 마디에서 살짝 변화를 주었다가 마지막 마디에서 첫 마디의 리듬에 살짝 변화를 준 형태로 표현되고 있습니다.

A – A – B – A'의 형태로 볼 수 있겠죠.

이러한 형태는 멜로디 작성의 가장 기본 형태로 두 번 반복과 세 번째 변형 그리고 마지막에 비슷한 느낌으로 회귀하는 전형적인 4마디 패턴입니다.
비단 인트로에서 뿐만 아니리 멜로디를 만들 때 이러한 형태를 유지하며 만들면 좀 더 쉽게 듣기 편한 멜로디를 만들 수 있습니다.

2_ Verse

♪ Ballad Verse

벌스 부분에서는 보통 멜로디가 잔잔하게 흐르죠. 차분하게 솔직한 감성을 표현하는 듯 피아노 반주도 코드에 맞춰 마디를 채워 나가는 느낌으로 연주했습니다. 여섯 번째 마디에서는 살짝 아르페지오를 연주하여 너무 밋밋하게 흐르지 않도록 약간의 양념을 추가했다고 볼 수 있습니다.

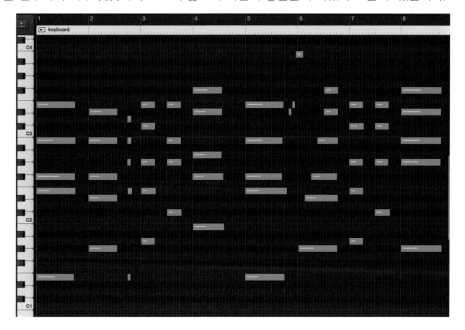

악보에서는 정확하게 표현해 놓았지만 실제 연주를 녹음하면 화음의 구성음들이 모두 동시에 울리는 경우는 거의 찾아보기 어렵습니다. 재차 강조하지만 살짝 휴머나이즈를 해줘야 발라드에 어울리는 부드러운 사운드를 얻을 수 있습니다.

3 _ Chorus

♪ Ballad Chorus

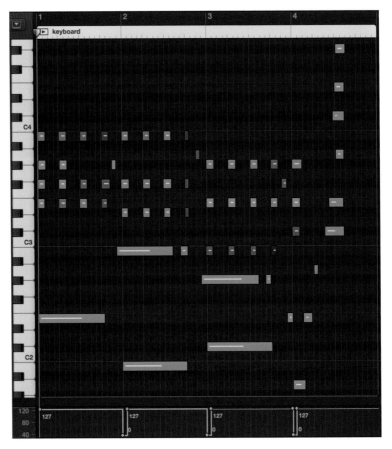

코러스에서는 4비트 리듬을 기본으로 약간씩 꾸밈음을 넣어 주고 있습니다. 벌스보다는 비트감이 배가 되었지만 역시 발라드에 걸맞게 4비트를 중심으로 살짝 변형하는 방식이죠. 마지막 4마디째 의 음을 보면 세 번째 박자 앞에서 빠르게 꾸밈음을 연주하고 화음으로 마무리하며 살짝 여운을 남기고 있습니다. 계속해서 리듬을 연주하는 것보다 프레이즈가 끝날 때 또는 강렬한 고음 바로 직전에 살짝 브레이크를 걸어 공간을 만들어 주면 효과가 배가 되기도 합니다.

피아노 롤을 보면 코러스에서는 벌스와 인트로 보다 피아노를 강하게 연주하고 있는 걸 알 수 있습니다. 보컬 멜로디도 고음으로 올라가서 힘있는 소리를 내고 피아노 또한 곡 전체 중 가장 강렬한 느낌이 날 수 있도록 합니다.

인트로에서는 최대한 호기심을 자극할 수 있는 사운드를 만들고, 벌스에서는 차분히 감정을 말할 수 있도록 배경이 되어 줍니다. 코러스에서는 힘있게 리듬을 넣어주는 이러한 표현 방법으로 발라드에서의 피아노 연주를 표현할 수 있습니다.

그리고 가장 중요한 것은 피아노를 마우스로 입력한다면 필히 노트의 타이밍과 벨로시티를 약간 흐트러뜨려서 사람이 연주한 듯 만들어 주어야 한다는 것이죠. DAW에는 간단하게 휴머나이즈를 할 수 있는 랜덤 퀀타이즈(Random Quantize) 기능이 있습니다. 각자의 DAW에서 피아노 입력 후에는 반드시 휴머나이즈를 해주세요.

Chapter 4
PIANO AND STRINGS
: 피아노와 함께하는 스트링 편곡법과 스트링 사운드

엘가의 "사랑의 인사"(Edward Elgar-Salut d`amour.op12)를 피아노와 스트링으로 편곡하며 어떻게 DAW에서 실제 연주를 녹음한 느낌으로 스트링의 사운드와 피아노를 표현할 수 있는지 알아보겠습니다.

이 곡은 영국 작곡가 엘가의 대표 곡 중 하나입니다. 1889년 32세 때에 피아노곡으로 작곡되었고 이 후 관현악 곡으로 편곡되었습니다. 엘가 자신이 결혼한 해에 작곡한 곡이며 전반적으로 서정적인 멜로디가 넘쳐나는 곡입니다.

Section 1
PIANO

"사랑의 인사"의 주요 멜로디를 발췌하여 피아노로 녹음한 뒤 편집 해보기입니다.

🎵 사랑의 인사 멜로디

1. Recording

컴퓨터와 연결되어 있는 건반을 가지고 피아노를 DAW에 녹음해 보겠습니다. 간혹 대가들 중에 어떤 분은 오로지 컴퓨터 마우스만을 가지고 풀 오케스트레이션(Full Orchestraion)을 시퀀싱(Sequencing) 하는 분들도 더러 있습니다. 그런 분들은 수십 년씩 해오신 내공으로 벨로시티, 익스프레션 등 다양한 컨트롤의 입력 값이 머릿속에 정리되신 분들이어서 별도의 건반 없이도 시퀀싱이 가능한 것이겠지요.

여러분들도 매일 몇 시간씩 시퀀싱을 하신다면 불가능한 일은 아닙니다. 하지만 오케스트레이션과 같은 작업들은 휴머나이즈(Humonize)한 느낌이 많이 요구되는 작업인 만큼 소위 말하는 손맛을 느끼는 것이 중요합니다. 그래서 일부러 녹음 후 퀀타이즈를(Quantize)를 하지 않거나 부분적으로 적용하는 작곡가들이 많이 있습니다. 어떤 악기들이나 컴퓨터와 연결되어 있는 건반으로 리얼 타임(Real Time) 레코딩 하는 것은 많은 장점이 있고 그러한 이유로 피아노를 잘 다룬다는 것은 미디 작업에 있어서 굉장히 유리한 조건 임에는 틀림이 없습니다.

연습 곡 "사랑의 인사"에서는 피아노, 1st 바이올린(1stVn),2nd 바이올린(2nd Vn), 비올라(Viola), 첼로(Cello)의 편성입니다.

1_ Software Piano

댄스 뮤직과 같이 빠른 템포의 반복적이고 다이나믹(Dynamic)의 변화가 심하지 않은 장르가 아니라면 거의 모든 피아노는 직접 레코딩한다고 봐도 무방합니다.

가상의 피아노는 벨로시티의 높고 낮음에 따라 여러 가지 강약의 톤(Tone)들이 샘플링(Sampling)되어 있습니다. 이를 잘 살리려면 역시 직접 연주해서 레코딩하는 것이 더 좋은 결과를 얻을 수 있습니다.

피아노는 수 많은 가상악기가 있습니다.

각 회사의 악기들마다 질감, 용량 등이 천차만별이고 작곡가들 마다 취향이 달라서 자신이 하고자 하는 음악과 맞는 피아노 가상악기를 찾는 것이 필요합니다.

♪ New York Grand with Overtones

피아노 가상악기 중에서 Native Instruments의 "New York Concert Grand"에서 "New York Grand with Overtones"를 불러옵니다.

♪ New York Grand with Overtones

시퀀싱 후 다른 음원들도 로딩하여 사운드를 비교해보고 어떤 장르에 어떤 패치가 잘 맞는지 자신만의 라이브러리를 갖는 것이 중요합니다.

물론 그보다 선행되어야 할 것은 피아노를 잘 쳐야겠지요. 시퀀싱에서 피아노를 잘 친다는 것은 라이브 연주와는 조금 다른 문제입니다. 무슨 말이냐 하면 시퀀싱은 시간의 제약을 받지 않는 다는 것입니다.

틀리는 것에 부담을 받지 않고 원하는 결과가 나올 때까지, 또한 1 마디씩 시퀀싱을 하더라도 작업 시간이 걸릴 뿐 좋은 결과를 이끌어 내는 것에는 아무런 제약이 되지 않습니다.
너무 빨라서 치기 어렵다면 템포를 느리게 해서 시퀀싱하면 되는 것이지요. 자신이 가지고 있는 실력보다 더 나은 결과를 얻을 수 있는 것이 가장 매력적인 부분입니다.

2_ 녹음 (Recording)

♪ 사랑의 인사 피아노

위의 악보와 같이 피아노를 시퀀싱하였습니다. 원곡보다 조금 쉬운 아르페지오 패턴을 사용하였습니다.
피아노를 레코딩(Recording)하는 것은 절대적으로 편곡자의 연주력 영향을 받습니다. 하지만 시간, 속도, 공간에서 자유로운 미디의 장점을 생각한다면 정규 피아노 교육을 받지 않았더라도 상당한 수준의 피아노 연주를 얻을 수 있을 것입니다. 작업하고자 하는 곡의 템포가 빠르다면 템포를 느리게 한 후 시퀀싱하면 되겠지요. 그래도 속도를 따라가기 어렵다거나 바뀐 템포가 필링을 표현하기에 부적합 하다면 4분 음표 단위로 반 마디씩이라도 녹음 해봅시다.
이런 작업들이 쌓여서 어느 날 8마디, 16마디를 연주하는 자신을 발견할 것입니다.

양 손이 한 번에 안 되신 다고요? 한 손씩 녹음하고 나중에 서스테인 페달을 입력하여 세 가지 데이터를 하나로 합치세요. 시간이 두 배로 걸리겠지만 음악은 결과로 얘기하는 것이니까요.

댄스 뮤직이나 힙합 같이 수직적인 코드가 많이 나오거나 아르페지오 패턴이 나오는 발라드 곡의 경우 오로지 마우스 만으로 시퀀싱하는 프로 작곡가들을 많이 보았습니다. 그 분들의 건반에는 먼지가 수북히 쌓여 있거나 아예 건반이 없으신 대가 분들도 있습니다. 두려움을 떨치고 피아노 피스 악보를 천천히 녹음 해보십시오. 페턴이 익숙해지면 마우스로도 피아노를 시퀀싱할 수 있습니다.

2_ 퀀타이즈 (Quantize)

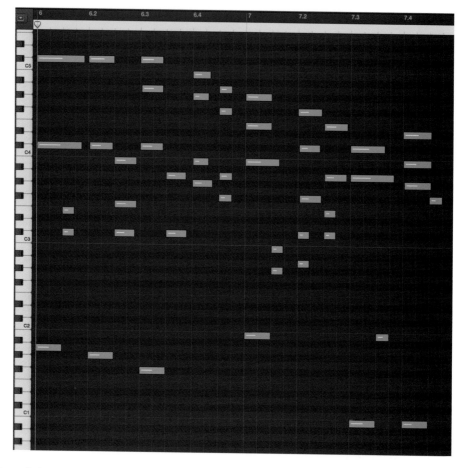

위의 그림과 같이 피아노의 퀀타이즈는 일괄적으로 범위를 지정해서 퀀타이즈 단축키 Q를 누르는 것보다는 휴머나이즈 한 느낌을 잘 표현할 수 있도록 수직으로 보았을 때 부분적으로 하는 것이 좋습니다. 확대해서 보면 아래 그림과 같이 조금씩 그리드(Grid)에서 어긋나 있는 것을 알 수 있습니다.

다시 말해서 100% 정확한 퀀타이즈보다는 약간 흐트러지게 휴머나이즈를 해야 한다는 말입니다. 사람이 연주한 데이터가 완벽히 100% 퀀타이즈가 되기는 무척 어렵기 때문이고, 살짝 어긋나 있는 그런 부분이 좀 더 인간적인 감성으로 들리게 되는 것이죠.

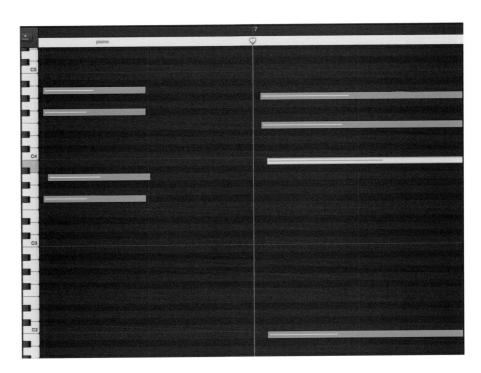

수직으로 여러 개의 음이 동시에 나올 때 퀀타이즈의 기준 노트를 하나 정합니다.

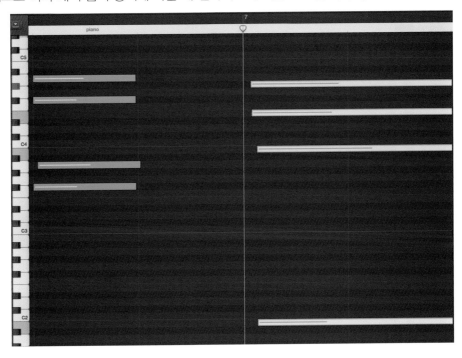

그리고, 스냅(Snap) 버튼을 활성화시킨 상태에서 코드(여러 개의 노트)를 마우스로 잡습니다.

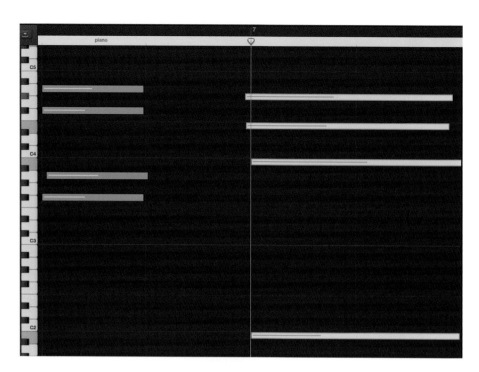

박자 정렬선(Grid)에 맞을 때까지 드래그 합니다.

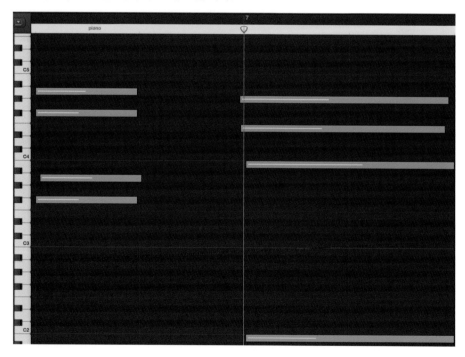

이렇게 하면 일률적으로 전체를 퀀타이즈한 것보다 휴머나이즈한 느낌을 살릴 수 있습니다.

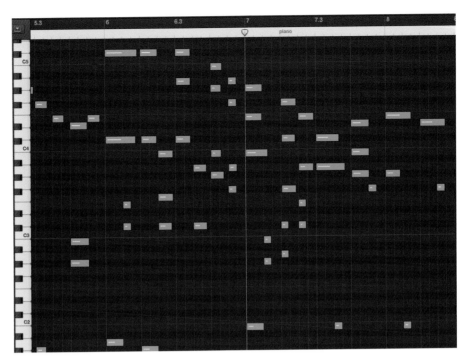

비단 코드에서 뿐만 아니라 리듬에서도 연속된 리듬이 비슷한 비율로 뒤로 밀리거나 앞으로 당겨져서 녹음되었다면, 방금 설명한 내용과 똑같이 여러 노트를 함께 잡고 그리드에 맞춰주면 실제 연주한 느낌은 살아있으면서 박자도 정확히 맞춰서 프로 연주자가 연주한 듯 수정이 가능합니다.

연주를 잘하는 프로페셔널 편곡자들은 거의 퀀타이즈를 하지 않는 경우도 있습니다만, 부단한 노력이 필요한 사항이라고 생각합니다.

4 _ 서스테인 (Sustain)

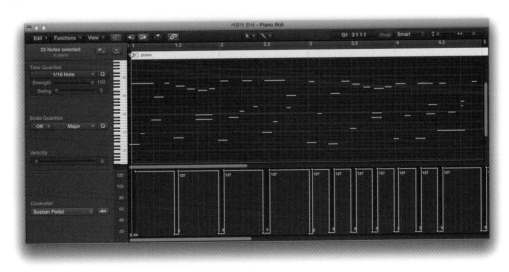

서스테인은 피아노의 페달을 말합니다. 페달도 녹음 후 퀀타이즈를 필요로 합니다. 그래야 정확한 지점에 페달이 적용되어 음들이 번지는 것을 막고 선명한 사운드를 낼 수 있습니다.

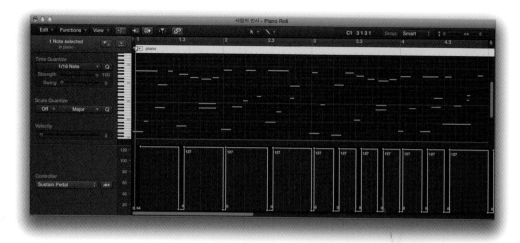

서스테인 페달도 퀀타이즈를 필요로 합니다. 페달 정보 윗부분의 점을 드래그 하여 16분 음표 단위로 정리하여 줍니다. 페달이 끝나는 부분은 페달 정보 아래쪽의 점을 드래그하여 정리합니다.

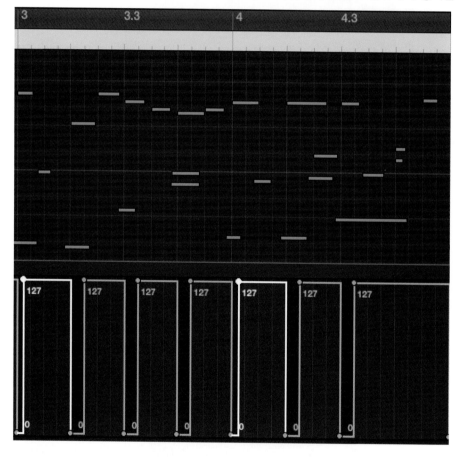

노트가 짧게 연주되는 부분에서 페달 효과를 벗어나게 될 때에는 32분 음표 단위로 퀀타이즈를 해줄 수도 있습니다.

5 _ 벨로시티 (Velocity)

벨로시티는 속도라는 의미를 가지고 있습니다. 미디 시퀀싱에서는 이것이 건반을 누르는 속도를 말합니다. 이는 곧 음의 강약을 뜻합니다. 벨로시티 강약의 구분은 0부터 127까지의 숫자로 나타냅니다 127은 가장 큰 세기를 말합니다.

벨로시티는 볼륨과는 다릅니다. 예를 들어 피아니시모(pp)의 셈 여림으로 연주한 플룻의 볼륨을 최고 값으로 키운다고 해서 그 플룻이 포르테시모(ff)의 셈여림으로 들리지 않는 것처럼 벨로시티는 그 연주의 강도를 나타내는 값입니다.

실제 악기의 연주를 녹음한 가상악기들은 벨로시티 값의 증가에 따라 3단계 정도 다른 강약의 음원들을 샘플링해 놓은 경우가 많이 있습니다. 피아노는 좀 더 세분화한 경우도 있습니다. 각 회사마다 약간씩 차이가 있는데 이를 잘 파악하여 장점을 잘 살리는 것이 중요합니다.

다른 음원들도 그렇지만 피아노는 특히 낮은 벨로시티에서 시퀀싱할 때가 많이 있습니다. 피아노가 127 정도의 벨로시티를 필요로 할 경우는 그리 많지 않습니다.

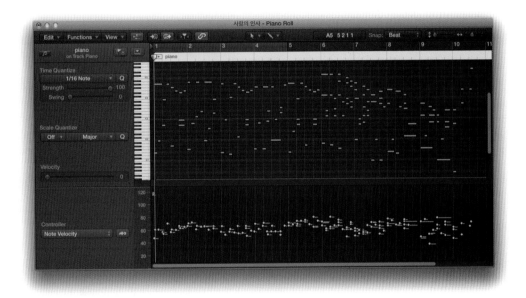

6 _ 템포 루바토 (Tempo Rubato)

템포 루바토는 도둑 맞은 템포라는 의미로 완급 조절로 이해하면 쉽습니다. 새롭게 표현하고자 하는 멜로디가 나오기 전에 살짝 템포를 늘였다가 다시 원위치로 돌아가서 연주하는 방법입니다. 팝 음악과 클래식의 중요한 다른 점이기도 합니다. 유명한 음악가인 쇼팽(Frédéric François Chopin)이 루바토의 대명사로 통하기도 하죠. 팝 음악은 기본적으로 인템포(in tempo)의 음악입니다. 특별한 포인트를 제외하곤 일정한 템포를 유지하는 음악이 대부분이고 연주자 역시 이 템포에 어긋나지 않게 균일한 빠르기의 연주를 합니다. 얼마나 균일한 빠르기로 원하는 표현을 할 수 있는지가 좋은 연주자를 판단하는 기준이기도 합니다.

하지만 클래식은 그 가운데서 마디의 끝이나 여타 필요한 부분에 수시로 템포의 미묘한 변화를 줌으로서 더욱 더 섬세한 표정을 표현합니다.

당연히 미디 시퀀싱으로 루바토를 표현할 수 있습니다.

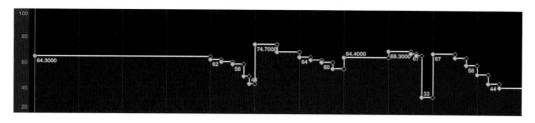

그림과 같이 편곡 의도에 따라서 템포를 조정합니다. 툴을 연필(Draw)로 바꾼 후 템포를 조정하고 모니터 하고 다시 세밀한 조정을 하는 순서로 진행하세요.

클래식 곡들은 참고 자료가 많이 있습니다. 지휘자나 연주자마다 해석이 다른 만큼 여러 음원을 들어보고 비슷한 포인트를 잡으려 노력하다보면 템포 루바토의 감을 잡을 수 있을 것입니다.

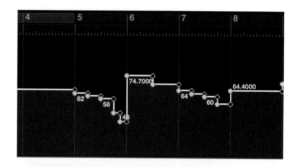

4,5마디에서와 같이 템포를 루바토 시킨 후에 원위치(a tempo)될 때에 원래 템포보다 다소 빠르게 시작한 후 점차 원래의 템포로 돌아가는 방법도 많이 쓰입니다.

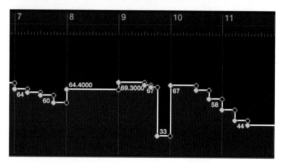

마지막 부분에 리타르단도(rit.)할 때에 2분 음표 단위로 할 수도 있고 8분음표 단위로 점차 느려질 수도 있습니다.
중요한 것은 자연스러움이고 특히나 음악이 영상과 같은 매체와 연동되는 음악이라면 영상의 템포를 염두하여 조정하여야 할 것입니다.

템포루바토나 리타르단도가 꼭 클래식컬한 음악에반 쓰인다고는 말할 수 없을 것입니다. 팝 음악도 강조해야 할 부분이나 필요에 의해 얼마든지 템포 변화를 줄 수 있습니다. 따라서 오토메이션을 활성화 시켜놓고 템포에 변화를 주며 시퀀싱하는 것도 좋은 방법일 수 있습니다.

Section 2
STRING(스트링)

지금의 가상악기들은 리얼사운드 샘플링을 하였기 때문에 미디의 시퀀싱 테크닉에 앞서 악기 자체의 사운드 특성과 연주 기법을 어느 정도 익히는 것이 필요합니다. 그 양이 방대하기 때문에 본 서에서는 다루지 않겠습니다. 그리고 실제 연주되는 소리를 기억하는 것이 중요합니다. 악기별 사운드와 위치 연주법과 소규모 혹은 대규모 편성, 공간에 따른 소리의 차이를 파악할 수 있어야 제대로 된 오케스트레이션이 가능하기 때문입니다. 그러기 위해 진짜 오케스트라 공연을 보는 것도 도움이 되고 직접 현악기를 배워 보는 것도 좋습니다.

그런 다음 컴퓨터에서 오케스트레이션을 하고자 할 때 제일 먼저 할 일은 내가 쓰고자하는 악기가 가상악기에서는 어떻게 어떤 명칭으로 분류해 놓았는가 파악하는 것입니다.

대부분은 연주 기법에 따른 이름들을 사용하지만 간혹 이름을 특화시켜 놓은 회사들도 있습니다. 이 때에는 소리를 들어보며 나름대로 분류해 놓아야 능률적인 작업을 할 수 있습니다.

현악기 파트는 수 백년에 걸쳐 악기의 연주법이 발달하였기 때문에 불가능한 표현이 없을 만큼 작곡가의 어떤 편곡도 표현이 가능하다 할 수 있습니다. 또한 다른 어떤 악기와도 잘 어울리는 편입니다. 미디 오케스트레이션에서는 이를 어떻게 가상악기라는 제한된 도구를 사용하여 어쿠스틱에 가까운 사운드를 표현하느냐가 관건입니다.

1. Software Strings

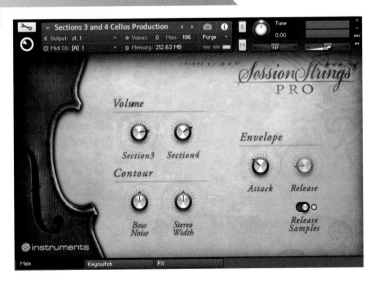

♪ Session Strings Pro

Native Instruments의 "Session Strings Pro"는 오케스트라의 현악기 소리를 담고 있습니다. 특히 "Sections 1 and 2"와 "Sections 3 and 4"로 나뉘어서 악기 위치별로 각각 달리 녹음된 소스를 제공합니다.

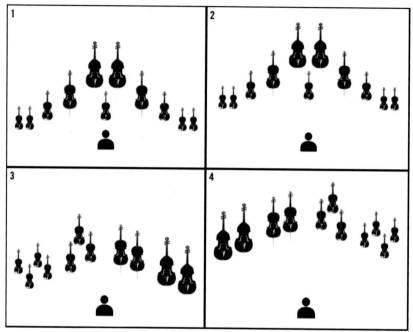

♪ String Arrangements in Section 1–4

"Section 1 and 2"는 좀 더 가까이 있는 사운드의 Section 1과 비교적 뒤에서 연주하는 듯한 Section 2의 사운드가 섞여 있으며, 이러한 배치는 Pop/Rock 장르의 음악에 어울릴 경우가 많습니다. 그와 달리 "Section 3 and 4"는 클래시컬(Classical)한 사운드를 표현하기 좋은 느낌으로 마련되어 있습니다. Section 3은 전통 클래식 공연장에서 들리는 스트링의 사운드 이미지와 비슷하게 악기의 위치가 배열되어 있으며 Section 4는 반대방향으로 비교적 뒤에서 연주한 사운드가 담겨있습니다.

Main 탭을 선택했을 때 나타나는 Volume에서 각각의 Section 볼륨을 조절할 수 있습니다. Section 3에서 전통적인 오케스트라의 위치에서 사운드가 나오고 Section 4는 그와 반대인데 Section 4가 좀 뒤에서 울리는 느낌으로 표현되기에, 둘을 합쳐놓으면 공연장에서 들리는 사운드와 흡사한 소리가 만들어집니다. 각자의 음악에 어울리도록 두 볼륨을 조절하여 사용하세요. Section 1 and 2도 마찬가지로 Volume에 두 Section의 노브가 달려있습니다.

Contour에는 연주 시에 발생하는 노이즈의 음량과 전체적인 사운드의 넓이를 조절할 수 있는 노브가 달려있습니다.

Envelope에는 활을 켤 때 빠르게 시작할지 천천히 시작할지 정할 수 있는 Attack과 음을 마칠 때 속력을 조절할 수 있는 Release 노브가 있습니다.

Release 노브 아래의 Release Samples가 활성화 상태일 때에는 미리 녹음되어 있는 릴리즈 샘플로 음을 마칠 때 사용합니다. 이 부분을 비활성화 시켰을 때 Release 노브를 조절하여 원하는 만큼의 릴리즈 양을 조절할 수 있습니다.

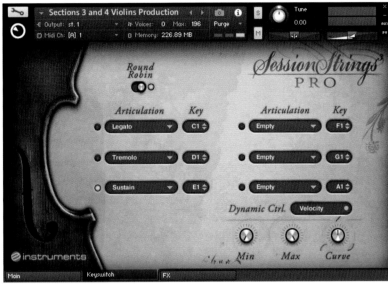

Key switch탭에서는 원하는 연주 방법으로 쉽게 변화를 줄 수 있도록 건반에 자신이 원하는 Articulation을 선택하여 다양한 주법을 활용할 수 있도록 합니다.

Round Robin이 활성화되어 있을 때에는 활을 위로 올리며 연주하는 것과 아래로 내리며 연주할 때 같은 음을 입력하더라도 다양한 사운드로 표현해 주어 실제 연주를 하는 것과 같은 느낌을 전달하는 장치입니다.

Articulation은 내가 원하는 건반에 원하는 주법을 선택할 수 있도록 되어 있습니다. 따라서 각자 편한 건반에 주법을 할당해 놓고 직접 연주하면서 동시에 주법을 바꿀 수 있습니다.

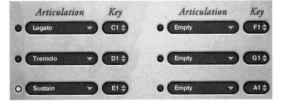

Kontakt의 아래쪽에 있는 건반을 보면 붉은색으로 키 스위치의 위치를 표시하고 있습니다.

Dynamic Ctrl.은 노트에 담겨있는 Velocity 정보로 연주의 세기를 결정할 것인지 Modulation Wheel 값으로 세기를 결정할 것인지 선택할 수 있습니다.

만약 Velocity를 이용한다면 가장 작은 벨로시티와 가장 큰 벨로시티 그리고 벨로시티 커브를 조절할 수 있습니다.

FX탭을 선택하면 다양한 음향기기를 활용하여 자신이 원하는 사운드로 만들 수 있는 장치가 나타납니다.

Equalizer에는 음량을 조절하는 Gain과 주파수 위치를 선택할 수 있는 Freq가 3 세트 모여서 저음역, 중음역, 고음역대의 사운드를 조절할 수 있습니다.

Compressor는 매우 간단히 컴프레서의 양만 조절하면 자체적으로 알고리즘이 작동하여 스트링에 어울리는 컴프레션 효과를 줍니다.

Reverb는 원하는 형태의 공간을 선택 후 리버브 양을 조절할 수 있습니다.

"Session Strings Pro"의 Violins, Violas, Cellos는 모두 동일한 방법으로 활용할 수 있도록 똑같은 UI(User Interface)와 기능을 갖추고 있습니다.

1_ 녹음 (Recording)

♪ 사랑의 인사 스트링즈

위 "사랑의 인사" 악보를 보면 1st Violins, 2nd Violins, Violas, Cellos 이렇게 4개의 파트로 나뉘어 있습니다. "Session Strings Pro"에서 "Section 3 and 4 〉 Contemporary 〉 Section 3 and 4 Violins 〉 Section 3 and 4 Violins Production"을 선택한 트랙을 만들고 트랙의 이름을 "Violin 1"이라 명명하겠습니다. 이와 같은 방법으로 "Section 3 and 4 Violas Production", "Section 3 and 4 Violas Production", "Section 3 and 4 Cellos Production"을 각각 하나씩 트랙으로 만들어 주면 총 4개의 트랙이 완성됩니다.

완성된 트랙은 "Violin 1", "Violin 2", "Viola", "Cello"라고 각각 불러온 악기에 맞춰 이름을 정해 준 뒤 악보와 같이 파트별로 레코딩해봅시다

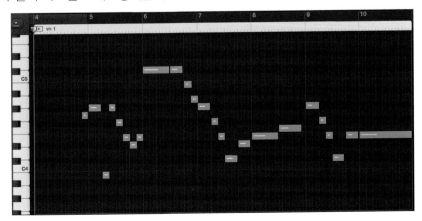

위의 그림은 제1 바이올린의 피아노 롤 화면입니다. 리얼타임 레코딩의 벨로시티를 가급적 살렸습니다.

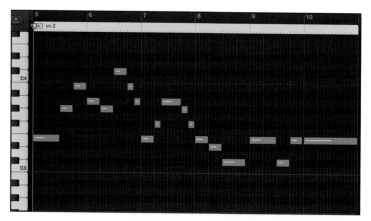

위 그림은 바이올린 2를 입력한 그림입니다. 실시간으로 레코딩 후 퀀타이즈를 적용하고, 길이를 약간 수정하였습니다.

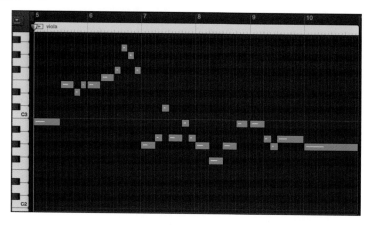

비올라도 마찬가지로 녹음 후 퀀타이즈와 노트의 길이(Dulation)를 수정하였습니다.

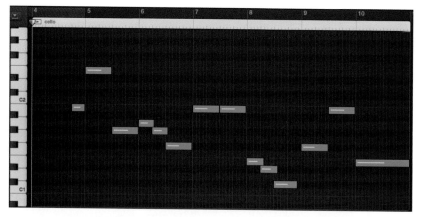

같은 방법으로 첼로도 실시간 녹음으로 시퀀싱(Sequencing)하였습니다.

녹음 후 너무 빨리 연주되지 않도록 Envelope의 Attack을 조절하여 느린 음악에 어울리도록 사운드를 잡아주는 것이 중요합니다. Attack을 조절하면 활을 천천히 또는 빠르게 연주하는 느낌을 살릴 수 있습니다. 좀 더 섬세한 표현을 원한다면 오토메이션을 적용하여 어택 타임에 변화를 주는 것도 좋습니다.

Volume에서 Section 3과 Section 4의 음량 차이로 좀 더 원하는 느낌으로 연주자의 위치감을 조절할 수 있습니다. 두 노브를 조절하며 악기의 위치가 어디에서 들리는지 확인하고 원하는 사운드가 표현되는 밸런스를 찾기 바랍니다.

2_ 키 스위치 (Key Switch)

키 스위치는 서스테인(Sustain),스피카토(Spiccatto), 트레몰로(Tremolo)등 각각의 연주 음원들을 사용하기 편리하게 설정한 키(건반)을 누르면 패치가 바뀌게 설정해 놓은 것입니다. 〈사랑의 인사〉에서 불러온 음원의 키 스위치는 Legato 표현과 Sustain, Portamento 등의 주법을 활용하였습니다.

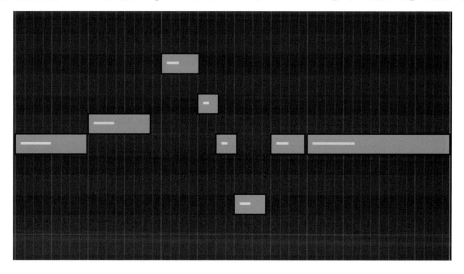

9마디 부분을 보면 Ab부터 Db까지 음이 네 단계에 걸쳐서 내려갈 때 서로 살짝 이어지도록 노트의 길이가 조절되어 있습니다. 좀 더 확대해 보겠습니다.

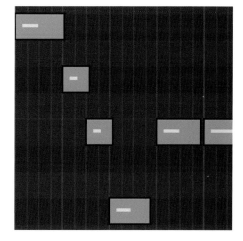

노트를 보면 노트의 끝 부분이 다음 노트의 시작 부분보다 살짝 뒤로 이어져 있는 것을 알 수 있습니다. 이렇게 뒤 이어 오는 노트와 앞의 노트를 겹쳐준 뒤 Key switch 탭의 Articulation에서 Legato로 설정해 주면 한 번에 이어서 연주하는 사운드를 표현할 수 있습니다.

Db 뒤에 이어지는 노트를 잘 들여다 보면 살짝 미세하게 노트 사이가 벌어져 있는 것을 알 수 있습니다. 이렇게 노트 사이가 벌어져 있으면 Legato로 설정되어 있더라도 한 번에 연주하는 느낌이 아니라 활의 방향을 바꾸며 연주하는 사운드로 표현하게 됩니다.

레코딩을 마친 뒤 자신이 입력한 노트를 잘 들어보며 어느 부분에서 한 번에 연주해야 할지 결정한 뒤 Articulation을 조절하여 Legato 주법을 표현해 보십시오. 또, Sustain, Tremolo 등 다양한 주법을 곡의 중간 중간 필요한 부분에 연주하도록 만들어 보세요.

Articulation에서 원하는 주법을 고르고 Key에서 주법을 불러올 건반(Key)을 선택하면 원하는 때에 원하는데로 주법을 변경하며 연주할 수 있습니다. 위 그림에서는 3 가지 키 스위치를 사용하고 있지만 최대 6개의 키 스위치에 원하는 주법을 할당해 놓을 수 있습니다.

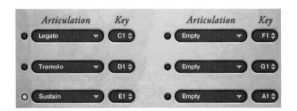

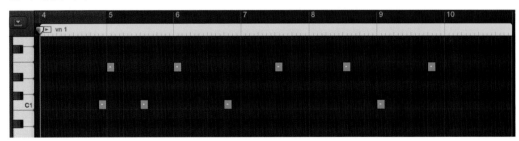

위의 그림은 제1바이올린의 키 스위치입니다. 바이올린 1의 주법 변화를 키 스위치(Key switch)로 만들어 놓고 필요할 때 입력하면 자신이 원하는 데로 주법을 바꿔가며 연주하도록 할 수 있습니다.

비올라나, 첼로 등에도 필요할 경우 키 스위치를 사용하여 주법의 변화를 가미해 봅시다. 오케스트레이션을 좀 더 실감나게 표현하기 위해서는 키 스위치의 적용과 연주하는 노트의 듀레이션(Duration) 그리고 벨로시티를 함께 고려하여 에디팅하는 것이 필요합니다.

3_ Symphonic Orchestra Strings

♪ EWQL Symphonic Orchestra Strings

먼저 EWQL Symphonic Orchestra Strings에 관해 간단한 언급을 하자면 출시된 이래로 지금까지 많은 유저(user)들의 사랑을 받아온 가상악기입니다. 사람마다 호불호가 극명하게 갈리는 악기이기도 합니다. 이유는 특유의 앰비언스 때문일 텐데요. 기본적으로 공간감이 풍부한 사운드가 제공되어서 드라이(Dry)한 질감의 표현을 하고자 할 때는 분명 제약이 있습니다. 하지만 섬세한 비브라토와 선명한 톤은 분명 장점이어서 다른 성격의 가상악기들과 레이어드하는 등의 방법으로 효과를 배가시킬 수 있습니다. 특히나 예제 곡 〈사랑의 인사〉와 같이 소규모 편성의 곡에서 장점이 드러난다 할 수 있습니다.

로딩할 때 패치 이름을 보게되면 C, F, S의 세 폴더로 구분된 것을 볼 수 있습니다. 이것은 샘플링한 마이크의 위치(Miking)의 위치를 나타낸 것입니다.

C-Closed, F-Floor, S-Suround로 분류되어 있습니다. 이것은 실제로 오케스트라나 팝 음악의 스트링 세션에서도 이와 같은 방법으로 여러 개의 마이크를 사용합니다. 〈사랑의 인사〉에서는 쇼규모 편성이기에 C폴더의 패치만 사용해도 좋습니다.

같은 곡을 세 가지 폴더에서 같은 음원을 레이어드 해보고 각 패치의 비율을 조정하는 등 여러 가지 실험을 통하여 자신만의 스킬을 개발하는 것도 좋은 방법이라고 말씀드립니다.

🎼 EWQL Symphonic Orchestra Strings

신형 EWQL Symphonic Orchestra는 위 그림과 같이 UI가 바뀌고 다양한 기능이 추가되었습니다.

이 외에도 Vienna Symphonic Library와 LA Scoring Strings 등이 많이 쓰입니다.

오케스트리 시운드를 품고 있는 가상악기를 활용하여 시퀀싱한 후 가능하면 여러 가지 제품으로 바꿔서 비교해 보고 섞어도 보면서 좋은 소리를 낼 수 있는 자신만의 노하우를 만들어 가는 것도 좋은 방법입니다.

Section 3
MIXING(믹싱)

클래시컬한 곡들의 믹싱은 어쩌면 더 까다롭다 할 수 있습니다. 음악적으로 풀어낸 강약의 변화를 살려 주면서도 필요한 음압은 얻어야 하기 때문입니다. 또한 인위적인 공간감도 주어야 하고 팝 음악에 비할 바는 아니지만 제법 손이 많이 가는 작업입니다.

웨이브 파일로 익스포트한 후 믹싱하는 것을 많이들 권합니다. 그러나 〈사랑의 인사〉는 악기 자체에서 믹싱하는 방법을 해 보도록 합니다. 다른 예제 곡에서는 웨이브 파일로 익스포트한 후 믹싱하는 방법도 시도해 봅시다.

이 단원에서의 믹싱은 스튜디오 엔지니어들의 방법을 그대로 익힌 다기보다는 미디 유저로서 적합한 방법을 찾는 것에 더 중점을 두고 있습니다.

또한 클래식컬한 음악적 어법이 필요한 음악들에 적합한 방법을 찾는다고 보아야 할 것입니다.

1_ 피아노

Waves사의 플러그 인(Plug In)중에 채널 스트립(Channel Strip) 이 있습니다.

고가의 유명한 믹서들의 채널을 말그대로 한 조각 떼어 놓은 것인 데요. Waves에서는 영국의 SSL(Solid State Logic) 콘솔의 채널을 시뮬레이션 하여 플러그 인으로 제공하고 있습니다.

빠르게 각 트랙별로 사운드를 정리하는데에 탁월합니다. 컴프레서 로 다이나믹을 해결하고 이퀄라이즈로 톤을 보정합니다. 처음에는 프리셋(Preset)되 있는 셋팅을 불러들여 들어보는 연습을 해보세 요. 귀에 변화들이 익숙해지면 자신만의 에디팅으로 본인의 음악 에 맞는 조절해가는 것이 필요합니다.

그림과 같이 피아노 트랙과 연결된 채널의 인서트(Insert or Audio FX)에 SSL Channel Stereo를 불러옵니다.

♪ SSL Channel

여기서 윗 줄에 Load를 클릭하면 다양한 프리셋이 나타납니다.

🎼 SSL Channel

그 중 Piano 프리셋을 불러옵니다.

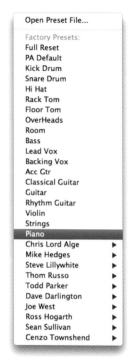

그럼 각각의 노브들이 위와 같이 피아노의 프리셋으로 바뀝니다. 왼쪽 위부터 로우컷(Low Cut) 을 시작으로 하이(High), 하이 미드 (High Mid), 로우 미드(Low Mid), 로우(Low) 필터의 순서로 음역 대별로 증감할 수 있습니다. 몇 헤르츠(Hertz)를 몇 dB증감하였는 가를 보고 귀로 비교해 봅시다. 이제 피아노 트랙을 솔로로 플레이하여 채널 스트립을 온, 오프 시켜가면서 비교하고 음색을 조절해 봅시다.

처음에 들으면 선명해지기는 했는데 조금 가벼운 느낌을 받으실 것입니다. 이 프리셋은 팝 음악의 피아노를 대상으로한 프리셋이 더 적합해 보입니다. 따라서 이퀄라이즈를 조금 조정하여 클래식 음악에 맞게 따뜻한 소리로 만들어 볼 수 있습니다. 중음역을 올려본다던가 고음역을 줄여본다던가 등의 방법을 시도해 보시기를 바랍니다.

조금씩 움직여서 차이를 못 느끼겠으면 과감하게 돌려보는 것도 좋습니다. 그런 다음 적정한 값을 찾아가는 것입니다.

불러들인 피아노 프리셋을 〈사랑의 인사〉에 맞게 조정해 보았습니다. 물론 이것은 개인적인 제시이고 여러분들의 느낌으로 다양한 시도를 해 보시기를 권합니다.

처음의 접근은 직관적이고 습관적으로 몸에 익숙하게 하는데에 그 목적이 있습니다. 그런 다음 차차 원리를 깨달아 가는 것이 경험적으로 더 유용했다고 생각됩니다.

앞서 불러들였던 "New York Grand with Overtones"의 화면입니다. 악기 자체에서도 음색이나 공간감 등 음색을 조절할 수 있습니다. 저의 경우는 페달 노이즈를 조금 줄였고 피아노 뚜껑(Lid)를 반만 열었습니다. 그 외에도 레조넌스(Resonance)와 리버브(Reverb) 등도 변화를 조금 주었습니다. 여러분들도 다양하게 변화를 주어보고 맘에 드는 소리를 찾아 보시기 바랍니다.

2_ 스트링

스트링의 경우도 피아노와 같은 프로세싱 과정이라 볼 수 있습니다. 다만 "Session Strings Pro" 음원이 기본적으로 많은 앰비언스(Ambience)를 포함하고 있는 만큼 약간의 보정만 해 보도록 하겠습니다.

피아노와 같은 방법으로 웨이브스의 채널 스트립 중에서 스트링 프리셋을 불러옵니다.

온, 오프로 소리를 비교해 봅시다. 보다 선명하고 입체적인 스트링 소리를 들으실 수 있습니다.

이 프리셋 역시 고음이 선명한 것이 팝 음악에 적합한 셋팅이라 생각되는데요, "Session Strings Pro"의 음색과 매칭이 잘되는듯 하여 별다른 에디팅 없이 써보도록 하겠습니다. 나중에 고음 영역을 조금 컷해도 될듯합니다. 흔히 말하는 따뜻한 느낌은 이어서 다룰 리버브를 통해서도 보완이 가능합니다.

이 프리셋의 셋팅 값을 염두해 두었다가 다른 브랜드의 이퀄라이져나 컴프레스 등에 적용해보고 비교해 보는 것도 좋은 공부입니다.

3_ 리버브(Reverb)

이제 정리된 사운드에 공간감을 더 해 봅시다.

〈사랑의 인사〉에서는 기본적으로 공간감이 있는 음원이고 악기 자체에서 어느 정도 공간감이 가미되었음을 염두해 두고 리버브를 적용해 보겠습니다. 리버브는 인위적으로 공간감을 주는 기기입니다. Waves의 대표적인 리버브 플러그 인 "Rverb"를 불러들여 살펴보겠습니다.

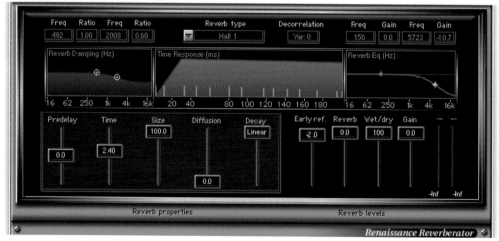

♪ Rverb

리버드의 사운드 프로세스(Sound Process)는 인서트(Insert or Audio FX)와 센드(Send)의 경로 두 가지를 선택적으로 적용할 수 있습니다. 소프트웨어들을 통해 하는 작업이지만 하드웨어 믹서의 경로를 그대로 흉내내어 적용하기 때문입니다.

일반적으로 인서트에는 다이나믹(Dynamic) 계열의 음향기기들(Compressor, Equalizer, Deesser 등)을 센드에는 공간계 음향기기들(Reverb, Delay 등)을 적용하는 것이 일반적입니다. 하지만 엔지니어의 판단에 따라 인서트에 공간계 프로세서들을 삽입하기도 합니다.

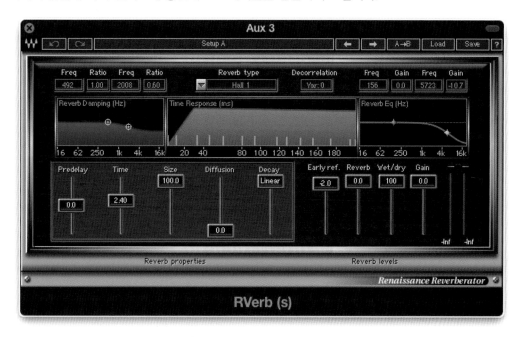

Send로 보내줄 수 있도록 Aux채널(Auxillary Channel or FX Channel)을 만들고 "Rverb"를 불러오겠습니다.

알버브의 메인 화면이 나타나면 윗 줄 Load 버튼을 클릭하여 프리셋 메뉴를 불러옵니다.

Halls를 선택하여 프리셋 리스트를 불러옵니다.

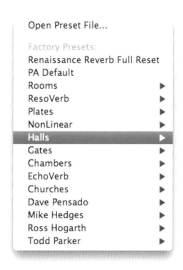

Medium Hall 프리셋을 적용합니다.

* 리버브 주요 용어

용어	설명
프리 딜레이(PREDELAY)	초기 반사음을 말합니다. 직접 음 뒤에 바닥이나 벽 등에 반사되어 나오는 음으로, 조정 값은 ms(천분의 1초)단위로 표기합니다.
타임(TIME)	잔향의 길이로 이해하시면 될 듯합니다. s(60분의 1초)
사이즈(SIZE)	공간의 크기를 나타냅니다.
디퓨전(DIFFUSION)	리버브의 밀도를 나타냅니다.
디케이(DECAY)	리버브가 줄어들면서 사라질 때까지의 시간을 말합니다.

리버브의 조정은 기기와 믹서를 서로 유기적으로 조정하면서 적정한 값을 찾아가는 것이 좋습니다. 숙달이 되면 어렵지 않게 에디팅할 수 있으리라 생각합니다.

마우스로 드래그하여 샌드 레벨을 조정합니다. 리버브가 걸리는 느낌을 구분하기 쉽게 처음에는 조금 많은 양을 주어도 좋습니다. 다음에 플레이하여 리버브와 드라이 톤을 서로 비교해보고 조정합니다. "Session Strings Pro"는 리버브가 이미 들어 있는 가상악기임을 감안하여 조금이라도 더 좋은 결과가 나오도록 리버브를 적용하는 것이 중요합니다.

Section 4
MASTERING(마스터링)

가장 초보적인 단계의 투 트랙 마스터를 추출하는 과정으로 간단히 마스터링을 진행해 보겠습니다.

마스터링의 방법과 노하우에도 수많은 방법들이 있고 엔지니어들마다 조금씩 차이가 있습니다. 어느 것을 선택하느냐는 자신의 몫이라 생각합니다.
더구나 작, 편곡자 들의 입장은 엔지니어와 조금 다르다고 볼 수 있습니다. 전문 엔지니어와 같은 섬세함은 없지만 작곡가들이 자신의 곡을 믹싱한 것이 더 좋은 느낌으로 들릴 때가 많이 있습니다. 오랜 시간 그 곡을 작업했기 때문에 누구보다 잘 알 수 있었기 때문입니다.
그래서 작, 편곡자들이 믹싱이나 마스터링을 조금이나마 연구하고 연습한다면 상당히 좋은 결과를 얻을 수 있습니다.

1. 인서트 섹션(Insert section)

오디오 채널 등 믹싱 환경의 설계는 아날로그 또는 디지털 믹서의 채널을 시뮬레이션한 경우가 대부분입니다.
이는 필드의 엔지니어 등 작업자들이 컴퓨터 환경으로의 변화에 무리 없이 적응하기 위함이기도 하고, 이런 하드웨어 기기와의 호환과도 연관이 있습니다. 그래서 조금이나마 아날로그 혹은 디지털 믹서를 다뤄보신 분들은 손쉽게 적응하실 수 있으실 겁니다.

마스터링을 위해서는 컴프레서, 이퀄라이저 등 다이나믹과 관련한 이펙터들을 적용합니다. 이 과정에서 보편적인 인서트섹션의 프로세싱을 살펴보겠습니다.

이번 곡과 같이 클래식컬한 곡은 악상을 고려한 마스터링이어야 하기 때문에 과도하게 음압을 끌어 낸다기보다는 유통되는 클래식(세미 클래식) 음원들과의 비교선에서 작업을 해보겠습니다. 또한 이러한 기기들이 다른 장르의 곡에서는 어떻게 쓰이는지도 비교해 보겠습니다.

1_ 토탈 컴프레서 (Total Compressor)

Waves의 "Renaissance Axx"를 최종 마스터 채널의 인서트에 삽입합니다. 혹은 자신이 좋아하는 컴프레서를 삽입해도 좋습니다. 최종 마스터 채널에서 곡 전체를 아우르는 컴프레싱을 토탈 컴프레서라 부릅니다.

♪ Renaissance Axx

* Renaissance Axx 조절 파라메터(parameter)

파라메터	설명
THRESH	Threshold 값, 컴프레서가 적용되는 음량 결정
ATTACK	컴프레서 작동 시점 결정
GAIN	최종 출력 음량 결정

사랑의 인사를 반복(looping)시킨 상태에서 각각의 파라메터 값을 조절해 봅시다. 토탈 컴프레서를 적용하다보면 과도하게 컴프레싱 된 답답한 느낌을 받을 때가 있습니다. 이러한 이유로 사용을 꺼려하는 작업자들이 있는데 어택 타임을 잘 조정하면 어느 정도 보완이 가능합니다.

마스터링시의 어택 타임은 팝 음악에서는 빠르게 클래식 음악에서는 좀 더 느리게 설정하며, 곡의 빠르기에 따라 적절한 조절이 필요합니다. Moderate 프리셋을 적용하면 약간 답답한 느낌이 들기에 Thresh와 Attack을 조절하여 약하게 컴프레싱이 되도록 조절하였습니다.

이렇게 컴프레싱한 소스를 다시 한 번 다른 멀티밴드 컴프레서를 인서트하여 한 번 더 대역별로 컴프레싱하는 것이 일반적인 과정입니다. 하지만, 〈사랑의 인사〉에서는 토탈 컴프레서를 한 번만 사용하는 것으로 마감합니다.

2 _ 이퀄라이저 (Equalizer)

♪ H-EQ

이퀄라이저를 선택, 로딩하여 다양한 프리셋을 불러들여 비교합니다. 사랑의 인사의 경우 클래식
컬한 질감을 잘 살릴 수 있는 중음역대를 강조하는 것도 좋은 방법입니다.

콤포넌트 오디오 같은 기기들의 이퀄라이져 프리셋 셋팅을 보게 되면 클래식의 경우 완만한 산 모양을 하고 있는 경우를 보게 됩니다.

이는 악기들의 특색이기도 하지만 연주되는 홀의 특성이 반영된 것이기도 합니다. 그래서 우리의 귀가 클래식하면 상상되어지는 그런 음색을 선호하는듯합니다.

마스터단에서의 이퀄라이져는 크게 색채를 만드는 것보다는 약간씩 부족하다고 느끼는 부분을 보강해 주는 편이 좋은 결과물을 가져올 때가 많습니다. 물론 경우에 따라서 과감하게 조절하는 것도 필요합니다.

〈사랑의 인사〉에서는 LF와 HF의 게인을 조금 올리고, LF의 주파수는 30Hz 대역으로 이동시켜 저음과 고음을 살짝 보강해 주었습니다. 주파수 그래프를 보면 이미 중음역대의 음량은 충분하기 에 완만한 산 모양으로 표현될 수 있도록 양쪽 끝을 살짝 올려준 것입니다. 물론 모든 클래식 음악의 주파수 그래프를 꼭 비슷한 모양으로 할 필요는 없습니다. 항상 가장 매력적인 사운드를 찾으려노력하고 그렇게 좋은 사운드를 찾았다면 그게 정답입니다.

3 _ 토탈 리버브 (Total Reverb)

Altiverb, Wave, Blueverb 등 많은 좋은 리버브들을 인서트 섹션으로 불러들입니다. 샌드 리턴섹 션에서 적용했을 때보다 상당히 많은 양을 느낄 수 있습니다. 그림과 같이 믹스를 줄이고 각각의 파라미터 값을 조절합니다.

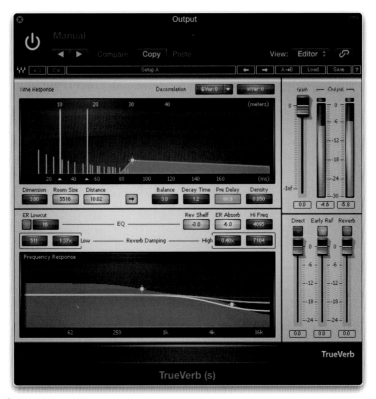

♪ TrueVerb

Waves의 "TrueVerb" 같은 경우는 오른쪽 하단에 Direct, Early Ref, Reverb로 표시된 페이더를 통해 믹스양을 조절할 수 있습니다.

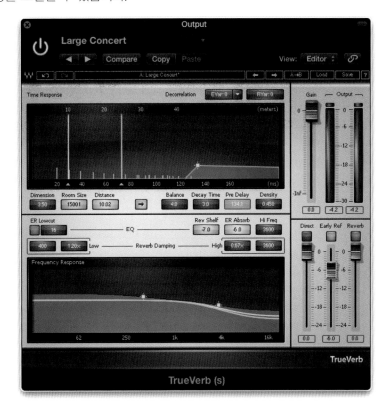

프리셋 중 LargeConcert를 선택하고 Early Ref의 노브를 조절하여 원하는 공간감을 추가하였습니다.

이러한 이펙터들은 작가마다 단순하게 프리셋을 사용하는 분들도 있고 섬세하게 에디팅하여 사용하는 분들도 있고 저마다 다릅니다.
중요한 것은 각각의 상황마다 유연하게 대응하는 자세입니다.

Part 3
ROCK

락(Rock) 음악은 대중 음악의 기틀이라고 여겨질 정도로 현대 음악에서 차지하는 비중이 대단히 높습니다. 대중 음악의 신호탄인 엘비스 프레슬리(Elvis presley), 지금까지도 수 많은 곡이 리메이크 되고 있는 비틀즈(Beatles), 락 음악의 전설 레드 제플린(Led Zeppelin) 그리고 팝의 황제 마이클 잭슨(Michael Jackson) 까지 수 없이 많은 명곡이 락 음악을 기반으로 제작되었습니다.

물론 마이클 잭슨의 음악을 락으로 분류하지논 않지만 그의 음악에서 락 음악의 요소인 전자 기타와 드럼 베이스를 떼어 놓을 수 없는 것도 사실입니다.

발라드 음악에서도 가장 많은 비중을 차지하는 것은 단연 락 발라드죠. 이렇듯 현대 음악에서 가장 기본이 되고 또 가장 많은 음악 입문자들이 처음으로 시도하는 장르가 락 음악입니다. 보통 락 음악이라 하면 밴드를 떠올리게 되는데 밴드 형태가 아닌 컴퓨터 음악으로 락을 만들고 표현해 내는 방법에 대하여 알아보겠습니다.

Chapter 1
DRUMS

: 간단히 완성하는 락 비트의 사운드와 그루브

Native Instruments의 "Drummer" 시리즈를 활용하면 간단히 멋진 락 비트를 만들 수 있습니다.

"Studio Drummer"에 내장되어있는 다양한 그루브(Groove) 패턴과 장르별 사운드 프리셋으로 손쉽게 Hard Rock, Metal, Indie Rock, Punk Rock에 어울리는 드럼 사운드를 만들 수 있습니다.

♪ ni drummer

Section 1
NATIVE INSTRUMENTS
- DRUMMER SERIES

'Drummic'a'가 마이크에 따라 달라지는 소리에 초점을 맞췄다면 드럼에 따라 다른 소리를 내는 가상악기 시리즈(Series)가 있습니다. Native Instruments의 Drummer Series가 바로 그것입니다.

http://www.native-instruments.com/ 홈페이지에 가면 가상악기의 정보와 데모 사운드를 들어볼 수 있습니다.

이 드럼 가상악기 시리즈는 시대별로 다른 드럼을 녹음하여 조금씩 다른 사운드를 들려주고 있습니다. 물론 모두 엄청나게 리얼한 드럼 소리를 갖고 있으며 사운드의 프리셋도 훌륭하게 갖춰져 있습니다.

사용법은 'Drummic'a'와 크게 다르지 않은데요. 좀 더 세밀한 조절이 가능하고 조금은 프로세싱 된 사운드라 활용하기가 더욱 편리하다는 장점이 있습니다.

1. 불러오기

이 시리즈 중 'STUDIO DRUMMER'를 중심으로 Rock 드럼 편곡에 대해 알아보겠습니다.

𝄞 STUDIO DRUMMER

Native Instruments의 Drummer 시리즈는 모두 거의 같은 인터페이스(Interface)로 사용법이 유사합니다. 서로 다른 드럼이며 다른 시대의 사운드를 내는 것이 다를 뿐입니다. 따라서 이 시리즈 중 한 가지의 사용법만 알고 있다면 다른 악기들도 충분히 활용할 수 있습니다.

우선 악기의 리스트를 보면 세 가지 드럼이 있으며 각각 Full과 Lite로 나뉘어 있습니다.

Garage, Session, Stadium은 다른 악기이며 믹서의 프리셋도 다르게 설정되어 있습니다. Garage는 차고에 홈 스튜디오를 만들고 녹음한듯한 사운드, Session은 녹음실에서 녹음한듯한 사운드, Stadium은 공연장에서 녹음한듯한 사운드로 각각의 이름에 어울리는 사운드를 담고 있습니다.

그리고 Full과 Lite는 모든 기능은 똑같지만 담겨있는 샘플의 양이 다릅니다. Full은 동일한 악기의 동일한 벨로시티에서도 다른 드럼 사운드가 나오도록 여러 개의 샘플이 들어있지만 Lite는 같은 악기의 같은 벨로시티에서는 하나의 샘플만이 쓰이고 있습니다. 따라서 음질은 같지만 Full로 로딩했을 때 조금 더 사람이 연주한듯한 느낌으로 표현될 수 있습니다.

조금 더 리얼한 표현을 원한다면 Full을 사용하고, 빠르게 로딩하고 가볍게 쓰고자 할 때에는 Lite를 사용하세요.

2. 키트 (Kit)

Kit 탭에서 마우스로 악기를 선택하면 노란색의 사각형으로 선택한 악기를 보여주며, 아래에 간략한 악기 정보가 나타납니다.

스네어는 AB 버튼이 나타나는데 이를 클릭하면 A 스네어와 B 스네어 두 개의 스네어 중 선택할 수 있습니다.

그리고, 드럼 세트 이외의 간단한 퍼커션 악기는 오른쪽에 따로 정리되어 있습니다.

위에서 부터 Sticks, Claps, Tambourine, Woodblock.

악기 선택 시 화면 아래에는 선택한 악기의 정보가 나타나는데 우선 악기 이름이 좌측에 보입니다.

악기 이름을 클릭하면 리스트가 나타나는데 여기서 악기의 이름을 선택하면 해당 악기가 선택됩니다. 혹시 드럼 세트의 명칭과 악기의 매치(Match)가 어려울 경우 여기서 확인하실 수 있습니다.

그리고, 오른쪽에는 간단히 악기의 소리를 조절할 수 있는 노브가 존재합니다.

* STUDIO DRUMMER Knob

노브 명칭	설명
OH MIX	Overhead 마이크로 녹음된 소리의 음량을 조절. 드럼 위에 설치하여 주로 심벌의 사운드를 담아내는 마이크라 약간 고음이 강조되는 경향.
ROOM MIX	Room 마이크로 녹음된 소리의 음량을 조절. 드럼과 살짝 떨어져서 녹음 공간의 울림을 담아내는 마이크라 공간감을 조절.
TUNE	드럼의 음 높이를 조절.
ATTACK	소리가 처음에 시작되어 최대치의 음량에 도달할 때까지 걸리는 시간을 조절. * 음량 엔벨로프의 ATTACK
HOLD	최대치의 소리가 유지되는 시간을 조절. * 음량 엔벨로프의 HOLD
DECAY	최대치의 음량에서 소리가 완전히 사라질 때까지의 시간을 조절. * 음량 엔벨로프의 DECAY

3. 믹서 (Mixer)

SSL(Solid State Logic) 콘솔(Console)의 사운드와 인터페이스를 흉내낸 채널 스트립(Channel Strip)이 마련되어 있습니다. 이는 드럼 사운드를 조절하기 위하여 따로 플러그인을 걸지 않아도 된다는 것을 의미합니다. 사운드도 매우 훌륭하며 미리 준비되어 있는 프리셋 또한 장르에 어울리는 멋진 세팅으로 되어있습니다.

우선 좌측 상단을 보면 MIXER라는 메뉴가 보입니다. 여기서 리스트를 펼치면 장르별로 어울리는 사운드의 프리셋을 선택할 수 있습니다.

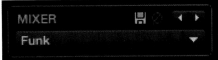

오른쪽에 있는 디스크 아이콘으로 자신의 믹스를 저장할 수 있으며 디스크 아이콘 옆에 있는 삭제 버튼으로 삭제도 가능합니다.

프리셋 리스트를 펼쳐보면 Pop, Funk, Jazz, Hard Rock, Metal, Blues & Country, Blues Rock, Ballad, Indie Rock, Indie Disco, Punk Rock, INT 이렇게 총 12개의 프리셋이 마련되어 있습니다. Rock Ballad에 필요한 드럼 사운드는 Ballad를 선택하면 간단히 만들 수 있습니다.

Ballad는 공간감이 많이 주어진 사운드로 표현되며 이를 위해 제일 위에 위치한 SEND 노브가 많이 돌아가 있는 것을 볼 수 있습니다.

채널 스트립은 CLOSE MICS와 KIT MICS, BUSES로 구분되어 있습니다. 우선 CLOSE MICS부터 살펴보면 위에서 부터 BUSES로 보내주는 양을 결정하기 위한 SEND 노브가 있습니다. 좌우 밸런스를 조절하는 PAN 그 다음 솔로와 뮤트 버튼 S, M이 있으며, 그 아래에 볼륨을 조절하는 페이더가 위치해 있습니다.
KIT MICS에는 PAN 대신에 WIDTH라는 노브가 존재하는데 이는 스테레오 마이크의 경우 양쪽의 마이크로 들어간 사운드를 조절하여 이미지를 넓게 또는 좁게 설정할 수 있는 것입니다.

BUSES의 MASTER 채널에는 솔로와 뮤트 대신 LR 버튼이 있는데 이는 드럼을 바라보는 위치를 바꾸는 기능입니다. 연주자의 위치에서와 관객의 위치는 좌우가 바뀌어야 하기에 표현하는 음악에 따라서 드럼의 좌우를 바꿀 수 있는 스위치입니다.

그리고 각각의 채널 스트립을 선택하면 채널 스트립 아래에 COMP, TAPE, EQ, TRANS와 이들의 라우팅(Routing)을 조절할 수 있는 SETTINGS가 존재합니다.

프리셋만 선택해도 좋은 소리가 나지만 기본적인 이펙터의 활용법을 알고 있다면 좀 더 자신이 원하는 소리로 만들어 갈 수 있습니다. DRUMMER Series는 거의 똑같은 구성으로 되어 있기에 하나만 알면 다른 악기도 충분히 활용할 수 있습니다. 따라서 간단히 이펙터 플러그인의 사용법을 알아보겠습니다.

1_ SETTINGS

SETTINGS에는 MIX, FX ROUTING, CHANNEL 이렇게 세 부분으로 나뉘어 있습니다.

* Settings

섹션	설명
MIX	킥과 스네어 같이 여러 개의 마이크로 하나의 악기를 녹음했을 때 마이크마다의 음량을 조절할 수 있는 섹션.
FX ROUTIING	이펙터의 순서를 조절.
CHANNEL	악기마다 출력되는 아웃풋을 설정.

2_ TRANS

TRANS를 선택하면 'TRANSIENT MASTER'라는 플러그인을 조절할 수 있습니다.

'TRANSIENT MASTER'는 총 세 개의 트랜지언트 조절 노브와 하나의 음량 노브로 구성되어 있습니다.

* Transient Master

노브	설명
INPUT	들어 오는 소스의 음량을 조절.
ATTACK	어택 부분의 트랜지언트(TRANSIENT)를 조절. -100은 멀리서 연주되는 느낌이며 +100은 가장 앞으로 나와서 연주하는 느낌으로 표현됨. 펀치력을 결정짓는 노브로 이해.
SUSTAIN	서스테인 부분의 트랜지언트를 조절하는데 이 부분은 울림의 양을 조절하는 역할로 이해.
SUSTAIN	최종적으로 출력되는 음량을 조절.

3_ COMP

COMP를 선택하면 'SOLID BUS COMP'가 나타납니다.

컴프를 조절할 수 있는 6개의 노브와 하나의 볼륨 노브가 존재합니다. 볼륨 노브는 TRANS, COMP, TAPE, EQ가 모두 동일한 역할을 하기에 설명을 생략합니다.

* Solid Bus Comp

노브	설명
THRESHOLD	컴프레서가 작동하는 레벨의 기준을 설정.
MAKEUP	압축된 소리의 음량을 보상하기 위한 노브. 쉽게 말해서 볼륨을 높여주는 장치.
RATIO	압축되는 비율을 결정. 높을 수록 강하게 압축.
ATTACK	컴프레시의 직동 시작 시섬을 결정. 어택이 빠르면 소리가 들어오면서 바로 컴프레서가 작동하고 어택이 느리면 그만큼 기다렸다가 컴프레서가 작동.
RELEASE	컴프레서가 작동한 다음 풀어지기 까지의 시간을 결정.
MIX	컴프레서를 거친 소리와 인풋 소스의 음량 비율을 결정.

4_ TAPE

과거 스튜디오에서는 아날로그 테이프 레코더(Analog Tape Recorder)를 이용해 악기를 녹음했습니다. 이 때 어쩔 수 없이 사운드에 미세한 왜곡이 생겨나는데 이 느낌이 오랜 시간 사람들에게 익숙해 졌기에 그 왜곡된 사운드를 매력적으로 느끼기도 하고 그 사운드에서 향수를 느끼기도 합니다. 그러한 아날로그 테이프 레코더의 느낌을 디지털로 재현한 이펙터가 TAPE SATURATOR 입니다.

여기에는 세 개의 노브가 존재합니다.

* Tape Saturator

노브	설명
GAIN	왜곡된 소리의 음량을 결정.
WARMTH	왜곡되는 소리의 질감을 조절.
HF	고주파 영역의 소리를 조절.

5_ EQ

SOLID G-EQ는 저음을 조절하는 LF, 중저음을 조절하는 LMF, 중고음을 조절하는 HMF, 고음을 조절하는 HF이렇게 네 부분으로 나뉘어 있습니다.

각각의 영역별로 DB, (K)HZ, Q, BELL이 존재합니다. 이 노브와 스위치에 대해 간단히 설명하겠습니다.

* Solid G-EQ

노브와 스위치	설명
DB	Decibel의 약자로 음량을 조절.
(K)HZ	(Kilo)Hertz의 약자이며 주파수의 기준을 설정. 이 기준에 따라 DB값을 올리면 그 주파수 위치의 음량이 올라감.
Q	Quality factor의 약자로 기준 주파수와 함께 조절하는 주파수의 범위를 조절. 예를 들어 440HZ의 값을 12DB 올릴 때 Q값을 왼쪽으로 돌리면 함께 조절되는 주파수가 좁아져서 430HZ부터 오르기 시작해서 급격한 경사를 이룸. 440HZ에서 로케트 모양처럼 솟구쳐 올랐다가 다시 급경사를 이루며 450HZ 정도에서 음량의 변화가 마무리 됨. 반면에 Q값을 오른쪽으로 돌리면 함께 조절되는 주파수의 범위가 넓어져서 전 주파수 대역이 모두 아주 완만한 경사를 이루며 440HZ가 가장 높은 위치에 있는 모습으로 음량이 변화하게 됨.
BELL	Q조절 노브가 없는 로우패스 필터 또는 하이패스 필터에서 지정된 Q값으로 주파수를 조절할 수 있는 스위치.

4. 옵션 (Options)

건반으로 녹음할 때 입력 감도를 설정하거나 악기의 건반 위치를 바꾸는 등의 조절이 가능한 곳이 Options탭입니다.

1_ VELOCITY

입력 벨로시티에 따라 어떻게 연주할지 결정하는 부분입니다.

커브에 따라 원하는 입력 감도를 설정할 수 있습니다.

* Velocity Curve

커브	설명
LIN	벨로시티 값에 따라 음량이 변화.
EXP+	낮은 벨로시티에서는 음량의 변화가 크게 이루어지다가 높은 벨로시티에서는 음량의 변화가 작게 표현됨.
EXP-	낮은 벨로시티에서는 음량의 변화를 잘 느끼지 못하다가 높은 벨로시티에서는 음량의 변화가 크게 표현됨.
FIX	벨로시티에 상관없이 항상 같은 음량으로 표현.

2_ MIDI MAPPING

건반에 설정되어 있는 값에 변화를 줄 수 있습니다.

우선 PRESET 메뉴를 누르면 Default, GM, V-Drums TD-12/20, V-Drums TD-3/6/8, DrumIt Five, EZDrummer, Suerior Drummer, BFD, iMap, Addictive Drums 이렇게 10가지의 맵핑 세트를 불러올 수 있습니다. 자신이 사용하는 전자 드럼과 맞추거나 익숙한 가상악기의 맵핑으로 활용할 수 있는 것이죠.

자신이 원하는 데로 변형도 가능합니다. 변화시키고자 하는 건반의 값을 NOTE에서 설정해 주세요. NOTE는 변화시킬 건반의 위치를 표현하는 것입니다. 그리고 INSTRUMENT에서 원하는 악기를 선택하고, ARTICULATION에서 연주법을 선택한 후 APPLY CHANGES? 의 √ 를 누르면 설정한 값으로 바뀌게 됩니다.

3_ KIT VIEW

Kit 탭에서 마우스를 이용한 연주가 가능하도록 설정하는 부분입니다.

TRIGGER ON MOUSE CLICK을 선택하면 Kit 탭에서 마우스로 드럼의 소리를 들을 수 있습니다.

SHOW TRIGGER STATES는 마우스로 연주할 때 드럼의 연주 상태를 표시해주는 옵션입니다. 이 것을 활성화하면 마우스 클릭할 때 드럼에 타격을 보여주는 그림이 표현됩니다.

4_ RANDOMIZE

보통 휴머나이즈(Humanize)라고 불리는 기능입니다. 사람이 연주한 것처럼 들리게 살짝 타이밍을 흐트러 뜨리거나 음량이 다르게 연주되도록 하는 것이죠.

우선 ON 버튼을 눌러야 활성화가 되며 활성화 된 상태에서 사람이 연주한 것처럼 설정해줘야 합니다. 각각 왼쪽은 정확한 연주 상태이며 오른쪽으로 갈 수록 점점 흐트러지는 것입니다.

* Randomize Knob

노브	설명
VOLUME	음량이 변화하는 범위를 설정.
VELOCITY	벨로시티가 변화하는 범위를 설정.
TIME	타이밍을 흐트러 놓는 시간의 범위를 설정.
PITCH	음 높이가 변화하도록 음폭을 설정.
TONE	음색을 변화시키는 주파수의 범위를 설정.

5. Grooves

프로 드러머가 연주해 놓은 다양한 드럼 그루브가 마련되어 있습니다. 그리고 이러한 그루브를 자신의 곡에 맞도록 변화시킬 수 있는 장치까지 마련되어 있습니다.

GROOVE BROWSER에는 다양한 장르별 Groove와 Fill이 담겨있습니다. 특히 발라드에 어울리는 드럼 그루브는 08 Ballad 폴더에 모여있습니다. 여기에서 자신이 원하는 리듬을 고른 후 (더블 클릭) 재생 버튼을 누르면 미

리 듣기도 가능하며 사방 화살표를 잡고 DAW로 끌어가면 미디 리전이 만들어집니다.

만약 04 8th Hat Closed Side파일을 선택했지만 조금 변화를 주고 싶다면 아래에 위치한 노브와 스위치를 이용해 간단히 변화를 줄 수 있습니다.

각각의 스위치와 노브가 어떤 변화를 일으키는지 설명하겠습니다.

노브와 스위치	설명
TIGHTNESS	그루브를 박자에 맞춘 리듬으로 변화시킬 수 있습니다. 기준은 GRID에 설정한 박으로 합니다. 왼쪽으로 돌리면 약간 흐트러진 리듬으로 연주되고 중간은 기본 리듬 그리고 오른쪽을 돌리면 설정한 박자에 맞도록 리듬이 변화됩니다.
GRID	TIGHTNESS와 SWING에 기준이 되는 박자를 설정합니다.
SWING	리듬에 스윙감을 부여해 엇박을 뒤로 살짝 밀어줍니다.
VELOCITY	전체적인 미디의 벨로시티를 낮추거나 줄입니다.
TEMPO	템포를 반으로 줄이거나 두 배 빨리 연주하도록 변화시킬 수 있습니다.

각각의 노브와 스위치로 그루브를 변화시키면 바로 변화가 적용되며 재생 버튼을 눌러 변화된 그루브를 들어 볼 수 있습니다. 뿐만 아니라 사방 화살표로 DAW로 끌어가면 변화된 미디 노트가 그대로 표현되어 미디 리전으로 만들어집니다.

물론 자신이 직접 그루브를 녹음하거나 미디 노트를 입력해서 만들 수 있습니다. 이 때 어느 건반에 어떤 악기가 할당되어 있는지 색깔별로 표시해 놓아서 쉽게 찾을 수 있습니다.

* 건반색상

악기	색상
킥 (KICK)	검정색
스네어(SNARE)	붉은색
탐(TOM)	청색
하이햇(HIGH-HAT)	초록색
심벌(CYMBALS)	노란색

그루브를 만들고 녹음하는 방법은 Part 2 〉 Chapter 1 〉 Section 1 〉 1 〉 (6) 그루브 만들기를 참고하세요.

각종 드럼 가상악기에는 다양한 드럼 그루브가 내장되어 있습니다. 이 미디 파일을 한 곳으로 복사해 놓고 자신의 라이브러리를 만든다면 더욱 다양한 그루브를 쉽게 찾아 쓸 수 있습니다.

예를 들어 'STUDIO DRUMMER'의 미디 파일은 'Studio Drummer Library 〉 MIDI Files'에 모여있으며, 'Drummic'a'의 미디 파일은 'Drummica 〉 Midi Files'에 모여있습니다. 이와 같이 다양한 미디 파일을 한 곳으로 모아두고 활용하면 좀 더 손쉽게 다양한 드럼 그루브를 효율적으로 활용할 수 있습니다.

주의할 점은 다른 악기의 그루브를 가져왔을 땐 건반에 지정된 악기가 다를 수 있습니다. 이럴 경우 같은 음에 위치한 미디 노트들을 전체 선택 후 원하는 악기의 위치로 바꿔주면 간단히 해결 됩니다.

Section 2
HARD ROCK

하드락(Hard Rock)의 드러밍을 이야기할 때 빼놓을 수 없는 밴드와 드러머가 있습니다. 바로 밴드 레드 제플린(Led Zeppelin)과 드러머인 존 본햄(John Bonham)입니다. 존 본햄의 드러밍은 힘있게 뻗어 나가면서도 빠르게 치고 달리는 느낌이 매우 매력적이지요. 우리가 존 본햄을 데려와서 연주 시킬 수는 없지만 그의 연주에 못지않게 훌륭한 하드락 드러밍을 간단히 구현할 수 있는 방법이 있습니다.

1. Hard Rock Sound

하드락의 전성기라면 단연 레드 제플린과 딥퍼플이 왕성히 활동하던 70년대라 할 수 있습니다. 이 시기의 사운드를 담은 Native Instruments의 "AbbeyRoad 70s Drummer"를 이용해서 간단히 70년대 하드락 드럼 사운드를 만들 수 있습니다.

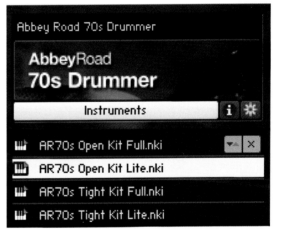

MIXER에서 Hard Rock을 선택합니다.

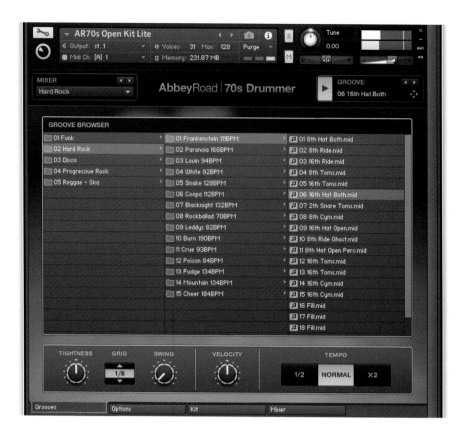

70년대 하드락 사운드의 드럼 연주가 맞는지 Grooves에서 "02 Hard Rock 〉01 Frankenstein 111BPM 〉06 16th Hat Both.mid"를 더블 클릭하여 그루브를 선택합니다.

GROOVE에서 재생 버튼을 눌러 하드락 드럼의 사운드가 나 오는지 확인하겠습니다.

하단의 믹서탭을 클릭한 후 자신이 원하는 사운드로 조절 가능합니다.

이렇게 간단히 70년대 하드락 드럼의 사운드를 만들 수 있습니다.

2. Hard Rock Groove

아래 Grooves 탭을 선택한 뒤 간단히 드래그 앤 드롭(Drag and Drop)으로 훌륭한 드럼 연주를 만들어 낼 수 있습니다.

1_ Intro
8마디 드럼 인트로를 만들겠습니다.

"02 Hard Rock 〉 01 Frankenstein111BPM 〉 06 16th Hat Both.mid"를 자신이 사용하는 DAW로 끌어가면 리전이 만들어집니다.

리전의 이름을 "01 06"으로 바꿔주겠습니다.
"02 Hard Rock 〉 01 Frankenstein111BPM
〉 06 16th Hat Both.mid"에서 계속해서 02
Hard Rock안의 그루브를 사용할 것이므로

02는 빼고 그 뒤의 숫자 01 Frankenstein 111BPM과 06 16th Hat Both.mid 앞 글자 01과 06을 리전
명으로 하여 한 눈에 알아볼 수 있도록 하였습니다.

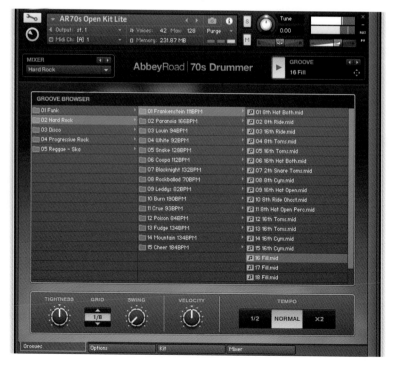

8마디 인트로 마지막에 필인을 추가하기 위
하여 "02 Hard Rock 〉 01 Frankenstein 111B
PM 〉 16 Fill.mid"을 선택하고 DAW로 끌어
간 뒤 8마디에 있던 기존 리전을 줄이고 16
Fill.mid 리전을 8마디에 위치시킵니다.

8마디 인트로를 이렇게 쉽게 드래그 앤 드롭만으로 만들 수 있습니다.

2_ Verse

하드락에 어울리는 스트레이트한 그루브를 선택합니다. 항상 그루브를 선택할 때에는 재생 버튼으
로 확인 후 마음에 드는 그루브를 DAW로 끌어가면 됩니다. 들어보지 않고 그냥 끌어가면 곡과 어
울리지 않는 경우가 많으니 꼭 들어보고 가져가시길 추천합니다.

"02 Hard Rock 〉 02 Paranoia 166BPM 〉 01 8th Hat Open.mid"의 그루브가 직선적이면서 시원한
하드락 드러밍이기에 벌스로 선택합니다.

그루브에 담겨있는 드럼 연주는 전문
연주자가 녹음해 놓은 데이터이기에
매우 훌륭하지만 모든 음악에 정확히
맞아 떨어지기는 어렵습니다. 각자의

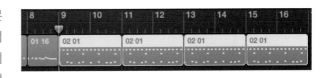

상황에 맞게 미디 데이터를 편집해서 사용하면 충분히 훌륭한 드럼 프레이즈를 만들어 낼 수 있습
니다.

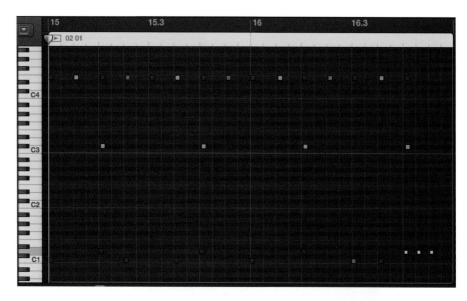

코러스로 이어지기 전 벌스 부분의 마지막에 스네어를 추가하여 필인을 만들어 주었습니다.

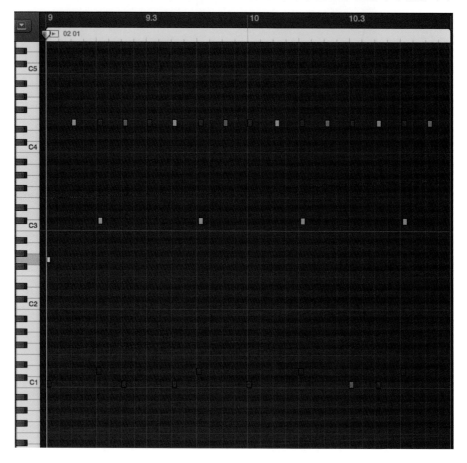

인트로에서 필인 후 벌스가 시작되는 첫 박에 심벌 연주가 들어가도록 9마디 첫 박의 E4음에 있던 노트를 G2음으로 내려서 심벌 소리가 나도록 바꿔줬습니다.

이렇게 자신의 음악에 맞춰 미디 노트를 살짝 변형시키면 전문 연주자가 연주한 느낌을 해치지 않고 곡에 맞는 멋진 드럼 사운드를 만들어 낼 수 있습니다.

3 _ Chorus

하드락 특유의 달리는 느낌을 내기 위하여 코러스에서는 라이드 심벌이 연주되는 그루브를 고르 겠습니다.

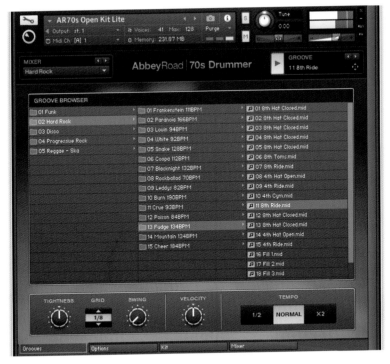

"02 Hard Rock 〉 13 Fudge 134BPM 〉 11 8th Ride.mid"를 선택하여 달리는 느낌의 코러스 드러밍 을 만들 수 있습니다.

총 8마디의 코러스 드러밍을 DAW 에 배치하고 살짝 미디 노트에 변 화를 주겠습니다.

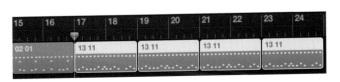

코러스 시작 부분에 F2음을 E2음 으로 낮춰 심벌 소리가 나도록 변 화를 주었습니다.

이렇게 자신이 원하는 데로 약간 의 변화를 주면서 드럼의 프레이 즈를 만들어 가면 마치 블록 놀이 를 하는 것처럼 쉽고 재밌게 드럼 그루브를 완성할 수 있습니다.

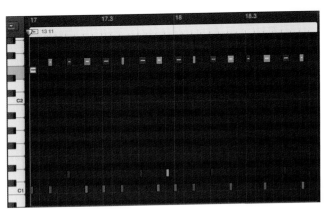

Section 3
METAL

메탈(Metal)은 락 음악 중에서도 가장 강렬한 사운드를 뿜어내는 장르입니다. 특히 메탈은 스피드가 매우 빠른곡들이 주를 이루고 있으며 사운드 또한 가장 파괴적인 느낌이 강합니다. 메탈에 어울리는 드러밍을 간단히 만들 수 있는 방법을 알아보겠습니다.

1. Metal Sound

"Studio Drummer" 중 "Session Kit – Lite"를 선택하겠습니다. Lite와 Full의 차이는 샘플의 용량에 있습니다. Full에는 좀 더 많은 샘플이 담겨 있어서 조금 더 리얼한 드럼 사운드를 만들 수 있는 대신에 컴퓨터의 리소스(Resource)를 많이 사용하기에 컴퓨터가 힘들어할 수 있습니다. 사용 방법은 동일합니다.

아래쪽에 Mixer탭을 선택하면 드럼 사운드를 조절할 수 있는 믹서 창이 나타납니다.

우측 상단에 있는 GROOVE에서 플레이 버튼을 누르면 드럼
연주를 들을 수 있습니다. 소리를 들으며 자신이 원하는 사
운드로 바꿔 나갈 수 있습니다.

좌측 상단의 MIXER에서 Metal 프리셋을 선택하면 Metal 장
르에 어울리는 과격한 드럼 사운드가 뿜어져 나옵니다.

2. Metal Groove

Metal 음악의 주축이 되는 드럼 그루브를 쉽게 블록(Block)놀이 하듯이 만들 수 있습니다. "STUDIO
DRUMMER"에 저장되어 있는 Grooves에서 어떻게 하면 좀 더 쉽게 그루브를 만들 수 있을지 알
아보겠습니다.

1_ **Intro**

메탈 음악에 어울리는 그루브를 선택하려면 아래쪽의 Grooves 탭을 선택하세요.

그루브 탭에서 "05 Metal 〉 13 Groove 170BPM 〉 16 8th Ride Toms.mid"를 선택하고 더블 클릭하
면 상단 우측의 GROOVE 박스 안에 Active Groove로 설정됩니다.

재생 버튼을 눌러서 그루브 연주를 들어볼 수 있고 마음에 들면 마우스로 사방 화살표 부분을 잡고 자신의 DAW로 끌어가면 미디 리전이 만들어집니다.

지금 선택한 "16 8th Ride Toms"는 음악의 시작을 알리는 인트로로 활용하겠습니다.

리전의 이름을 "13 16"으로 바꿔주겠습니다. "05 Metal 〉 13 Groove 170BPM 〉 16 8th Ride Toms.mid"에서 계속해서 05 Metal 안의 그루브를 사용할 것이므로 05는 빼고 그 뒤의 숫자 13 Groove 170BPM과 16 8th Ride Toms.mid의 앞 글자 13과 16을 적어 두어 나중에 어떤 그루브를 사용했는지 빨리 알아볼 수 있도록 하였습니다.

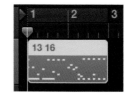

2_ Verse

인트로에서 화려한 그루브를 연주하며 시작하고 벌스에서는 그루브를 유지하면서 살짝 심플한 느낌으로 리듬을 만들겠습니다.

인트로와 같은 13 Groove 170BPM 폴더 안에 있는 그루브를 선택하면 같은 그루브를 유지하면서 살짝 변화를 줄 수 있습니다.

"05 Metal 〉 13 Groove 170BPM 〉 05 8th Hat Open.mid"를 벌스의 그루브로 선택하겠습니다.

마찬가지로 리전의 이름을 "13 05"로 바꿔줍니다.

벌스에서는 4마디 프레이즈(Phrase)가 두 번 반복되는 경우가 많습니다. 이때 뒤에 나오는 프레이즈에 살짝 변화를 주면 코러스로 넘어가는 느낌이 자연스럽게 연출됩니다.

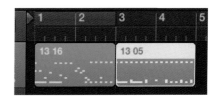

"05 Metal 〉13 Groove 170BPM 〉11 8th Hat Closed Toms.mid"를 뒤쪽 벌스에 넣겠습니다.

벌스의 4마디 프레이즈가 두 번 반복되기에 "13 05" 리전을 총 4마디 반복시키고 "13 11" 리전을 똑같이 두 번 반복시켰습니다.

그리고, 벌스에서 코러스로 넘어갈 때 필인(Fill-in)이 필요합니다. 필인 또한 그루브에서 마음에 드는 것을 고르고 가져올 수 있습니다.

필인으로 사용할 그루브는 "05 Metal 〉 25 Fill 120BPM 〉 03 Variation.mid"입니다.

뒤쪽 "13 11" 리전을 한 마디 줄이고 필인으로 활용할 "25 03"리전을 붙여 넣습니다.

이렇게 벌스 부분의 그루브를 블록 놀이하듯 손쉽게 완성할 수 있습니다. 곡의 BPM은 첫 인트로 그루브의 속력인 170BPM으로 하여 스피드를 느낄 수 있는 리듬을 얻을 수 있습니다.

3 _ Chorus

코러스에서는 Metal 음악에서 두드러지게 표현되는 더블 킥 드러밍(Double Kick Drumming)으로 스피드를 한껏 느낄 수 있도록 하겠습니다.

"05 Metal 〉 05 Groove 140BPM 〉 05 8th Hat Open.mid"를 선택하면 휘몰아치는 메탈 드러밍을 얻을 수 있습니다.

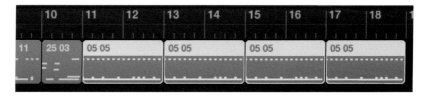

벌스 필인 뒤에 총 8마디의 코러스를 배치하면 기본 골격이 만들어집니다. 이런 식으로 메탈 장르에서 리듬을 가져와서 드럼 그루브를 손쉽게 만들 수 있습니다.

Section 4
ROCK N ROLL

척 베리(Chuck Berry)와 엘비스 프레슬리(Elvis Presley)하면 떠오르는 장르가 바로 락앤롤입니다. 가볍고 경쾌한 사운드와 신나는 리듬이 어울어진 음악으로 대중 음악의 신호탄이라 불리워질 정도로 팝 음악에 지대한 공을 세운 장르입니다.

이러한 락앤롤에 어울리는 드럼 사운드로는 Native Instruments의 "AbbeyRoad 60s Drummer"가 제격입니다.

60년대를 주름잡던 Rock N Roll 사운드의 표현 방법을 간단히 알아보겠습니다.

1. Rock N Roll Sound

"AR60s Early Kit Lite.nki"를 선택하여 60년
대 드럼 사운드를 준비합니다.

60년대 영화에 나올법한 앤틱(Antique)한 모습의 드럼 셋이 보입니다.

MIXER를 Rock n Roll로 설정한 뒤 GROOVE의 재생 버튼을
눌러 드럼 연주를 들어보면 아련한 향수를 부르는 드럼 소
리가 흘러나옵니다.

"AbbeyRoad 60s Drummer" 또한 다른 시리즈와 마찬가지로 동일한 믹서가 준비되어 있습니다. 자신이 원하는데로 손쉽게 사운드를 조절할 수 있습니다.

2. Rock N Roll Groove

60년대 히트곡들에 많이 쓰였던 그루브가 Rock N Roll 폴더에 정리되어 있습니다. 드럼 사운드를 들어보고 원하는 그루브를 선택하여 60년대 느낌의 그루브를 완성할 수 있습니다.

1_ **Intro**

신나는 락앤롤의 시작을 탐탐 리듬으로 이끌어 보겠습니다.

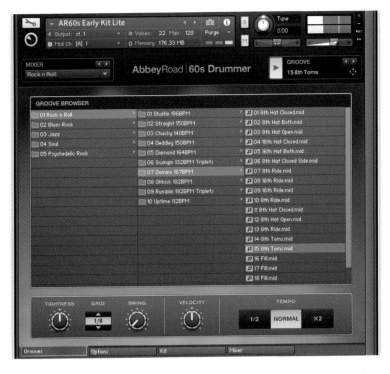

"01 Rock n Roll 〉 07 Domino 167BPM 〉 15 8th Toms.mid"를 인트로 그루브로 만듭니다.

01 Rock n Roll 폴더의 07번째 스타일의 15번째 미디 파일을 고른 것이라 "07 15"라는 이름으로 리전을 정리해서 알아보기 쉽게 하였습니다.

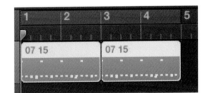

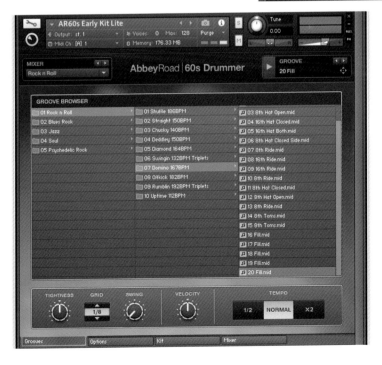

4마디에 "01 Rock n Roll 〉 07 Domino 167BPM 〉 20 Fill.mid"
를 넣어서 필인을 만들어줍니다.

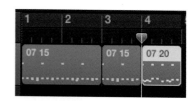

2_ Verse

벌스에서는 탐에서 하이햇으로 돌아와 깔끔한 리듬을 연주하는 것이 좋습니다.

"01 Rock n Roll 〉 07 Domino 167BPM 〉 02 8th Hat Both.mid"를 선택하고 다섯 번째 마디에 8마
디 붙여넣어 주세요.

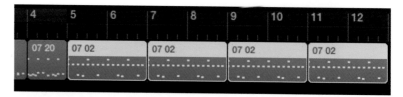

벌스에서는 간단한 필인을 삽입하여 가볍게 코러스로 넘어가겠습니다.

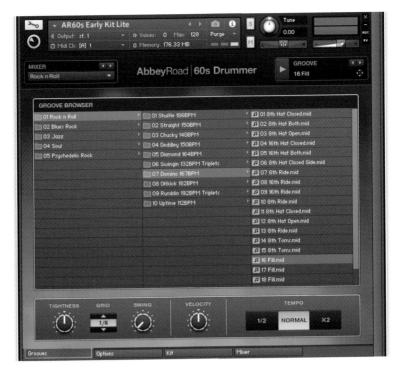

1마디 필인이 들어가기 위해 "01 Rock n Roll 〉 07 Domino 167BPM 〉 16 Fill.mid"를 삽입합니다.

필인에 들어있는 하이햇은 클로즈드 하이햇이고 벌스 리듬의
하이햇은 하프 오픈 하이햇입니다. 둘의 느낌이 갑자기 달라
지기에 어색한 느낌이 들어서 동일한 위치로 필인의 하이햇
노트를 옮겨주겠습니다. 그러면 한결 부드럽게 연결되는 연주
로 표현할 수 있습니다.

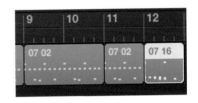

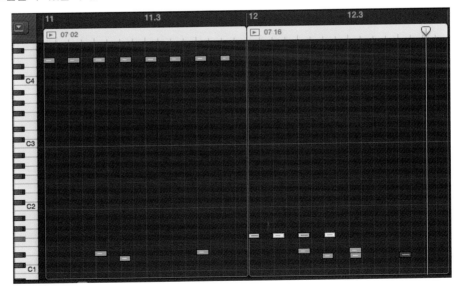

원래는 F#1 노트에 클로즈드 하이햇으로 되어 있어서 다음과 같이 E4음으로 노트를 끌어 올려주면
같은 느낌의 하이햇을 연주하게 됩니다.

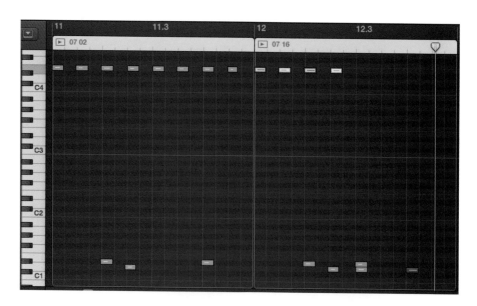

이렇게 어색한 부분은 살짝 미디 노트를 편집하여 어울리게 만들어 주면 간단히 훌륭한 그루브를 내 곡에 적용할 수 있습니다. 물론 어색한 것을 바꿔주는 정도가 아니라 노트의 위치를 변화시켜 전혀 다른 사운드로 만들어 낼 수도 있고 약간씩 변화하는 그루브를 만들어 낼 수도 있겠죠. 각자의 아이디어대로 여러 방법으로 활용하여 자신의 곡과 가장 어울리는 그루브를 만드세요.

3 _ **Chorus**

신나는 락앤롤답게 코러스에서는 라이드로 달리는 느낌을 주겠습니다.

라이드로 리듬을 이끌고 있는 "01 Rock n Roll 〉 07 Domino 167BPM 〉 08 16th Ride.mid"를 코러스 리듬으로 선택하고 총 8마디를 채워 주겠습니다.

8비트 느낌을 유지하기 위해 리듬에 살짝 변화를 주겠습니다.

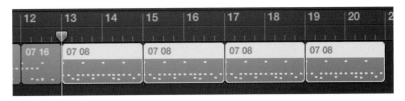

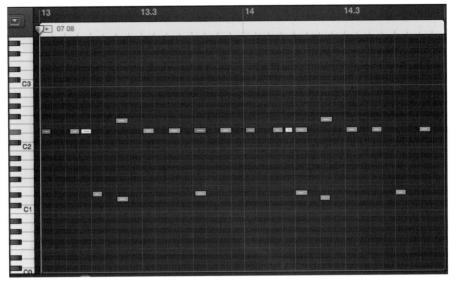

D#2음에서 첫 번째 박 4분할 박자 위치에 있는 16분 음표를 제거해 주세요. 그러면 다음과 같이 8비트로 변화하게 됩니다.

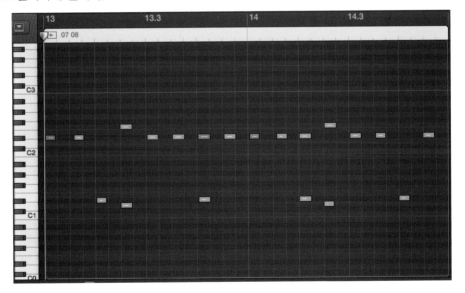

전체적으로 8비트 패턴으로 연주하게 되어 통일감이 형성되기에 리듬을 느끼기 쉬워집니다.
코러스가 시작되는 부분에 라이드 심벌이 아니라 크래쉬심벌을 연주하면 좀 더 변화감이 크게 형성되며 코러스로 넘어갔음을 확실하게 느낄 수 있게 해 줍니다.

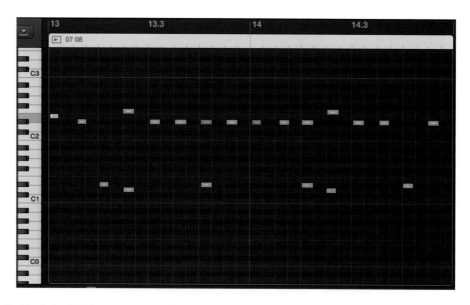

D#2음 첫 번째 박자의 노트를 E2로 옮기면 크래쉬 심벌 사운드로 변화시킬 수 있습니다. 이렇게 필요한 곳 마다 자신의 곡에 맞춰 미디 노트를 편집하면 간단히 멋진 그루브를 만들 수 있습니다. 훌륭한 그루브를 직접 마우스로 찍는 수고를 덜고 더욱 좋은 사운드를 만들 수 있는 가장 좋은 방법은, 바로 이렇게 미리 전문가가 연주해 놓은 그루브를 가져와서 자신의 곡에 맞추는 것이라 생각합니다.

Chapter 2
BASS

: 쉽게 표현하는 락 베이스

락 음악에서 베이스는 살짝 거친 느낌으로 연주될 때가 많습니다. 다른 여러 장르에서는 부드럽게 저음에서 화음의 토대가 되어주는 느낌이라면 락 음악에서는 약간은 오버하며 거친 사운드로 리듬의 토대가 되는 느낌이라고 할 수 있습니다. 거친 사운드를 위하여 줄을 강하게 연주하여 넥(Neck)과 플렛(Flat)에 부딪히는 사운드를 일부러 표현하기도 하죠. 이러한 락 베이스를 가상악기로 구현할 때 어떻게 하면 좀 더 락 음악에 어울리는 강력한 베이스를 만들 수 있을지 알아보겠습니다.

Section 1
RICKENBACKER BASS

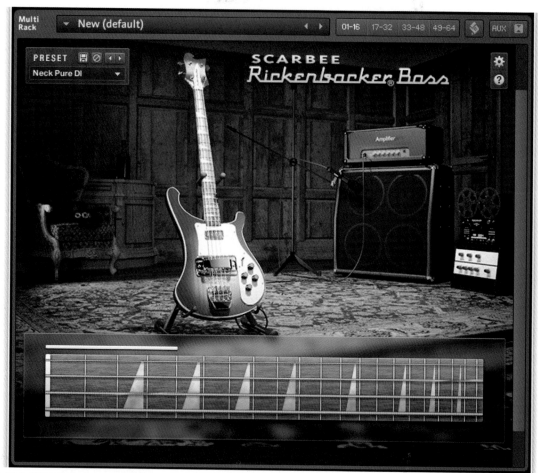

♪ SCARBEE Rickenbacker Bass

Native Instruments의"SCARBEE Rickenbacker Bass"는 실제 "Rickenbacker Bass"의 사운드를 샘플링해서 만든 가상악기입니다. "Rickenbacker Bass"는 비틀즈의 베이스로 유명하지만 비틀즈 이외에도 수 많은 락 음악 밴드에서 연주된 악기이기도 합니다. 특유의 강렬한 느낌으로 인해 락 음악에서 많이 활용되어 왔습니다.

1. USER INTERFACE

"SCARBEE Rickenbacker Bass"는 하단의 넥 이미지에서 연주하고 있는 내용을 확인할 수 있으며, 베이스 기타 이미지와 뒷쪽의 장비를 클릭하면 하단의 넥 이미지가 각각의 사운드 조절 노브 등으로 바뀌게 됩니다.

앰프를 선택해보죠. 하단에 앰프의 사운드를 조절할 수 있는 다양한 노브가 나타나고, 이를 이용해 원하는 사운드로 조절할 수 있습니다.

왼쪽의 상단에 위치한 전원 버튼을 주황색으로 활성화하면 앰프를 거친 사운드가 나오게 됩니다.

* AMPLIFIER 노브 설명

노브 이름	설명
GAIN	LOW는 베이스의 음량을 부드럽게 조절할 수 있고 HI는PREAMP에서 증폭하는 음량이 급격하게 늘어남
MASTER	베이스의 최종 음량을 결정
PREAMP	베이스의 사운드를 받을 때 어느 정도 음량으로 받을 지 결정
BASS	저음역대 주파수를 조절
MID	중음역대 주파수를 조절
TREBLE	고음역대 주파수를 조절
PRESENCE	사운드의 존재감을 조절하며 노브를 오른쪽으로 돌리면 소리가 점점 밝아짐

앰프 아래의 캐비넷(Cabinet)을 선택하면 여러 다양한 모델을 고를 수 있는 화면이 나타나며 이를 이용해 각기 다른 사운드로 변화를 줄 수 있습니다.

왼쪽 상단의 전원 버튼을 주황색으로 활성하면 캐비넷을 통해 나오는 사운드를 만들 수 있습니다. 캐비넷 이미지 아래에는 특징을 알 수 있는 간단한 이름이 적혀있습니다.

캐비넷 옆의 테이프 레코더를 선택하면 테이프 레코더로 녹음한 사운드로 변화를 줄 수 있습니다.

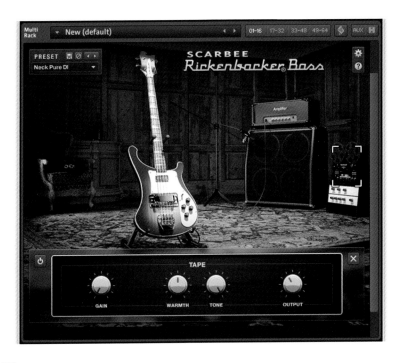

* TAPE 설명

노브 이름	설명
GAIN	레코더로 들어가는 음량을 조절
WARMTH	테이프 녹음으로 인한 착색 조절
TONE	녹음된 사운드의 톤 조절
OUTPUT	테이프 레코더를 거친 사운드의 음량을 최종적으로 조절

테이프 레코더 아래에는 컴프레서가 있어서 음량을 조절할 수 있습니다.

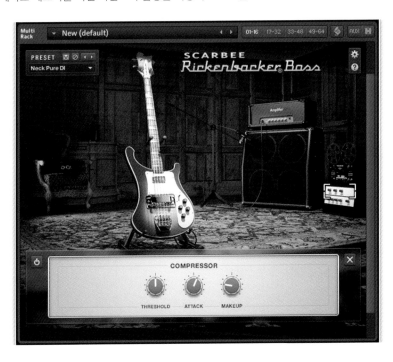

컴프레서

노브 이름	설명
THRESHOLD	컴프레서의 작동 음량 결정
ATTACK	컴프레서의 작동 시간 결정
MAKEUP	컴프레서로 압축한 음량을 증폭시킴

컴프레서 아래에는 이퀄라이저가 있습니다. 전체 사운드의 음색을 조절하는 용도로 활용할 수 있습니다.

* 이퀄라이저

노브 이름	설명
BASS	저음역대 주파수 조절
LOW MID	중저음역대 주파수 조절
HI MID	중고음역대 주파수 조절
TREBLE	고음역대 주파수 조절
OUTPUT	이퀄라이저를 거친 소리의 최종 음량 조절

* 픽업

컨트롤러	설명
VOLUME	NECK PICKUP과 BRIDGE PICKUP의 음량 조절
TONE	NECK PICKUP과 BRIDGE PICKUP의 톤 조절
NECK, BOTH, BRIDGE	픽업(PICKUP) 선택 (넥 픽업, 둘 다, 브릿지 픽업)
RICK-O-SOUND	픽업을 BOTH로 놓았을 때 스테레오 사운드로 만들어 줌

다양한 프리셋이 마련되어 있습니다. 여러 개의 프리셋 사운드를 들어보고 자신이 원하는 사운드와 가장 유사한 사운드를 선택한 뒤 앰프, 캐비넷, 테이프 레코더, 컴프레서, 이퀄라이저 그리고 픽업을 조절하여 자신이 원하는 사운드를 표현할 수 있습니다.

2. Sound Performance Setting

Sound와 Performance의 내용을 정리해서 보겠습니다.

* Sound

명칭	설명
Vibrato Speed	비브라토(떨림) 속력 조절
Vibrato Control	비브라토의 CC(컨트롤 넘버)값 결정
Scrape offset	현을 긁는 소리 조절
Scrape Mix	현 긁는 소리의 길이 조절
Release Level	소리가 사라지는 음량 조절
Release Decay	소리가 사라지는 속력 조절
Instrument Noise	험 또는 히스 노이즈 조절

* Performance

명칭	설명
PLAYER PROFILE	장르별 연주자의 특성을 대입
AUTO STROKE DETECTION	손가락의 변화시간을 자동으로 조절
CHORD MODE TOLERANCE	여러 음을 동시에 연주할 때 코드로 표현하거나 솔로로 표현하는 시간을 조절
PLAYING POSITION CONTROL	왼손 연주포지션을 CC(컨트롤 넘버)에 할당
SLIDE MODE CONTROL	슬라이드 CC(컨트롤 넘버) 값을 결정

Section 2
BASS LINE

락 음악에서 쓰이는 베이스 연주 기법을 어떻게 표현할 수 있는지 알아보겠습니다.

1. 8 Beat Rhythm

속력이 빠른 곡에서는 8비트 리듬으로 간결하게 연주하는 패턴이 많이 쓰입니다.

♪ 8 beat Rhythm

건반으로 직접 녹음하면 노트의 사이가 좀 멀리 떨어지는 경우가 있습니다. 이때 살짝 노트의 길이를 늘려주어야 베이스 기타의 느낌으로 끊이지 않고 연주가 가능합니다.

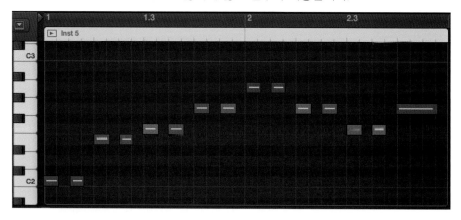

이렇게 짧게 끊겨있으면 베이스의 연주가 자연스럽게 표현되지 않습니다. 녹음된 전체 노트를 다 같이 살짝 늘려주어 간격을 최소화하면 베이스의 연주 느낌으로 자연스럽게 표현할 수 있습니다.

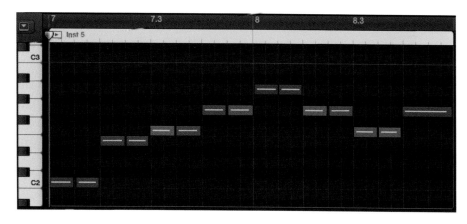

이 정도로 거의 노트가 붙어 있도록 조절해 주어야 합니다. 여기서 주의할 점은 노트가 겹치면 뒤에 따라오는 노트의 소리가 나지 않을 수 있으니 겹쳐지는 부분이 없도록 신경써야 합니다.

비단 8비트 뿐만 아니라 다양한 리듬에서 베이스는 연속된 단음의 리듬을 연주할 경우가 많습니다. 이때 노트의 간격이 길어지면 베이스가 딱딱 끊기는 소리로 연주되어 어색한 느낌이 나타납니다. 이어지는 리듬에서 끊어지지 않고 부드럽게 이어질 수 있도록 노트의 간격을 아주 짧게 표현하는 것이 중요합니다. 물론 뮤트가 필요하거나 리듬을 일부러 끊어야 할 경우에는 당연히 간격을 조절해야겠지요.

2. With Kick

베이스의 리듬이 드럼의 킥과 동일하게 연주되는 경우는 락 음악 뿐만 아니라 여러 장르에서 다양하게 표현되고 있습니다.

♪ Bass Rhythm

베이스의 리듬만 보면 정박과 엇박이 서로 주고 받으며 연주되고 있는 것을 볼 수 있습니다. 다음 드럼 악보에서 킥을 보면 베이스의 리듬과 같이 흐르는 것을 확인할 수 있습니다.

♪ Drum Rhythm

그런데 킥과 베이스가 완벽히 일치하지 않고 베이스가 스네어의 네 번째 박자와 함께 연주되고 있습니다. 이렇듯 킥과 베이스가 같은 리듬을 연주할 경우에도 완벽히 킥에 베이스가 일체가 되어 연주되는 경우보다는 살짝 다른 노트가 포함되어 있는 경우를 더 많이 찾을 수 있습니다.

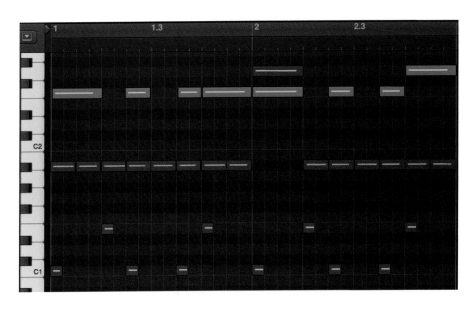

피아노 롤에서 보면 빨간색이 드럼이고 초록색이 베이스입니다. 드럼의 킥과 베이스가 일치하다가 네 번째 박에서 스네어와 베이스가 한 박을 연주하는 것을 볼 수 있습니다.

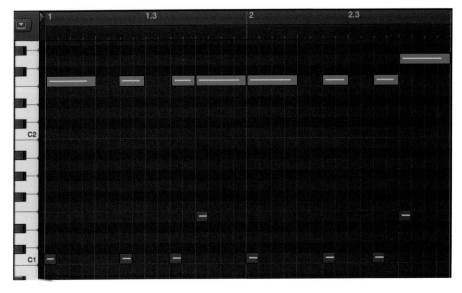

조금 더 보기 좋게 일치하는 리듬만 남겨놓으면 이처럼 표현됩니다.

이 때에도 피아노 롤에서 보여지는 것과 같이 베이스는 같은 음을 연주할 때 노트의 간격이 멀리 떨어져 있지 않으며 쉼표 부분에서만 정확히 쉬어주는 것을 볼 수 있습니다. 그와는 반대로 드럼은 음표의 길이와 상관없이 연주 타이밍만 맞춰 주고 있는 것을 알 수 있습니다. 이 두 악기의 특성이 다르기 때문에 이러한 표현 방법이 사용되고 있는 것입니다. 드럼은 일반적으로 음의 길이를 조절 하는 악기가 아니기에 이렇게 타이밍만 맞추고, 베이스는 음의 길이가 중요한 표현 방법이기에 음 의 길이를 끝까지 표현해 주어야 하는 것입니다.

3. Riff

코드 진행에 맞춰 계속해서 음이 변화하며 리듬을 이끌어 가는 표현 방법도 많이 쓰입니다. 하지만 베이스 리프를 만들고 이 리프를 반복하는 방법도 락 음악에서 빼 놓을 수 없는 표현 방법 중 하나입니다.

♪ Bass Riff

악보와 같이 베이스 리프를 만들었다면 이를 반복하며 강렬하고 직선적인 리듬으로 곡을 이끌어 갈 수 있습니다.

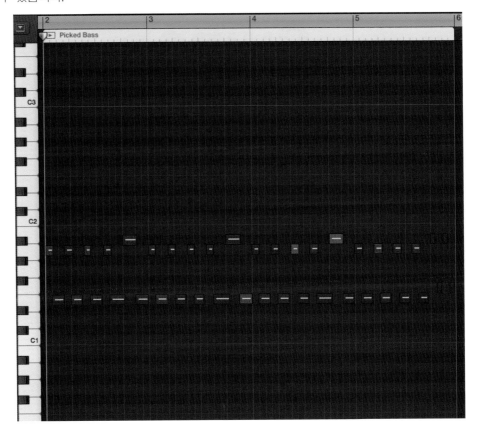

이러한 리프는 기타와 옥타브 유니즌(Octave Unison)으로 표현하기도 하고 베이스만 리프를 연주하고 다른 악기들은 변화하며 곡이 구성되기도 합니다.

리프가 화려하면 다른 악기가 단순해 지거나 그 반대로 곡 전체의 밸런스에 신경쓰며 작업하면 좀 더 좋은 작품을 완성할 수 있습니다.

Chapter 3
GUITAR

: 현실감 나는 록 기타 사운드

록 기타 사운드는 사람이 직접 연주하는 것과 같은 느낌을 표현하기가 매우 어렵습니다. 따라서 직접 연주하는 경우가 훨씬 많지만 그렇다고 해도 가상악기를 활용하여 어느 정도 사람이 연주한듯한 느낌을 살릴 수 있기도 합니다. 물론 매우 정밀하게 사운드를 표현히거나 어떤 특정한 프레이즈를 잘 표현한 경우에는 가상악기로 표현한 경우에도 사람이 연주한 것과 구분이 어려운 경우도 있습니다. 어떻게 하면 좀 더 자연스러운 기타 사운드를 가상악기로 표현할 수 있는지 알아보겠습니다.

Section 1
GUITAR SOLO
(기타 솔로)

기타 솔로는 락 음악에서 매우 큰 비중을 차지합니다. 보컬 없이 기타가 주된 멜로디를 연주하는 락 음악 곡도 매우 다양하게 있는 것을 보면, 락 음악에서의 솔로 기타가 얼만큼 큰 비중을 차지하고 있는지 알 수 있습니다. 어떻게 가상악기로 일렉 기타 솔로의 느낌을 표현할 수 있는지 알아보겠습니다.

1. ELECTRIK GUITAR

Native Instruments의 Kontakt 5의 Factory Library 에는 매우 다양한 악기들이 포함되어있습니다. 그중 Band 폴더에 들어가면 Guitar가 있고 여기서 Elektrik Guitar를 선택하면 전자 기타 가상악기가 준비됩니다.

Elektrik Guitar는 사용자의 기호에 맞게 기타의 사운드를 조절할 수도 있고 연주 방법을 선택할 수 있도록 다양한 기능이 포함되어 있습니다.

♪ Elektrik Guitar

크게 INSTRUMENT CONTROLS와 INSTRUMENT FX 그리고 MASTER FX 세 부분으로 나뉘어 있습니다.

* INSTRUMENT CONTROLS

컨트롤	설명
SOLO	단음으로 연주할 것인지 화음으로 연주할 것인지 설정
POSITION	왼손의 위치를 조절하여 연주되는 기타줄 결정
STYLE	BASIC, MUTED, HARMONIC, FLAG 연주 기법 설정
PICKUP	기타의 픽업을 선택하여 사운드 조절

* INSTRUMENT FX

컨트롤	설명
COMP	컴프레서 작동 스위치
WAH	OFF, MOD WHEEL, AUTO 세 가지를 선택 OFF는 와와 효과 끔, MOD WHEEL은 모듈레이션 휠로 와와 효과 조절, AUTO는 자동으로 와와 효과 표현
DIST TONE	디스토션의 톤 조절
DRIVE	드라이브 양 조절

Elektrik Guitar는 사용자의 기호에 맞게 기타의 사운드를 조절할 수도 있고 연주 방법을 선택할 수 있도록 다양한 기능이 포함되어 있습니다.

CABINET은 그림 아래에서 캐비넷의 종류를 선택하고 AIR 노브를 이용해 공간의 느낌을 조절합니다.

EQ는 저음, 중음. 고음역대의 사운드를 페이더를 이용해 조절할 수 있습니다.

Option 탭에서는 가상악기의 세부 설정을 할 수 있습니다.

* Band Options

옵션	설명
KEY RANGE	입력되는 건반의 범위 조절
VELOCITY	벨로시티 값의 범위와 입력 값에 따른 표현 커브 조절
PB RANGE	피치밴드의 범위 조절
TRANSPOSE	입력되는 음의 높이 조절
TUNING	기타 조율 방법 선택
RANDOMIZE	VOLUME, VELOCITY, PAN, PITCH의 이탈 정도를 조절하여 휴머나이즈 효과 조절

2. SOLO 표현

기타 솔로를 표현하기 위해서는 기타의 현을 연주할 때 약간씩 비브라토 효과를 주는 것이 리얼한 일렉 기타의 사운드를 만들때 도움이 됩니다.

♪ 애국가

우리나라의 국가인 '애국가'중 일부분을 연주하였습니다. 음이 길게 연주되거나 만들어지는 라인 중 가장 높은 음일 때 살짝 비브라토 효과를 주어 마치 기타 연주자가 직접 연주한 것과 유사한 느낌을 표현합니다.

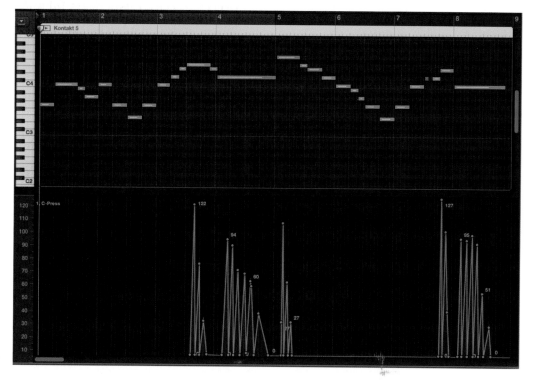

"Elektrik Guitar"에서는 애프터 터치(After Touch) 기능이 있는 건반으로 입력한다면 건반을 연주하다가 비브라토 효과가 필요한 곳에서 건반에 힘을 주어 누르면 건반이 받은 압력 값에 따라 비브라토 효과가 적용됩니다.

물론 직접 Channel Pressure 값을 마우스로 그려서 동일한 효과를 표현할 수 있으며 PitchBend를 이용해 이와 같은 효과를 줄 수도 있습니다.

Pitchbend를 이용할 때에는 음을 높이기만 하는게 아니라 음을 살짝 높였다 낮췄다 하는 것이 비브라토 느낌을 좀 더 자연스럽게 낼 수 있습니다. 기타 연주자가 손가락을 좌우로 흔들며 비브라토를 표현하면 음이 실제로 살짝 높아졌다 낮아졌다를 반복하기 때문입니다.

3. SOLO 사운드

전문 연주자들도 녹음에 활용하는 가상의 기타 이펙터 "Guitar Rig 5"를 이용하면 간단히 훌륭한 전자 기타 사운드를 표현할 수 있습니다. 이를 위해 우선 "Elektrik Guitar"의 설정 값을 조절하겠습니다.

그림과 같이 INSTRUMENT CONTROLS에서 SOLO를 ON으로 위치시켜 솔로 연주에 어울리는 사운드를 얻을 수 있습니다. 그리고 "GUITAR RIG 5"에서 이펙터 사운드를 표현할 것이기 때문에 INSTRUMENT FX에서 WAH, DIST TONE, DRIVE를 모두 제일 왼쪽으로 돌려서 깨끗한 기타 사운드가 나오도록 합니다. 물론 MASTER FX에 있는 REVERB, CABINET, EQ도 모두 비 활성화 시켜 주겠습니다.

취향에 따라 "Elektrik Guitar" 대신 "Solo Guitar"를 활용할 수 있습니다.

4. Guitar Rig Preset

♪ Guitar Rig 5

"GUITAR RIG 5"의 Presets에서 솔로 기타 사운드에 어울리는 효과를 선택하는 것으로 간단히 이펙팅을 완료할 수 있습니다.

Guitar Amps 〉 Hot Solo* 〉 001 94 Rock Solo를 선택하면 다음과 같이 다양한 이펙터가 자동으로 장착됩니다.

이렇게 간단히 일렉 기타의 사운드를 만들 수 있습니다.

Section 2
POWER CHORDS

1. 1도와 5도

E – B – A 코드로 진행하는 기타 프레이즈가 있습니다. 일렉 기타 사운드를 표현하는 방법 중에는 화음구성음을 전부 연주하는 대신에 파워코드(Power Chords)라는 방법으로 연주하게 되는 경우가 많습니다. 예를 들어 E코드의 구성음은 E, G#, B 이지만 파워 코드에서는 1도와 5도음 즉 E와B음만 잡고 연주하게 됩니다. 마찬가지로 B 코드도 3음인 D#은 제외하고 B와 F#만 연주하는 것이 파워 코드입니다.

♪ Power Chord 1–5

악보에서처럼 두 음만 연주하는 형태로 파워 코드를 표현할 수 있습니다. 이것을 피아노 롤에서 보면 다음과 같습니다.

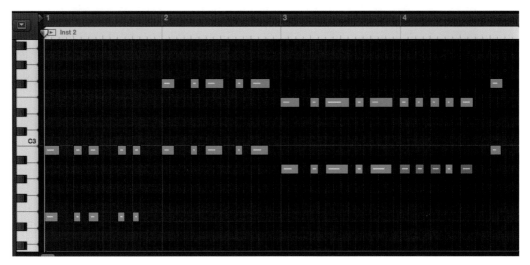

기타도 베이스 기타와 같이 동일한 음을 연주할 때 노트 사이의 간격을 짧게 가져가는 것이 좋습니다.

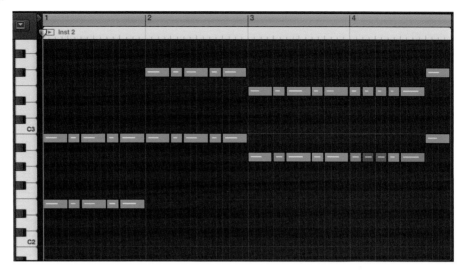

여기에 어울리는 이펙터 스타일을 찾아 연결할 수 있습니다.

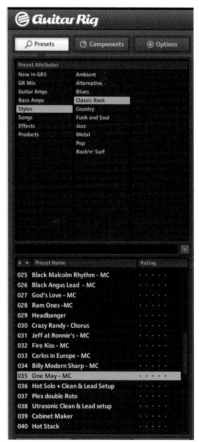

Style 〉 Classic Rock 〉 035 One May – MC 를 선택하면 상쾌한 느낌의 일렉 기타 사운드를 얻을 수 있습니다. 프리셋 이름에 MC가 붙은 것은 캐비넷에 마이킹해서 만드는 사운드입니다.

기타의 주법을 바꿔서 연주하면 또 다른 느낌의 사운드를 얻을 수 있습니다.

INSTRUMENT CONTROLS의 노브 중 STYLE 노브를 돌리면 MUTE를 선택할 수 있습니다. 이렇게 선택한 뒤 연주하면 일렉 기타를 뮤트 주법으로 연주하게 되고 여기에 가상의 이펙터를 연결하면 좀 더 리드미컬한 파워코드 사운드를 들을 수 있습니다.

"Guitar Rig 5"의 프리셋 중 Guitar Amps 〉 Rammfire 〉 004 Pure Rammfire A를 선택하겠습니다. 이렇게 설정하면 리드미컬한 사운드를 들을 수 있습니다. 그런데 "Elektrik Guitar"의 MASTER FX를 끄지 않아서 리버브와 캐비넷 사운드가 함께 연주되고 있습니다. 이럴 때에는 좀 어지럽고 지저분한 사운드가 표현되기 쉽습니다. 질감이 마음에 들지 않는다면 "Elektrik Guitar"의 MASTER FX에 있는 리버브와 캐비넷의 전원을 끄고 다시 사운드를 조절할 수 있습니다.

2. 1도, 5도 그리고 8도

이번에는 일렉 기타의 파워코드를 연주할 때 1도 5도 8도 음을 함께 연주하도록 하겠습니다. 파워코드를 잡을 때 이렇게 3개의 음이 함께 연주되도록 하면 좀 더 풍성한 사운드를 만들 수 있습니다.

Power Chord 1-5-8

이 때에도 물론 노트 간격이 벌어지지 않도록 하는 것이 좋지만 특별히 리듬감을 주고 싶은 부분에서는 노트를 띄어 놓는 것도 하나의 방법이 될 수 있습니다.

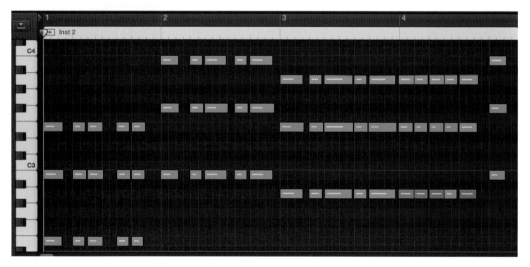

3. Guitar Rig Components

이번에는 이펙터를 프리셋으로 걸지않고 원하는 이펙터를 직접 하나하나 골라서 걸어 보겠습니다.

콤포넌트를 선택합니다.   앰프를 선택합니다.

앰프 중에 가장 마음에 드는 녀석을 골랐습니다.

이번엔 캐비넷을 선택합니다.

앰프 아래에 캐비넷이 장착되었습니다.

딜레이와 에코에서 또 원하는 장비를 선택합니다.

애코 볼륨을 살짝 줄이거나 높여서 원하는 효과를 줄 수 있습니다.

디스토션을 빼고 싶을 때에는 이펙터를 마우스로 선택하고 키보드의 Delete키를 누르면 간단히 랙에 걸려있는 이펙터를 뺄 수 있습니다.

다이나믹(Dynamics)에서 컴프를 선택합니다.

필요 없는 이펙터는 건너 뛰고 넣고 싶은 이펙터만 골라서 넣으면 됩니다.

리버브도 하나 넣겠습니다.

옆 그림과 같이 구성되
었습니다.

마스터 FX를 불러오겠습니다.

마스터 FX는 마우스로 선택이 되지 않고 따라서 키보드로 삭제도 할 수 없습니다. 우측 상단의 아이콘을 눌러서 보이게 하거나 숨기거나 할 수 있습니다.

언제든 마음대로 콤포넌트(Components)에서 원하는 이펙터를 가져올 수 있고 이펙터를 마우스로 잡고 위 아래로 조절할 수 있습니다. 이펙터는 위에서부터 아래로 연결되어 소리가 변형되며 이펙터의 순서에 따라서 최종 결과물이 달라집니다.

프리셋을 선택하여 좋은 소리를 쉽게 찾을 수도 있고 위에서 본 것처럼 하나씩 소리를 만들어 갈 수도 있습니다. 하지만 역시 프리셋을 고른 뒤 자신이 원하는데로 살짝 변형해서 사용하는 것이 가장 효율적일 것입니다.

Part 4

JAZZ

아메리카 대륙에서 아프리카와 유럽의 감성이 한곳에 어울어지며 탄생한 장르가 재즈(Jazz)입니다. 재즈의 탄생으로 인해 우리는 훨씬 다양한 음악적 기법과 화성들을 사용할 수 있게 되었고 이들은 현대의 음악에 굉장히 폭넓게 영향을 끼치고 있습니다.

재즈는 악기의 구성에 따라 트리오(Trio)부터 빅 밴드(Big Band)까지 다양한 이름으로 밴드의 형태를 구분합니다.

* 재즈 연주 밴드 구성

인원수	명칭	주요 악기
1	SOLO	Saxophone, Trumpet, Piano 등 혼자 연주하는 형태
2	DUET	Piano + Saxophone, Vocal + Piano, Trumpet + Saxophone 등
3	TRIO	Piano + Upright Bass + Drum Set 재즈밴드의 기본 형태
4	QUARTET	Piano + Upright Bass + Drum Set + Saxophone 가장 흔한 구성
5	QUINTET	Piano + Upright Bass + Drum Set + Saxophone + Trumpet
6	SEXTET	Trio + Saxophone + Trumpet + Trombone
7	SEPTET	Trio + Alto Sax. + Tenor Sax. + Trumpet + Trombone
8	OCTET	Septet + Vibraphone
9	NONET	Septet + Vibraphone + Vocal
10~	BIG BAND	Trio + Horn Section + Woodwind Section

위에 정리한 표는 대략적으로 이런 구성이 많더라 하는 정도의 참고용입니다. Trio에서 Drum Set 대신 Saxophone으로 대체하거나 Quartet에서 Saxophone 대신에 Vocal이 들어가는 등 여러 다양한 형태의 구성이 가능합니다.
참고로, Horn Section은 금관 악기를 말하며 Woodwind Section은 목관 악기를 말합니다.

모든 구성의 재즈밴드 표현 방법을 알아보기에는 한 권의 책으로도 모자랄 것입니다. 본 서에서는 가장 보편적인 형태인 Quartet 구성의 재즈밴드 표현을 컴퓨터에서 효과적으로 간단히 표현하는 방법에 대해 살펴보겠습니다.

Chapter 1
JAZZ DRUMS

: 스윙 리듬과 표현 방법

재즈의 리듬은 단연 스윙입니다. 스윙 리듬은 정확히 수치로 계산되는 다른 리듬과는 다르게 각각의 연주자마다 스윙감이 살짝 다를 수 있습니다. 하지만 대체적으로 3연음 계열의 리듬으로 표현하면 스윙감을 비슷하게 표현할 수 있습니다. 예를 들어 8비트 셔플 리듬에서 홀수 박자는 그냥 4비트 리듬으로 연주하고 짝수 박자에서 셔플로 연주하는 형태가 스윙의 느낌과 가장 비슷하게 표현됩니다.

♪ Shuffle

악보에서 Shuffle 리듬의 홀수박을 4비트로 바꿔주면 다음과 같은 스윙 리듬이 됩니다.

♪ Swing Rhythm

스윙 리듬에서 3연음으로 연주되는 8비트의 뒷박은 "정확히 3연음으로 연주해야만 스윙 리듬이 된다!"하지 않고 살짝 타이밍이 당겨질 수도 있습니다.

SWING STICK

재즈 드럼은 연주하는 도구를 크게 두 가지로 나눌 수 있습니다. 하나는 스틱(Stick)이고 다른 하나는 브러쉬(Brush)입니다. 이번 파트에서는 스틱을 이용한 드럼 사운드를 표현하는 방법을 알아 보겠습니다.

♪ Jazz Stick

1. AbbeyRoad 60s Drummer

♪ AbbeyRoad 60s Drummer

재즈 드럼 사운드를 표현하기 적절한 드럼은 Native Instruments의 "AbbeyRoad 60s Drummer"가 아닐까 합니다. 재즈의 황금기를 살짝 넘어선 시대의 드럼을 모델로 했지만 깔끔하고 정겨운 사운드가 일품입니다.

사용법은 다른 AbbeyRoad Drummer시리즈와 거의 동일하며 특히 재즈 프리셋이 마련되어 있어 이를 활용하면 간단히 재즈에 어울리는 드럼 사운드를 만들 수 있습니다.

이렇게 프리셋을 고르기만 해도 훌륭한 사운드를 들려주지만 각자의 취향에 따라 조금씩 사운드를 조절할 수 있습니다. 약간 분리된 킥 드럼의 사운드를 만들고 밸런스를 살짝 조절해 보겠습니다.

좌측 하단의 인스트루먼트라고 되어 있는 부분에서 Kick을 선택하면 킥 드럼의 사운드가 오버헤드 마이크와 룸 마이크로 수음되는 정도를 조절할 수 있습니다.

OH MIX와 ROOM MIX를 둘다 왼쪽으로 돌려서 수음되는 양을 조절하였습니다. 이렇게 하면 킥 드럼의 사운드가 다른 악기들과는 살짝 분리가 됩니다.

이번에는 스네어 마이크에 킥 드럼 사운드가 수음되는 정도를 조절하여 분리도를 좀 더 높여 보겠습니다.

위 그림과 같이 믹서에서 SNARE를 선택한 뒤 BLEED의 양을 조절하면 스네어 마이크로 들어가는 킥 드럼의 사운드를 조절할 수 있습니다. 이 정도로 조절한 뒤 전체적인 밸런스를 맞춰 주겠습니다.

킥 드럼과 스네어 드럼의 사운드를 살짝 줄이고 하이햇은 완전히 줄여서 직접 수음되는 음을 제거했습니다. 그리고 OH ST의 WIDTH를 살짝 오른쪽으로 돌려서 하이햇과 라이드 심벌의 위치가 좀 더 넓게 퍼져서 들리도록 조절하였습니다. 이런 식으로 자신이 원하는 사운드를 만들어 갈 수 있습니다.

2. 리듬 표현

스윙 리듬은 보통 라이드 심벌로 연주하며 2박과 4박에 엑센트를 주기 위하여 하이햇 페달 연주를 2박과 4박에 함께 넣어줍니다.

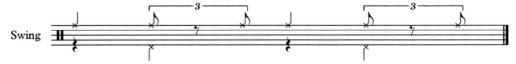

♪ Swing Basic

위 악보에 표기된 형태가 가장 기본적인 형태의 스윙 리듬입니다.

♪ Swing Score

스윙 곡인데 위 악보처럼 8비트 리듬으로 악보에 표기한 경우가 많습니다. 악보에는 이렇게 8비트로 표기한 뒤 리듬을 스윙으로 연주하라는 표시가 있다면 이를 스윙 리듬으로 연주합니다.

스윙 리듬은 8분 음표 부분이 3연음과 8비트의 중간에서 연주자와 곡의 빠르기에 따라 조금씩 8비트에 가까워 질 수도 있고 3연음에 가까워 질 수도 있습니다. 이런 느낌을 곡에 맞게 적절히 표현할수록 "스윙감이 좋다!"는 평을 들을 수 있습니다.

스윙 리듬을 피아노 롤에서 표현할 때 라이드 심벌과 하이햇의 조합에다. 킥 드럼과 스네어 드럼을 산발적으로 넣어주는데 곡의 리듬에 양념을 더하는 듯한 이런 연주 방법을 컴핑(Comping)이라고 합니다.

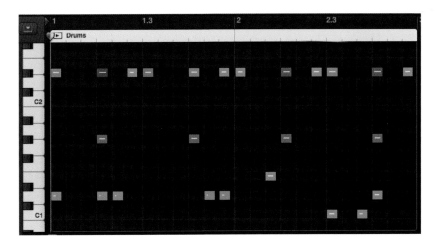

* 음 높이에 따른 악기

음 높이	악기 이름
C1	Kick Drum
D1	Snare Drum
E1	Snare Drum Rim Shot
G#1	Pedal Hi-Hat
D#2	Ride Cymbal

라이드 심벌은 스윙 리듬 기본형으로 연주되고 있으며 특히 두 번째 박자와 네 번째 박자의 노트 색상이 진한 것을 볼 수 있습니다. 이는 2박과 4박에 엑센트를 넣어서 연주한다는 의미입니다. 마찬가지로 2박과 4박에 엑센트를 주기 위하여 페달 하이햇을 함께 연주하는 것을 볼 수 있습니다. 이렇게 연주하는 것이 일반적인 스윙 리듬이며 여기에 스네어 드럼이 리듬의 맛을 더해 주기 위한 양념으로 첨가되고, 킥 드럼도 살짝 등장합니다. 스네어 드럼과 킥 드럼은 일정한 패턴을 연주하는 대신에 곡의 흥을 더하기 위한 보조적인 수단으로 등장합니다. 이렇게 연주되는 것을 컴핑이라고 하며 마치 우리나라 전통 음악 중 창을 할 때 고수가 추임새를 넣는 것과 비슷합니다. 음악의 흥을 돋구는 양념으로 역할을 한다는 것이죠.

스윙감을 조절할 수 있는 기능이 DAW마다 거의 내장되어 있습니다. Quantize 부분을 확인하면 Swing을 조절할 수 있는 부분이 있는데 여기서 스윙의 느낌을 조절하면 원하는 느낌의 스윙감을 얻을 수 있습니다.

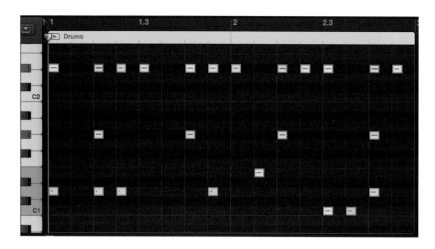

위 그림은 피아노 롤에서 8비트에 맞춰 퀀타이즈를 하고 스윙을 0으로 설정해 놓은 상태입니다. 이 렇게 하면 그냥 8비트 리듬이 됩니다. 여기서 스윙의 감도를 조금씩 높여가면 8분 음표 부분의 리 듬이 뒤로 밀려나는데 이렇게 스윙의 느낌을 조절할 수 있습니다.

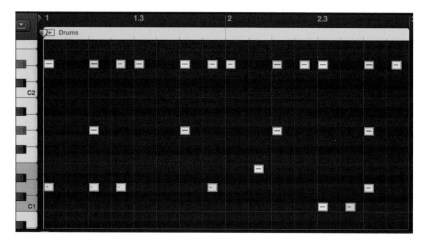

그림을 보면 8분 음표 부분의 노트가 선(Grid) 에서 살짝 뒤로 밀려있는 것을 확인할 수 있습니다. 이런 식으로 자신이 원하는 스윙의 느낌을 리듬에 적용시킬 수 있습니다.

Section 2
SWING BRUSH

재즈 음악을 듣다보면 빗자루로 낙엽을 쓰는 듯한 사운드가 들릴 때가 있습니다. 이러한 사운드를 표현하기 위해서는 드럼 연주할 때 브러쉬(Brush)를 사용하게 됩니다.

작은 빗자루처럼 생긴 이 녀석을 스네어 위에서 빙빙 돌려주고 살짝 문지르면 뭔가 아련한 가을의 느낌이 납니다. 재즈 스탠더스 중 "Autumn leaves"가 떠오르게 하죠.

♪ Jazz Brush

컴퓨터에서 브러쉬(Brush)로 연주한 드럼 사운드를 만들기 위해서는 브러쉬 사운드가 들어있는 가상악기를 고르고 자신이 원하는 프레이즈를 골라서 입력해 주면 됩니다.

1. Brush Drums

Native Instruments의 "AbbeyRoad Vintage Drummer"에는 브러쉬 사운드가 포함되어 있습니다.

🎵 AbbeyRoad Vintage Drummer

Ebony Kit – Lite.nki를 불러와서 브러쉬 드럼을 표현해 보겠습니다.

건반의 A4음정부터 위로는 브러쉬로 연주된 소리가 들어 있습니다. 따라서 건반의 우측 분홍색으로 되어있는 A4음부터 오른쪽 건반은 브러쉬로 연주한 사운드입니다. 이 건반들을 조합하여 브러쉬 드럼을 표현할 수 있습니다.

* 색상별 브러쉬 악기 리스트

색상	브러쉬로 연주된 악기
분홍색	스네어 (Snare drum) : A4 ~ D5
흰색	킥 (Kick Drum) : A#4
청록색	하이햇(Hi-Hat) : C#5 ~ F#5
보라색	탐탐 (Tom Tom) : E5 ~ A5
연두색 & 노란색	심벌즈 (Cymbals) : G#5 ~ C6

2. Brush Groove

건반에 입력된 사운드를 조합하여 직접 브러쉬 그루브를 만들어 갈 수 있지만 이미 만들어져 있는 그루브를 활용하는 것도 좋은 방법이 될 수 있습니다.

Grooves 탭에서 03 Swing 폴더 안에는 다양한 그루브가 있는데 그루브 이름 뒤에 Brushes라고 쓰여 있는 것들이 브러쉬 드럼 사운드로 연주한 미디 파일이 들어있는 폴더입니다. 여기서 자신이 표현하고자 하는 연주와 비슷한 프레이즈를 고르고 DAW로 가져가면 손쉽게 브러쉬 드럼을 완성할 수 있습니다.

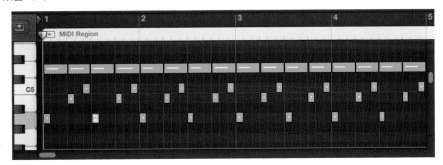

브러쉬를 스네어에서 연주할 때 일반적으로 왼손은 스네어 위에서 원을 그리며 표면을 문지르고 오른손은 살짝 엑센트를 추가하며 브러쉬로 두드리는 연주 방법이 많이 쓰입니다. 위의 피아노 롤 그림을 보면 D5의 노트는 왼손으로 스네어를 문지르는 사운드를 표현합니다. 그리고 A4부터 C5까지의 노트가 스윙 리듬을 오른손으로 찍어주는 소리를 표현하고 있습니다. 그리고, 재즈 리듬의 강세인 2박과 4박에는 약간 강하게 연주될 수 있도록 벨로시티가 높게 표현되어 있는 것을 볼 수 있습니다. 이런 식으로 간단히 브러쉬 사운드를 표현할 수 있습니다.

Chapter 2
JAZZ BASS

: 간단히 표현하는 재즈 베이스

재즈 음악에서는 일반적으로 Upright Bass를 많이 사용합니다. 클래식 오케스트라
공연에 쓰이는 Contra Bass와 동일한 악기이지만 재즈에서는 활을 이용하지 않고
손가락으로 튕기며 연주하는 경우가 대부분입니다. 물론 Fletless Bass를 활용하거
나 일반적인 Electric Bass를 연주한다고 하여 재즈가 아니라고 할 수는 없습니다.
본 서에서는 스탠다드 형식의 quartet 재즈 밴드 형태의 일반적인 조합을 이야기할
뿐이고 다양한 조합으로 얼마든지 변형이 가능합니다.

♪ Upright Bass

UPRIGHT BASS

Native Instruments의 Kontakt 5에는 다양한 악기가 기본적으로 내장되어 있는데 그 악기의 모음을 "KONTAKT FACTORY LIBRARY"라 합니다. 여기에 있는 악기 중 "Upright Bass"를 활용하여 재즈 베이스 사운드를 만들어 보겠습니다.

1. 불러오기

Upright Bass를 불러오기 위해서는 KONTAKT FACTORY LIBRARY에서 "Band 〉 6 – Bass 〉 Upright Bass.nki"를 선택하면 됩니다.

불러오면 잠시 로딩하는 시간이 있다가 완료되면 건반을 눌러 "Upright Bass"의 사운드를 들을 수 있습니다.

"Upright Bass"는 간단히 노브를 조절하여 원하는 사운드로 바꿀 수 있습니다.

INSTRUMENT CONTROLS에서 자신이 원하는 톤(TONE)을 선택하고 INSTRUMENT FX에서 컴프레서를 활용한 다이나믹을 조절할 수 있으며, MASTER FX에서 자신이 원하는 데로 REVERB, CABINET, EQ를 사용하여 사운드에 변화를 줄 수 있습니다.

위 그림에서는 재즈 베이스의 워킹을 표현하기 위하여 SOLO를 ON으로 전환하였고, TONE과 NOISE를 살짝 조절하여 원하는 사운드로 변화시켰습니다. EQ에서 BASS와 MID를 살짝 올려서 원하는 느낌의 베이스 사운드를 만들었습니다.

Option 탭을 선택한 후 좀 더 사람이 연주한 것과 같은 느낌을 표현하기 위하여 RANDOMIZE를 활성화 시키고 약간씩 VOLUME, VELOCITY, PITCH의 노브를 조절하여 휴머나이즈 시켰습니다.

Section 2
WALKING

🎵 Walking Bass EX-1

위와 같은 베이스 라인이 있을 때 이를 어떻게 하면 실제 연주한 베이스 사운드와 비슷하게 표현할 수 있을지 알아보겠습니다.

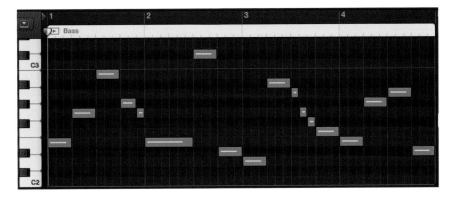

악보와 같은 노트를 피아노 롤에 입력하면 워킹 베이스의 연주가 됩니다. 하지만 약간 부자연스러운 느낌이 드는데요. 왜냐하면 스윙은 2박과 4박에 엑센트가 주어지기 때문에 베이스의 연주에서도 2박과 4박에 살짝 엑센트를 주는 것이 좀 더 자연스럽게 느껴집니다. 따라서 벨로시티를 조절하여 2박과 4박에 엑센트를 표현해 주겠습니다.

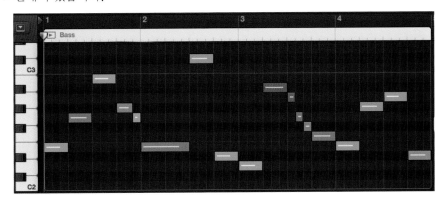

위 그림과 같이 2박과 4박에 살짝 엑센트가 느껴지도록 벨로시티를 조절하면 좀 더 자연스러운 느낌의

사운드로 표현됩니다. 이 정도만 해도 실제 연주와 비슷하게 느껴지지만 좀 더 리듬감을 증가 시키기 위하여 각각의 노트마다 길이를 살짝 줄여주겠습니다. 실제로 워킹 베이스를 연주할 때 왼손의 이동에 의해 레가토로 연주되지 않고 살짝 음의 간격이 벌어지게 됩니다. 물론 왼손이 크게 이동하지 않는 부분에서는 레가토처럼 이어서 연주가 가능합니다. 하지만 오른손으로 튕기는 동작에 의해 살짝 뮤트가 되는 것을 감안하면 레가토 보다는, 그냥 리듬을 쉬지않고 이어서 연주한다는 느낌으로 표현하는 것이 좀 더 실제의 연주 느낌이 나기도 하고 리듬감도 더 살아나게 됩니다. 실제로 "Upright Bass"는 미디 노트를 겹쳐 놓더라도 레카토를 지원하는 것이 아니라 계속해서 튕기며 리듬이 이어지도록 표현됩니다.

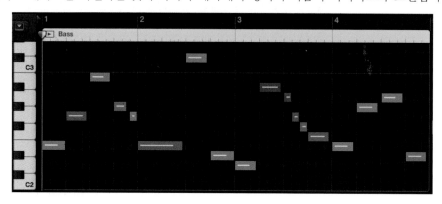

위 피아노 롤 그림을 보면 노트의 간격이 살짝 떨어져 있는 부분도 있고 붙어있는 부분도 있습니다. 베이스를 연주할 때 음의 간격이 좁으면 손의 이동이 불필요하니 노트를 붙여서 표현하고 음의 간격이 넓으면 손의 이동이 필요하니 노트의 간격을 살짝 떼어 놓는 것이 자연스러운 연주를 표현하는 방법입니다. 그리고, 빠른 프레이즈에서는 간격을 띄워놓으면 스타카토 느낌이 들 수 있는데 빠르게 스타카토를 표현하는건 부자연스러울 경우가 많으니 노트의 간격을 떨어뜨리지 않는 것이 자연스럽게 표현됩니다.

Chapter 3
PIANO
: 재즈 피아노 느낌 표현법

재즈에서 피아노의 중요성은 언급할 필요가 없을 정도로 매우 중요합니다. 재즈 솔로 연주자들 중에 피아노 연주자의 수가 가장 많다는 것이 이를 반증하기도 하고, 재즈 밴드의 구성에서 솔로부터 빅 밴드까지 거의 빠지지 않고 등장하는 악기라는 점에서 이를 입증하기도 합니다. 피아노는 전 음역대를 한 사람이 자유자재로 연주할 수 있습니다. 또 다양한 리듬을 표현하기에도 훌륭한 악기이기에 솔로 연주를 위한 테크닉을 구사하기 충분하죠. 거기에 더해서 다른 악기의 반주를 위한 화성 진행이라든지 컴핑을 통한 리듬의 보조라든지 하는 역할도 아주 만족스럽게 표현해 낼 수 있는 악기입니다. 재즈 음악에서 피아노는 절대적인 위치에 서있다고 해도 반대할 사람이 많지 않을 것입니다.

재즈 피아노의 연주 방법과 솔로의 스타일은 연주자 각자의 개성에 따라 매우 다양하기에 그 전부를 하나의 섹션에 담아내기에는 역부족입니다. 본 서에서는 재즈 피아노의 느낌을 살릴 수 있는 간단한 팁과 재즈 표현에 필요한 리듬을 위주로 알아보겠습니다.

HARMONY

재즈의 화음이 어떻게 만들어지는지 알아보겠습니다.

1. 배음

♪ Overtone

재즈 화성을 이해하기 위해서는 배음(Overtone)에 대해 알고 있는 것이 도움이 됩니다. 위 악보를 보면 제일 아래에 있는 낮은 음자리의 "도"음 위로 여러 다양한 음들이 쌓여있는 것을 볼 수 있습니다. 제일 낮은 음은 '근음' 또는 '밑음'이라고 하며 일반적으로 이 근음을 듣고 음의 높낮이를 인식하게 됩니다. 다시 말해서 근음이 그 음의 음 높이입니다. 예를 들어 위 악보처럼 근음이 C1이 아니라 F3라면 F3위로 악보와 동일한 패턴으로 음들이 쌓여 있는데 F3음이 근음이기 때문에 우리는 F3음으로 음 높이를 인식하게 되는 것입니다. 그리고 그 위로 쌓여있는 다양한 음들을 배음이라 합니다.

위 스펙트럼에서 알 수 있듯이 어떤 음이 울릴 때에는 근음 위로 다양한 화음이 쌓이게 됩니다. 다양한 화음이 쌓여있을때 근음이 가장 크게 울리고 위로 올라갈수록 음량이 작아지며, 배음이 어떻게 쌓여있는지에 따라 소리의 음색이 결정됩니다.

♪ Piano C1

위 스펙트럼은 왼쪽부터 Piano, Bass, Tuba, Synth 의 C1음을 나타내고 있습니다. 그림에서 알 수 있 듯이 배음의 성분은 유사하며 위에 쌓여있는 배음 의 음량에 따라 음색이 달라진다는 것을 알 수 있 습니다.

그런데, 배음의 성분을 분석해보면 화음과의 상관관계를 어느 정도 느낄 수 있게 됩니다.

♪ Piano Bass Tuba Synth

*배음 구성
C1 – C2 – G2 – C3 – E3 – G3 – Bb3 – C4 – D4 – E4 – F#4 – G4 –Ab4(G#4) –Bb4 – B4 – C5

배음구성을 같은 음의 반복으로 나누어 보면 다음과 같습니다.

C1, C2, C3, C4, C5 – G2, G3, G4 – E3, E4 – Bb3, Bb4 – D4 – F#4 –Ab4

C음은 5번 반복, G음은 3번 반복, E음과 Bb음은 두 번 반복되고 나머지는 한 번씩 나타납니다. 그리고 가장 아래의 음이 상대적으로 위에 쌓여있는 음보다 음량이 크다는 것까지 고려한다면 C음은 압도적으로 크게 들리게 된다는 것을 알 수 있습니다. 그리고 G음이 함께 들리고, E음과 Bb음도 어느 정도 존재감을 찾을 수 있습니다. 여기에서 반복된 음만 골라보면 놀랍게도 C, E, G, Bb이라는 C7 코드음이 나타납니다.

배음에 가장 큰 위치를 차지하고 있는 음들의 조합이 으뜸 화음(1도 화음)의 구성음이라는 것이죠.

여기에서 재즈의 기본 화음인 7th 음이 왜 존재하는지 이해할 수 있습니다. 3도 화음에서 좀 더 깊이 들어가다 보면 4도 화음 즉 7th 음이 있다는 것을 알아차릴 수 있습니다. 그리고 더 자세히 듣다 보면 9th 11th, 13th음들을 발견하게 되는데 이들을 재즈에서는 텐션(Tension)이라고 부릅니다.

* C1 음에서 발생하는 배음과 화음의 구성

화음 종류		C KEY 에서의 배음
1ST	C	
5TH	G	
3RD	E	
7TH	Bb (b7)	
9TH	D	
11TH	F# (#11)	
13TH	Ab (b13)	

2. 재즈 보이싱

재즈에서는 사운드를 간결하게 표현하는 경우가 많습니다. 재즈적인 간결한 화음을 표현할 때에는 강한 음들을 생략하기도 합니다. 예를 들어 베이스와 피아노 그리고 색소폰이 함께 연주한다면 베이스는 코드의 근음을 연주하고 색소폰은 코드의 구성음 또는 텐션 중 하나의 음을 연주하고 피아노는 화음을 연주하게 됩니다. 이 때 베이스가 연주하고 있는 근음을 피아노의 왼손과 오른손에서 함께 연주한다면 근음의 힘이 너무 강하게 표현되기 때문에 피아노 연주자는 근음을 생략하고 화음을 표현하게 됩니다. 여기서 근음 이외에 다른 음들을 생략하기도 하는데 피아노 이외의 다른 악기가 어떤 음을 연주하고 있는지 고려하여 어떤 음을 생략할 것인지 결정합니다.

피아노 연주자들이 다른 악기와 함께 연주할 때 가장 자주 생략하는 화음은 근음입니다. 보통 베이스와 함께 연주하기 때문에 베이스에서 근음을 울려줄 때 굳이 또 근음을 더할 필요가 없기 때문에 생략하는 경우가 많습니다. 그리고, 5th 음도 배음의 구성으로 볼 때 근음만 연주해도 이미 충분히 표현되고 있다고 느낄 수 있기에 생략하는 경우가 많습니다. 그 다음으로 3rd 음을 생략할 수 있을 것 같지만 사실 3rd 음은 코드의 성격을 나타내는 중요 음이므로 웬만하면 생략하지 않고 연주합니다. 그 다음으로 7th 음도 생략하지 않고 코드의 색채를 표현해 줄 경우가 많습니다. 다만 7th 음이 멜로디에서 강하게 연주될 때에는 경우에 따라 생략하기도 하며 이 때에는 9th, 11th, 13th 중에서 어울리는 음을 연주해주는 경우가 많습니다.

코드별로 근음과 5th 음을 위주로 생략하면 다음과 같은 표현이 가능합니다.

♪ Chord − Swing

G7코드는 근음과 5th 음을 생략하여 F와 B음을 연주하며 Am7코드와 D7코드도 마찬가지로 근음과 5th 음을 생략하여 Am7코드는 C와 G를 연주하고, D7코드는 F#과 C를 연주합니다.

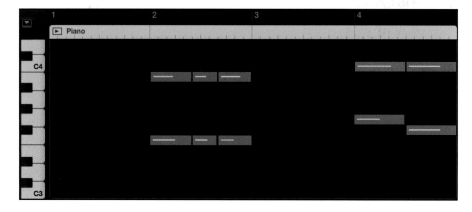

피아노 롤에서 보면 3연음으로 스윙 리듬을 표현하고 있는걸 알 수 있습니다. 악보에서는 8분 음표로 표기되어있지만 스윙 곡이라면 8분 음표를 스윙 리듬으로 연주하는 것이 기본입니다.

위에서 본 경우와 같이 왼손이 연주하는 낮은 음쪽은 베이스 주자에게 넘기고 피아노 연주자는 오른손으로 코드의 색채를 표현할 수 있는 화음을 연주하는 것으로 재즈 느낌이 나는 사운드를 만들 수 있습니다.

물론 이러한 보이싱은 하나의 예에 불과합니다. 재즈 연주자들은 매우 다양한 방법으로 보이싱을 하며 실시간으로 바리에이션(Variation) 하기에 "이렇게 하는 것이 정답이다!"는 없습니다. 곡에 맞게 그때그때 어울리는 보이싱을 하는 것이 중요합니다. 때에 따라서는 트라이어드(Triad)코드가 나와도 재즈의 느낌을 잃지않고 진행할 수도 있습니다.

Section 2
ANTICIPATION
(SYNCOPATION)

재즈적인 느낌을 표현하는 리듬에 대해 살펴보겠습니다.

1. Anticipation

앤티서페이션(Anticipation)이란 뒤 따라 오는 코드의 구성음 중 하나를 먼저 연주된 화음의 마지막 박자에서 짧게 연주하는 것을 말합니다. 연주되는 화음보다 먼저 연주되기 때문에 '선행음'이라 부릅니다.

재즈에서는 멜로디가 앤티서페이션으로 연주되기도 하지만 리듬 자체가 당겨져서 연주되기도 합니다. 피아노에서 앤티서페이션으로 리듬을 당겨 연주하면 다음 악보처럼 살짝 정박자 앞에서 연주되며 이런 표현이 재즈적인 사운드로 들리게 됩니다.

두 번째 마디의 마지막 박자에 D7코드가 먼저 나오며 리듬을 당겨 연주하고 있습니다. 일반적으로 화성에 대한 기대 심리로 세 번째 마디에서 정박으로 D7코드로 진행하는 것을 예상하지만, 정박보다 살짝 빠르게 당겨서 연주하여 재즈에서 자주 표현되는 앤티서페이션의 느낌을 표현하고 있습니다.

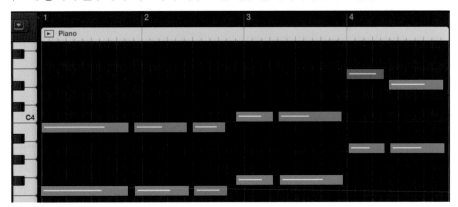

스윙 리듬을 표현하기 위해서 악보에 표기된 것은 8분 음표이지만 실제로 연주되는 길이는 스윙 리듬으로 표현해야 합니다. 따라서 피아노 롤에서도 스윙감을 표현할 수 있게 입력하였습니다.

2. Syncopation

싱코페이션(Syncopation)이란 강약강약으로 흐르는 음악에서 약박을 강박으로 바꾸어 강하게 표현하는 것을 말합니다.

예를 들어 약박을 강박으로 바꾼 싱코페이션 느낌을 표현하려면 약박에 엑센트를 주어 강렬한 표현을 합니다. 이렇게 약박을 강박처럼 연주하는 것을 싱코페이션이라 하는데 재즈 음악은 첫 박과 세 번째 박이 약박이고 두 번째와 네 번째 박이 강박이기 때문에 첫 박 또는 세 번째 박에 강세를 주면 싱코페이션의 느낌을 살릴 수 있습니다.

♪ Syncopation

위 악보처럼 두 번째 마디에서 세 번째 박자에 강세를 주어 싱코페이션을 표현하고자 합니다. 이때에는 피아노 롤에 벨로시티를 크게하여 입력하면 강세를 표현할 수 있습니다.

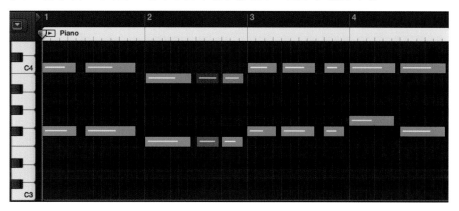

약박에 연주되어야 할 부분에 드럼이 심벌즈를 연주하여 엑센트를 표현하고 베이스 또한 강하게 연주하면 강렬하게 리듬이 당겨진 싱코페이션의 느낌을 살릴 수 있게 됩니다.

♪ Anticipation and Syncopation

앤티서페이션으로 리듬을 당겨 연주할 때 강세를 표현해 주면 강약을 뒤바꾸는 싱코페이션의 느낌이 살아나며 좀 더 강렬한 표현이 가능합니다.

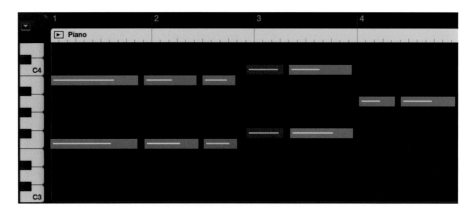

두 번째 마디 마지막 박자에서 드럼의 심벌즈로 엑센트를 주고 베이스도 함께 강하게 연주하면 당겨진 리듬에 강세가 붙으며 재즈 음악의 분위기를 한껏 살릴 수 있습니다. 여기에 멜로디도 가세하여 함께 연주되는 경우도 많습니다. 멜로디를 함께 섹션을 맞춰 들어갈 것인지 멜로디와는 다르게 악기들만 리듬을 당겨 연주할 것인지 자신의 곡에 맞춰 리듬을 당기는 느낌을 표현해주면 좋습니다.

재즈 음악에서는 이렇게 앤티서페이션과 싱코페이션을 활용한 리듬의 변화를 적절히 표현하면 좀 더 재즈 스러운 느낌으로 음악을 느낄 수 있게 됩니다. 너무 자주 표현하는 것보다는 정박으로 연주되다가 조금씩 재즈의 맛을 살리는 느낌으로 넣어주는 것이 좋습니다.

Section 3
COMPING

컴핑(Comping)이란 락 음악의 리프(Riff)와 클래식의 오스티나토(Ostinato)와는 반대 성향의 연주 기법으로 어떤 정형화된 패턴으로 반복하지 않고 즉흥적으로 멜로디 연주자 또는 다른 악기와의 조화를 고려하여 반주리듬을 표현하는 것을 말합니다.

재즈에서 피아노와 세트 드럼 그리고 기타 정도가 컴핑을 연주하며, 특히 피아노는 리듬과 화음을 한 번에 표현하기 좋기에 컴핑 연주에 가장 많이 쓰입니다. 하지만 단선율악기인 색소폰이나 트럼펫 등은 컴핑 연주를 하기 어렵습니다.

컴핑은 코드 진행 안에서 다른 악기와의 조화를 생각하여 자신의 느낌대로 리듬을 즉흥적으로 표현하기 때문에 여러 악기 연주자가 동시에 표현하기 어렵고, 각자의 느낌을 충분히 살리는 소규모 밴드에서의 연주가 효과적입니다. 대규모 밴드로 갈수록 컴핑보다는 섹션(Section)을 맞춰 연주하는 경우가 많습니다.

Comping

피아노 리듬을 보면 1, 2, 3, 4마디가 모두 조금씩 다른 리듬으로 연주되고 있습니다.

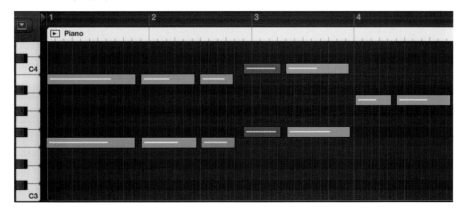

앤티서페이션과 싱코페이션이 표현되기도 하고, 리듬이 엇박에 들어가기도 하면서 다양한 표현을 이루고 있습니다. 이렇게 컴핑은 패턴을 만들지 않고 조금씩 멜로디를 보조하며 연주하게 됩니다.

♩ Comping with Melody

멜로디와 컴핑의 리듬을 함께 보면 멜로디와 다른 리듬으로 멜로디가 쉬는 부분을 꾸며주고 있는 것을 알 수 있습니다. 물론 때에 따라서는 멜로디와 같은 리듬을 연주할 수 도 있지만 보통 멜로디와는 다른 리듬으로 리듬을 보조하는 수단으로 많이 표현됩니다.

드럼도 피아노가 컴핑하는 것처럼 리듬을 쪼개며 컴핑을 하는데, 주로 스네어 드럼이 컴핑을 담당하며 좀 더 복잡하고 화려한 느낌으로 표현됩니다. 만약 좀 더 깔끔한 느낌을 표현하고자 한다면 드럼은 기본적인 스윙 리듬을 연주하고 피아노만 컴핑을 하거나 반대의 경우도 가능합니다.

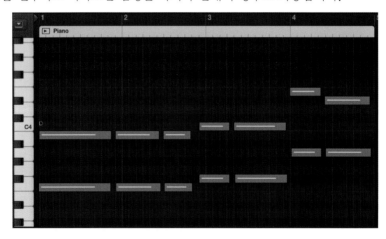

컴핑할 때에 리듬을 무작위로 연주하면서 벨로시티가 모두 동일하다면 매우 어색한 표현으로 느껴질 수 있습니다. 즉흥 연주에 걸맞게 벨로시티도 상황에 따라 다양한 느낌으로 표현될 수 있도록 맞춰 주면 좀 더 실제 연주와 비슷한 느낌으로 표현 가능합니다.

마찬가지로 리듬을 그리드에 정확히 맞추는 것보다는 살짝 흐트러지도록 휴머나이즈를 하는 것이 좀 더 자연스러운 사운드의 표현을 가능하게 합니다.

사실 재즈 피아노는 연주자에 따라서 그리고 같은 연주자라도 곡에 따라 그날의 느낌에 따라 연주 자체가 변화하기도 합니다. 이렇게 변화무쌍한 재즈 피아노를 마우스로 하나하나 클릭하여 만들기는 굉장히 어렵습니다. 따라서 자신이 재즈 피아노를 연주하기 어렵다면 전문 연주자의 도움을 받는 것이 좋습니다. 하지만 꼭 마우스로 표현하고자 한다면 위에서 이야기한 내용을 기억하고 있다가 화음과 리듬을 재즈의 느낌이 나도록 배치시켜야 할 것입니다. 좀 더 세부적인 재즈 피아노의 표현 방법은 재즈 피아노를 다루고 있는 전문서적을 참고하시길 추천합니다.

Chapter 4
SAXOPHONE
: 재즈 색소폰 시퀀싱 팁

왼쪽부터 Soprano, Alto, Tenor, Baritone Saxophone

색소폰(Saxophone)은 위 그림에서 보이는 소프라노, 알토, 테너, 바리톤 이렇게 4가지 색소폰이 많이 쓰입니다. 소프라노는 고음역대의 소리를 낼 때 사용하며 바리톤으로 갈수록 저음역대의 소리를 낼 수 있습니다. 재즈 연주에서는 알토색소폰을 많이 사용하며 규모가 커질 수록 테너와 바리톤 색소폰의 합류가 늘어나게 됩니다.

색소폰을 크게 세 부분으로 나누면 입으로 물고 바람을 불어넣어 소리를 낼 수 있는 넥 (Neck),

손으로 버튼을 눌러서 음 높이를 조절할 수 있는 바디(Body),

소리가 뿜어져 나오는 벨(Bell)

이렇게 구분할 수 있습니다.

특히 색소폰은 입으로 바람을 불어넣어 연주하기 때문에 강약을 조절하는데 상당히 섬세한 표현이 가능합니다.

색소폰은 금속 재질로 되어있지만 리드(Reed)를 불어서 소리를 내는 목관 악기로 분류됩니다.

♪ Saxophone Mouth Piece

♪ Saxophone Reed

위 그림과 같은 형태의 마우스 피스가 넥 부분에 달려있습니다. 여기에 나무로 되어있는 리드를 끼워넣고 입으로 불어서 소리를 내는 것입니다.

위 그림이 색소폰에 사용하는 리드이며 마우스피스에 색소폰 리드를 결합하면 다음 그림과 같습니다.

♪ Saxophone Mouth Piece and Reed

색소폰 연주자는 멋지게 색소폰을 들고 자신의 기량과 감성을 표현합니다.

DAW에서 어떻게 하면 색소폰의 실제 연주 느낌을 표현할 수 있을지 알아보겠습니다.

Section 1
SESSIONHORNS PRO

Native Instruments의 KONTAKT에서 불러오는 "SESSIONHORNS PRO"에 Alto Sax를 선택하여 재즈 음악에 어울리는 솔로 색소폰 사운드를 얻을 수 있습니다. "SESSIONHORNS PRO"의 메뉴 중 "Solo Instruments 〉 Alto Sax.nki"를 선택하겠습니다.

"SESSIONHORNS PRO"는 여러 가지 솔로 악기 음색을 갖고 있는데 각각의 사용법은 거의 비슷비슷합니다. 악기별로 음역대가 조금 다르지만 사용법이 거의 비슷하기 때문에 알토 색소폰의 사용법만 알고있다면 다른 악기도 문제없이 활용할 수 있습니다.

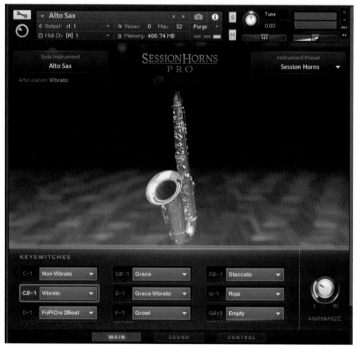

🎼 SESSIONHORNS PRO

Native Instruments의 KONTAKT 기반 악기들은 키 스위치(Key switchES)로 연주 방법에 변화를 주도록 세팅되어 있는 경우가 많습니다. "SESSIONHORNS PRO" 또한 마찬가지로 여러 다양한 주법이 키 스위치에 미리 저장되어 있어서 원하는 주법을 표현하기 위하여 키 스위치를 선택하면 됩니다.

* "SESSIONHORNS PRO" 키 스위치

키 스위치(음 높이)	주법(ARTICULATION)	설명
C -1	Non Vibrato	흔들림 없는 직선적인 연주
C# -1	Vibrato	흔들림
D -1	FoPiCre 2Beat	크게 불었다가 작아진 후 점점 세게
D# -1	Grace	꾸밈음
E -1	Grace Vibrato	꾸밈음 뒤 흔들림
F -1	Growl	으르렁거리는 듯, 긁는 소리
F# -1	Staccato	짧게 연주
G -1	Rips	음을 끌어 올리듯 연주
G# -1	Empty	사용자 지정

♪ Key switch EX

악보에서처럼 스타카토(Staccato)와 포르테피아노(Fp) 후 크레센도(Crescendo)를 표현하기 위해서는 키 스위치를 적용시켜야 합니다. 키 스위치를 이용하여 표현하기 위해서는 연주하는 노트와 동시 또는 먼저 키 스위치를 입력해야 원하는 사운드를 얻을 수 있습니다.

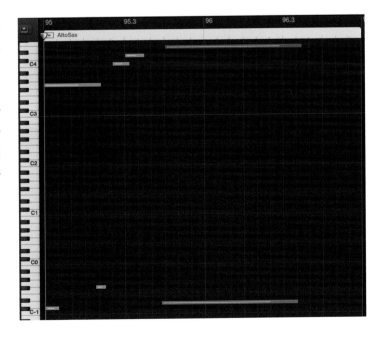

위 피아노 롤의 첫 번째 음 G3과 C#-1은 동시에 연주되고 있습니다. C#-1이 Vibrato표현이기 때문에 G3음은 흔들리며 연주되고 연주가 끝날 즈음 F#-1으로 Staccato 표현의 키 스위치가 입력되었습니다. F#-1 이후에 연주되는 C4와 D4는 Staccato로 연주되며 뒤이어 D-1으로 FoPiCre 2Beat의 표현으로 바뀌었습니다. 따라서 마지막 E4음은 강하게 시작해서 바로 작아진 다음 점점 커지는 사운드로 표현됩니다.

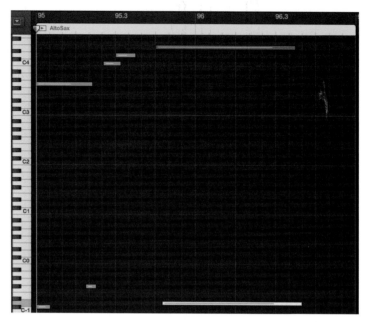

위 피아노 롤에서 키 스위치인 D-1이 E4음 보다 늦게 입력되어 있습니다. 이렇게 키 스위치가 노트보다 뒤에 입력되면 원하는 사운드로 표현되지 않습니다. 따라서 키 스위치로 사운드의 변화를 원한다면 적용할 노트와 동시에 누르거나 조금 빠르게 키 스위치를 입력해야 합니다.

왼쪽에 Alto Saxophone 탭을 선택하면 색소폰을 녹음할 때 조절할 수 있는 이펙터가 나타납니다. Comp와 Eq를 선택하여 원하는 사운드를 만들 수 있으며 우측에 Send에서 리버브(Rev Send)와 딜레이(Del Send)의 양을 조절할 수 있습니다.

Global Send FX탭을 선택하면 딜레이와 리버브를 조절할 수 있는 화면으로 전환됩니다. 여기에서 취향대로 조절할 수 있습니다.

Global Master FX를 선택하면 Comp(Compressor), Eq(Equalizer), Tape(Tape Saturator), Twang(Amplifier), LP2(Low Pass Filter) 까지 총 5가지 이펙터를 활용하여 음색을 조절할 수 있습니다. 여기서 특이할 점은 Twang이라는 앰프가 탑재되어 있다는 점입니다. 처음 Twang이라는 탭을 보면 "이게 뭐하는 물건인가?" 싶기도 합니다. Twang은 금관 악기 특유의 억양을 표현하고자 할 때 사용할 수 있는 앰프 시뮬레이션 이펙터입니다. Twang을 활성화 시키고 Volume을 조절하면서 자신이 원하는 뉘앙스를 찾아보세요. Bass, Mid, Treble을 조절하면 좀 더 세심히 조절이 가능합니다.

오른쪽에 위치한 페이더는 볼륨을 조절할 수 있으며, 노브는 좌우 팬을 조절할 수 있습니다.

아래 CONTROL 버튼을 클릭하면 연주할 때 미디 신호를 이용한 표현을 자신의 취향대로 고를 수 있습니다.

DYNAMIC CONTROL은 Velocity와 Midi CC11 둘 중 하나를 선택하고 다이나믹 표현을 조절할 수 있습니다. Velocity를 선택하면 노트의 벨로시티에 따라 음량을 조절할 수 있습니다. Midi CC11을 선택하면 CC11(Modulation Wheel : Expression)을 활용하여 연주하는 강약을 조절할 수 있습니다. 실제로 관악기는 하나의 음을 연주할 때에도 강약의 조절이 필요한 경우가 많은데 그

러한 표현을 위해서는 Midi CC11을 선택하여 강약을 표현해 주어야 합니다. Velocity는 건반을 누르는 세기에 따라 음의 강약이 조절되기 때문에 음이 연주되는 중간의 세기를 조절할 수 없습니다. 따라서 좀 더 실제 연주와 같은 표현을 위해서는 Midi CC11으로 선택하고 모듈레이션 휠을 이용해서 음량을 조절하는 것이 유리합니다.

PITCH WHEEL은 일반적으로 연주되고 있는 음을 살짝 올리거나 내리는 효과를 표현할 때 사용합니다. SESSIONHORNS PRO에서도 일반적인 사용이 가능하며 Falls(연주를 하다가 끝나는 부분에 음이 내려가면서 사라지는 표현)를 피치휠(PITCH WHEEL)을 사용하여 간단히 표현할 수도 있습니다.

PITCH WHEEL에는 세 개의 버튼이 있습니다. 각각의 버튼은 다음표에 기능을 정리하였습니다.

* PITCH WHEEL 버튼

BUTTON	설명
Normal	일반적인 피치휠 사용법으로 음을 살짝 올리고 내리는 기능
Doits/Falls on note	새로운 노트를 연주할 때 피치휠을 올리거나 내린 상태로 연주하면 음이 올라가거나 내려가며 연주를 마침.
Doits/Falls on rel.	연주하고 있는 노트의 건반에서 손을 떼기전에 피치휠을 올리거나 내리면 음이 올라가거나 내려가며 연주를 마침.

SAMPLES는 미디 신호를 이용한 연주법을 다루는 것이 아니라 악기에 내장되어 있는 음원 샘플을 어떤 방법으로 재생시켜서 소리를 표현할지 선택하는 부분입니다.

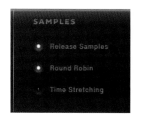

* SAMPLES 버튼

BUTTON	설명
Release Samples	음이 끝날 때 특수한 표현에서 좀 더 자연스러운 반사음들을 표현함.
Round Robin	연주되는 샘플을 임의적으로 선택하여 같은 음을 연주해도 살짝 다른 사운드를 표현함.
Time Stretching	길이가 정해져 있는 샘플을 재생할 때 DAW의 프로젝트 템포에 맞춰 샘플의 길이를 늘림.

좀 더 자연스러운 사운드를 위해서 Release Samples와 Round Robin은 활성화 시켜두는 것이 좋으며, Time Stretching은 템포에 맞춰 정확한 마디의 연주를 가능하게하지만 살짝 부자연스러운 사운드로 표현될 가능성이 있습니다. 이 부분은 자신의 음악에 따라 취사 선택하여 활용하시길 바랍니다.

Section 2
MELODY

색소폰으로 멜로디를 만들 때 좀 더 사람이 연주한 듯 자연스러운 표현 방법에 대하여 알아보겠습니다.

1. 색소폰 노이즈

♪ Melody Ex-1

위와 같은 간단한 멜로디를 색소폰으로 연주한다면 깔끔하게 원하는 노트의 사운드를 표현하겠지만 경우에 따라서는 노트가 끝날 때 살짝 다른 음으로 마무리하기도 합니다. 짧게 연주하는 음에서 멈추는 효과를 주기 위하여 끝 음 보다 낮은 음으로 이동하며 동시에 불어넣은 숨을 멈춥니다. 이때 불어넣은 공기가 미처 빠져나가기 전에 손을 떼거나 붙이면 아주 살짝 다른 음으로 바뀌며 소리가 끝나게 됩니다. 이러한 과정에서 나타나는 잡음은 듣기 싫은 소리로 표현되기보다는 오히려 색소폰의 뉘앙스로 느껴지며, 더욱 음악적으로 들리기도 합니다. 따라서 이러한 표현을 일부러 노트로 표현해 주는 것이 색소폰의 느낌을 좀 더 재밌게 살릴 수 있습니다.

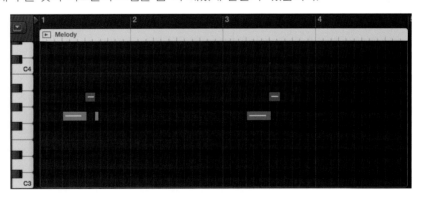

위 피아노 롤의 첫 번째 마디에는 악보에 없는 노트가 아주 작은 벨로시티로 짧게 입력되어 있습니다. 뒤에 이어지는 노트는 깔끔하게 원하는 노트만 연주하도록 입력한 경우입니다. 멜로디에 따라서 적절히 이러한 노이즈를 섞고 빼며 사운드를 표현해 주면 좀 더 실제 연주같은 느낌을 표현할 수 있습니다. 음악은 사람이 하는 것이기에 완벽하지 않음에서 오히려 더욱 매력적인 사운드를 발견합니다. 그래서 이러한 표현이 아름답게 느껴질 수 있습니다.

두 번째 마디의 세 번째 박자의 D음 앞에 C음이 작은 소리로 짧게 입력되어 있습니다. 이러한 표현은 색소폰 연주 시 음이 도약할 때 꾸밈음처럼 살짝 나타나는 소리를 내주어 연주의 맛을 좀 더 살릴 수 있습니다. 실제 연주 시에 색소폰 연주자들은 일부러 꾸밈음으로 넣기도 하고 아마추어 연주자들은 실수로 이러한 표현이 나타나기도 합니다. 색소폰의 뉘앙스를 만들어 주기 위해 노트를 입력할 때 이러한 표현을 적절히 넣어주는 것도 좋습니다.

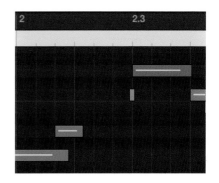

2. 폴즈(FALLS)

♪ Melody Ex-2

이번에는 멜로디가 이어지다가 잠시 쉬는 부분에서 Falls(음을 떨어뜨리며 끝내는 표현)를 표현해 보겠습니다.

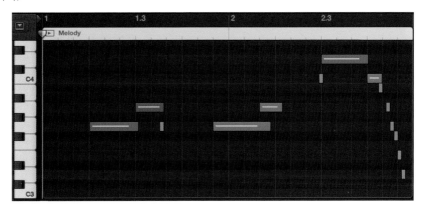

2 마디 마지막 부분에서 연속적으로 음이 떨어지며 끝나는 부분이 폴즈(Falls)를 표현한 부분입니다. 피아노 롤에서처럼 미디 노트를 짧게 연속적으로 아래로 떨어뜨리듯이 입력 후 점점 작게 벨로시티를 표현해 주면 폴즈 표현이 자연스럽게됩니다. 이러한 표현 대신에 폴즈를 피치휠을 이용하여 표현할 수도 있습니다.

"SESSIONHORNS PRO"의 CONTROL버튼을 선택하여 PITCH WHEEL이 나타나도록 만들어 주세요.

피치휠 메뉴에서 세 번째에 있는 DOTIS/FALLS ON REL.을 선택합니다. 이렇게 하면 노트를 연주하다가 피치휠을 아래로 내리고 손을 떼면 폴즈 표현이 자동적으로 됩니다.

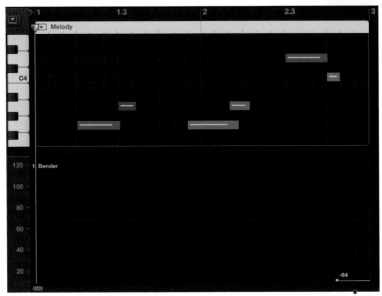

위 그림에서 오른쪽 하단에 보면 피치휠을 제일 아래로 내려 −64로 표현한 것을 볼 수 있습니다. 피치휠의 시작 점은 마지막 노트가 끝나기 바로 전에 위치하도록 하며 노트가 끝나는 부분에서 폴즈가 표현됩니다.

3. 익스프레션 (EXPRESSION)

♪ Melody Ex-2

색소폰과 같은 관악기는 입으로 불어서 연주하기 때문에 다이나믹의 표현이 매우 섬세합니다. 따라서 강약을 섬세하게 조절해 주면 좀 더 실제 연주한듯한 사운드로 표현할 수 있습니다. 이러한 표현을 가능하게 하는 방법은 EXPRESSION을 활용하는 것입니다.

DYNAMIC CONTROL에서 Midi CC11을 선택하면 모듈레이션 휠을 이용해서 익스프레션(Expression)을 조절할 수 있습니다.

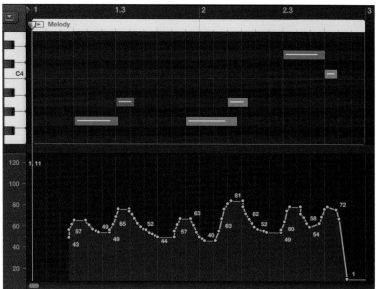

건반에서 노트를 입력하며 모듈레이션 휠을 이용하여 그림과 같이 노트별로 강약을 표현해주면, 입으로 불며 연주하는 듯한 표현이 가능해 집니다. 노트 하나하나 불 때마다 강약이 달라지도록 표현해줄 수도 있으며 이어지는 노트는 비슷한 세기로 입력하고 프레이즈마다 조금씩 강약을 조절해 주는 방법으로 표현해도 좋습니다. 모듈레이션을 조절하여 강약을 입력할 때에는 소리를 따라가며 자신의 입으로 불어보면서 모듈레이션을 움직이면 좀 더 쉽게 표현할 수 있습니다. 만약 브레스 컨트롤(Breath Control)이 가능한 기기가 연결되어 있다면 모듈레이션 휠 대신에 브레스 컨트롤을 활용하면 더욱 쉽게 표현할 수 있습니다.

Part 5

FUNK

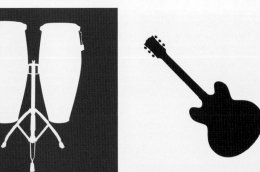

펑크(Funk)는 1960년대 James Brown과 Sly and the family stone등 미국의 음악가들에 의해 확립된 음악입니다. 가끔 "Punk"와 "Funk"의 발음이 비슷하여 헷갈리는데 둘은 확연히 다른 장르의 음악입니다. Punk는 락 음악의 한 분야이고 Funk는 소울(Soul)과 재즈(Jazz), 블루스(Blues)가 뒤섞인 장르로 볼 수 있습니다. 물론 요즘은 락 음악에도 Funk의 요소가 첨가된 음악이 많이 있긴 하죠. 우리 발음으로는 둘다 펑크로 들리기 때문에 Funk를 "펑크" 대신에 "훵크"라고 적기도 합니다. 본 서에서는 그냥 "펑크"로 통일하겠습니다.

펑크 음악 중에서는 특히 James Brown의 "I Got You (I Feel Good)"가 요즘도 TV나 라디오에서 자주 흘러나오고 있을 정도로 유명합니다. 이 곡은 거의 Funk 음악의 교과서 정도로 평가되고 있죠.

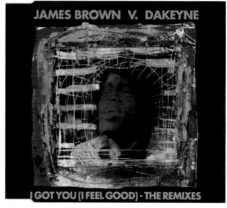
♪ James Brown – I Got You (I Feel Good)

James Brown과 함께 펑크를 세상에 알린 많은 음악가들이 있지만 그 중에서도 특히 펑크 매니아들에게 큰 사랑을 받으며 지금까지도 회자되는 곡 중에는 Tower of power, Incognito, Earth Wind and Fire의 곡들이 상당수 섞여 있습니다. 이 음악가들 이외에도 다양한 펑크 음악을 감상하는 것이 펑크 사운드를 알아가는데 큰 역할을 할 수 있으니 많은 음악을 감상해 보시기를 추천합니다.

펑크 음악의 특징으로는 싱코페이션이 자주 등장하는 리듬과 단순한 화성을 들 수 있습니다. 특히 Brass 악기가 주도적으로 음악을 이끌어 가기에 매우 경쾌하고 역동적인 느낌의 표현이 자주 등장합니다. 여기에 마치 타악기를 연주하는 듯한 일렉 기타 사운드와 화려한 베이스 그루브 그리

♪ Tower of power – Bump City

고 통통튀는 드럼 사운드가 더해지면 펑크의 맛을 한껏 살릴 수 있게 됩니다.

Chapter 1
BRASS

: 쉽게 만드는 펑크 브라스

다른 가상악기와 마찬가지로 브라스 파트도 기술의 발전으로 인해 사람의 연주에 근접한 표현과 효과를 낼 수 있는 시대가 된지는 이미 오래전입니다. 당연히 이 악기들도 연주자들의 연주를 샘플링 했으므로 편곡만 잘 한다면 충분히 사람의 연주 못지 않은 퀄리티를 낼 수 있습니다.

프로들이 많이 쓰고 있는 Brass 가상악기를 중심으로 편곡 기법을 다뤄보겠습니다. 팝, 클래식(영화 등의 매체 음악) 등 장르별로 강점을 지닌 가상악기들이 있습니다. 예를 들면 킥 애스 브라스 (Kick Ass Brass) 와 같이 팝이나 펑키한 톤이 샘플링된 악기는 클래식 편성의 영화 음악 등에는 어울리지 않는 소리를 가지고 있습니다. 그래서 음악의 특성과 장르에 따라서 그에 맞는 가상악기를 선택하는 것이 중요합니다. 또한 중립적인 톤을 가진 악기라면 음악에 맞게 변형시킬 수 있어야 합니다. 우선 자신과 익숙한 하나의 가상악기를 잘다루게 된다면 자연스럽게 다른 가상악기도 쉽게 습득할 수 있습니다.

Section 1
POP BRASS(팝브라스)

현대에 와서 팝,클래식을 구분하는 것이 무슨 의미가 있을까 싶으면서도 음색과 연주법 등에 따른 구분은 필요하다 생각합니다. 쉽게 생각하면 성악과와 대중 가수의 발성과 음색의 차이라 보면 될 듯합니다. 팝 가운데에서도 다시 장르의 구분에 따라 맑고 고운 소리, 허스키한 소리 등 여러 가지 톤이 있는 것처럼 관악기도 그와 같이 음악마다 연주자마다 저마다의 음색(Tone)이 다르게 마련입니다.

맑고 고운 소리가 필요할 때도 있고 찌그러트린(Distortion) 소리가 요구되기도 합니다. 특히 펑크에서 Brass 사운드는 드럼, 베이스 등과 잘 어울리는 음색과 주법을 필요로 합니다. 가끔은 솔로 악기로서의 사용도 좋은 효과를 보여줍니다.

1. Software Brass

팝 음악을 표현하는데 있어 대표적인 브라스(Brass) 가상악기들은 Kick Ass Brass, Mojo Horn, Broadway Big Band. 등이 있습니다.

♪ Kick Ass Brass

♪ Mojo Horn Section

♪ Broadway Big Band

이 악기 들은 모두 팝, 재즈, 락 등에 적합한 음색과 연주법으로 샘플링 되어진 악기들입니다. 여기에 새롭게 등장하여 좋은 평을 받고 있는 악기 Native Instruments의 "Session Horns Pro"입니다.

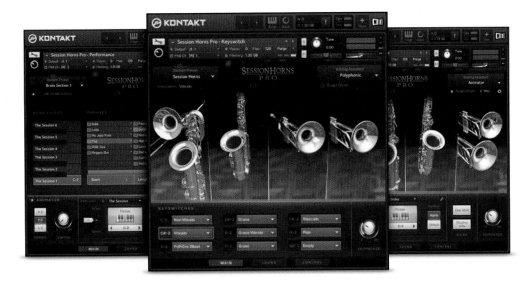

이 중에서 "Session Horns Pro"를 중심으로 펑크 음악 장르를 다뤄보도록 하겠습니다.

특별히 "Session Horns Pro"를 추천 드리는 이유는 이 악기가 비교적 최근에 제작되어서 모던한 사운드를 갖고있기 때문입니다. 또한 믹싱할 때 리버브(Reverb) 등 여러 가지 이펙터들을 적용 시 그 효과가 잘 나타납니다.

"Session Horns Pro"를 능숙하게 다루게 되면 다른 브라스 악기들을 다루는데 수월하고 그 기준을 가늠하기가 쉽습니다.

가끔 동요와 같은 유아를 비롯한 어린이를 대상으로 하는 음악에서는 이들처럼 리얼한 사운드의 브라스 가상악기 보다 과거에 출시된 브라스 슈퍼섹션(Brass Super Section)처럼 발랄한 카툰(Cartoon)의 뉘앙스가 필요하기도 합니다. 역시 나쁜 악기는 없고 나쁜 편곡자만 있을 뿐이죠.

1_ Session Horns Pro

"Session Horns Pro"는 여러 장르에 어울리는 사운드 프리셋을 구축하고 있습니다. 따라서 EarthWind &Fire나 Incognito와 같은 깔끔한 색깔을 내거나 Glenn Miller와 같은 활기찬 Jazz Big Band의 사운드를 표현할 수도 있습니다.

펑키(Funky)한 주법과 음색도 매우 쉽게 불러오고 표현할 수 있으며 실제 악기로 샘플링된 가상악기이기에 그 사운드도 매우 훌륭합니다.

사용할 때 유념해야 할 부분은 음악적 필요에 따라 강하고 약한 소리들을 보통 3단계 정도의 세기로 Velocity에 따라 반응하게끔 세밀하게 샘플링해 놓았다는 점입니다. 따라서 부드러운 소리를 크게 표현하고자 할 경우에는 약한 벨로시티로 입력 후 볼륨을 조절하여 사용해야 하는 등의 작업이 필요합니다. 이러한 세밀한 샘플링을 해 놓았기 때문에 용량이 수십 기가에 달하기도 합니다.

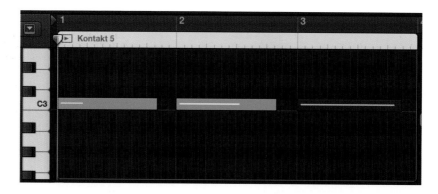

세 개의 미디 노트 벨로시티를 각각 30, 80, 120으로 입력하면 그림과 같이 3단계 Velocity로 구분이 됩니다. 이 노트를 들어보면 음량의 차이도 있지만 음색의 차이가 크다는 것을 알 수 있습니다. 벨로시티를 0에서 부터 127까지 천천히 올리다 보면 음색이 확연히 차이 나는 포인트를 느낄 수 있습니다.

그래서 이를 토대로 자신의 음악적 요구에 맞게 강약을 프로그래밍하는 것이 중요합니다.

벨로시티 구분점은 각각의 주법이나 가상악기마다 조금씩 차이가 있는데 편곡 과정에서 소리가 변하는 포인트를 기억하거나 매뉴얼을 참조하여 자신만의 데이터를 가지고 있어야 합니다. 부드럽고 약한 다이나믹이 필요한 음악에 목에 핏대가 서도록 세게 부는 소리로 편곡하는 코메디가 되지 않으려면 말이죠.

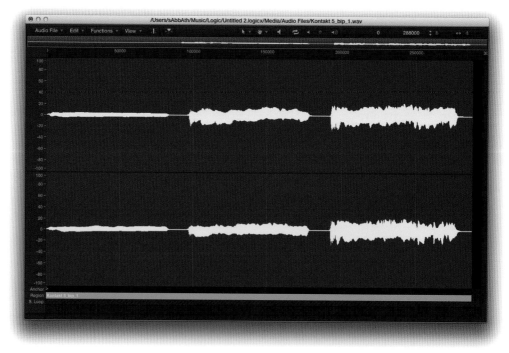

벨로시티에 따라 사운드의 파형의 모습도 굉장히 다르게 나타나는 것을 알 수 있습니다. 약한 벨로시티에서는 파형두 부드럽게 나타나고 점점 거친 느낌의 파형으로 변화하고 있습니다. 높은 벨로시티로 연주한 거친 파형을 부드러운 소리가 필요한 약하게 연주하는 지점에 작은 소리로 가져가는게 바로 코메디죠.

"Session Horns Pro"의 기본적인 사용법은 Part 4에서 확인할 수 있습니다.

2_ 편성

KONTAKT에서 "Session Horns Pro"를 불러올 때 팝이나 소규모 밴드 음악에 널리 쓰이는 브라스의 편성을 간단히 선택할 수 있습니다.

음역대 별로 트럼펫(Trumpet), 앨토 섹소폰(Alto Saxophone), 테너 섹소폰(Tenor Saxophone), 트롬본(Trombone), 이렇게 네 파트의 구성이 대표적으로 많이 쓰이는 브라스의 편성입니다.

여기서 원하는 데로 악기의 구성을 바꿔서 사용할 수 있으며 특히 자주 쓰이는 편성은 미리 프리셋으로 모아놓았기 때문에 간단히 프리셋을 선택하는 것 만으로 원하는 편성을 불러올 수 있습니다.

왼쪽 상단의 Section Preset을 선택하면 다양한 프리셋 리스트가 나타나며 이 중 원하는 프리셋을 고르면 잠시 샘플을 읽은 후 로딩이 완료됩니다.

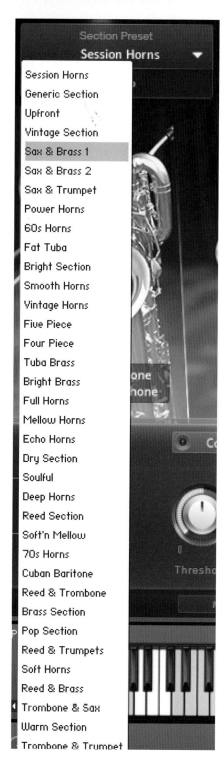

프리셋 중 "Sax & Bass 1"을 선택하면 조금 전에 이야기한 대표적인 편성으로 바뀝니다.

이 편성은 모던 브라스(modern brass) 편곡의 대표적인 편성이며, 필요에 따라서 바리톤 계열 (Baritone Saxophone, Bass Trombone)이 추가되기도 합니다.

이럴 경우 5성부 편성인데 이는 Big Band에서 즐겨 쓰는 편성이기도 하고, 최근 Retro Music 등에서 낮은 음역대의 브라스를 적극 활용하기도 합니다. 또한 바리톤이 아니더라도 이러한 5성부의 편성은 일반적인 4성부 블록 보이싱(4part block voicing)에 옥타브 아래로 멜로디를 레이어드하는 5성부 블록 보이싱(5part block voicing)을 쓰기도 합니다

물론 유니즌(Unison)으로 고음과 저음을 나누어 연주하는 방법도 아주 많이 쓰이는 대표적인 방법이라 할 수 있습니다.

♪ Unison Voicing

이런 식으로 고음과 저음을 똑같이 연주하는 유니즌 보이싱은 여러 음을 펼쳐 놓는 것보다 좀 더 직선적이고 또렷한 사운드를 내 주기에 힘있는 표현이 필요할 때 사용하기 좋습니다.

♪ 4part Block Voicing

4성부 보이싱은 위 악보처럼 4개의 음이 동시에 울리며 진행하는 것입니다. 풍성한 사운드로 원하는 색채를 표현할 때 유용합니다.

여기서 악기별 음역을 파악하는 것도 중요한 부분인데 인터넷에 자세히 나와있을 뿐 아니라, 친절하게도 요즘의 가상악기는 각 악기의 음역에 맞게 샘플링 되어 있습니다. 사람이 불어서 샘플링 했으니 당연한 결과겠지요.

다만 소리가 난다고 무조건 사용한다기보다는 적정 음역대를 찾는 것이 중요합니다. 특히나 노래곡이라면 무엇보다 중요한 것이 목소리입니다. 아무리 좋은 편곡이라도 노래가 잘 안 들린다면 좋은 편곡이라 할 수 없습니다. 흔히 믹싱으로 해결할 수 있다 하지만 근본적으로는 편곡이 잘 되어야 믹싱으로 더욱 그 효과를 배가시킬 수 있습니다.

이 역시 선배 뮤지션들의 히트 넘버들을 공부하는 것을 가장 좋은 방법이므로 많은 히트 넘버들을 통해 배우길 추천합니다. 그리고 나서 악기론에 관한 책이나 정보들을 겸한다면 좋은 편곡을 할 수 있으리라 믿습니다.

2. Brass Recording

1_ 펜타토닉 스케일 (Pentatonic Scale)

기타(Guitar)나 다른 악기들도 그렇지만 브라스 역시 펜타토닉 스케일이 빈번히 쓰입니다. 이 펜타토닉 스케일을 먼저 유니즌(Unison)으로 편곡하여 보겠습니다. 이것이 잘 된다면 화음을 사용하는 것도 어렵지 않습니다. 펜타토닉은 말 그대로 5음 음계인데 나라마다 장르마다 조금씩 다릅니다. 여기서는 팝을 다루니 만큼 블루스에 기초하여 알아보겠습니다. 펜타토닉은 전가의 보도라 할 만큼 활용폭이 광범위하고, 다소 과장된 표현을 하자면 어지간하면 다 어울린다고 말할 수 있습니다. Stevie Wonder, Earth Wind & Fire, Incognito 등, 브라스 편곡이 잘된 아티스트들의 대표 곡들을 들어보면 의외로 간단한 펜타토닉 스케일의 유니즌 프레이즈가 많음을 확인할 수 있습니다.

♪ Major Pentatonic

♪ minor Pentatonic

2_ Melody

♪ Pentastic

그림은 예제 곡 펜타스틱(Pentastic]의 악보입니다. 펜타스틱은 5음 음계의 간단한 멜로디를 구성해 보았습니다. 여러분들의 영감으로 멜로디가 떠오른 다면 그 멜로디로 연습을 해보는 것도 좋습니다. 궁극적인 목표이기도 하니까요. 이번에는 펜타토닉 스케일 만으로 작곡을 해 봅시다. 예제 곡은 블루스에 기초한 D메이저의 펜타토닉 스케일을 사용했습니다. F내추럴(Natural) 음이 나오는 이유입니다.

먼저 악보와 같은 멜로디를 시퀀싱합니다. 가급적 직접 건반으로 레코딩하시길 권합니다. 레코딩하고 퀀타이즈를 한 후에는 길이를 조정합니다. 클래식 장르에서는 악보의 표기가 세밀해서 대부분 악보대로 연주하면 원하는 결과를 얻을 수 있지만 대중 음악은 코드의 표기 이외에 악보의 표기가 세밀하지 않은 경우가 대부분입니다. 이것은 오히려 작곡자가 생각 못한 연주자들의 능력을 끌어내는 장점이 되기도 합니다. 작곡자의 의도가 분명하게 요구되는 부분을 제외하면 기본적인 것만을 표기하는 것이 일반적입니다. 그래서 미디로 표현할 때는 작곡가인 우리 자신이 연주자가 되어 그 세밀한 표현을 해주어야 합니다. 벨로시티(Velocity), 듀레이션(Duration), 톤 칼라(Tone Color) 등 많은 부분에 섬세한 후반 작업이 필요합니다.

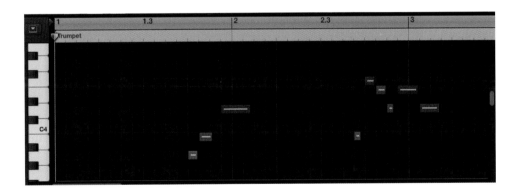

그림과 같이 음길이(Duration)를 조정하는 것 만으로도 미묘한 뉘앙스의 차이와 그루브(Groove)를 만들어 낼수 있습니다. 장르에 따라서 음악의 빠르기에 따라서 듀레이션의 조정도 조금씩 차이가 있습니다.
따라서 여러 장르의 음악을 흉내내보고 그 특성을 파악해야 합니다.

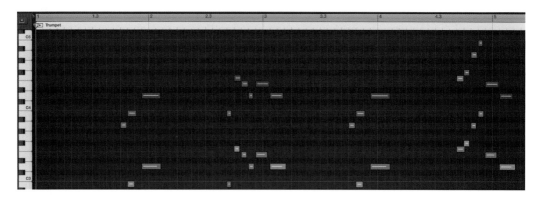

노트를 에디팅한 후에 전체 선택 후 한 옥타브 아래로 카피하여 트롬본과 테너 색소폰의 사운드를 표현해 줍니다.

"Session Horns Pro"의 우측 상단을 보면 Voicing Assistant가 보입니다. 여기서 Smart Voice Split을 선택해 주면 자동으로 악기의 특성에 맞춰 연주해 줍니다. 만약 기본 세팅인 Polyphonic 그대로 놔두면 트롬본이 트럼펫 멜로디를 소리내거나 트럼펫이 트롬본 멜로디를 소리내는 등

의 오류가 일어나기 때문에 최종적으로 연주되는 사운드가 약간 어색하게 될 수 있습니다. 따라서 적절히 소리를 배분해 주기 위해 Voicing Assistant를 조절해 줄 필요가 있습니다.

연주될 때 다시 한 번 듀레이션과 벨로시티를 조정합니다. 고음부에서는 이 길이가 좋았는데 저음부는 거슬린다거나 하는 경우에 파트별로 조금씩 수정합니다.

전체적인 브라스의 밸런스를 원하는 느낌으로 조절합니다. 저음부의 트롬본과 테너 색소폰의 사운드를 보강하여 좀 더 힘있는 느낌으로 표현하였습니다.

아래 중앙에 위치한 SOUND를 선택 후 Global Master FX에서 전체적인 브라스의 질감을 조절할 수 있습니다. 여기서 Eq를 선택하고 중/고음역의 Gain을 높여서 약간 밝은 느낌이 살아 나도록 조절하였습니다.

약간 아쉬운 부분은 믹싱을 하면서 좀 더 보완해 나갈 수 있으니 이 정도로 "Session Horns Pro"에서의 소리 조절은 마치겠습니다.

세밀한 사운드로 조절하고 싶을 때에는 각각의 악기별로 트랙을 만들고 Solo악기를 불러와서 작업해도 좋습니다. 이렇게 하면 좀 더 자신이 원하는데로 사운드를 만들어 갈 수 있기에 섬세한 작업이 필요할 경우 좋은 대안이 될 수 있습니다.

"Session Horns Pro"에서 Solo Instruments 폴더로 들어가면 원하는 악기를 하나씩 불러서 사용할 수 있도록 되어 있습니다.

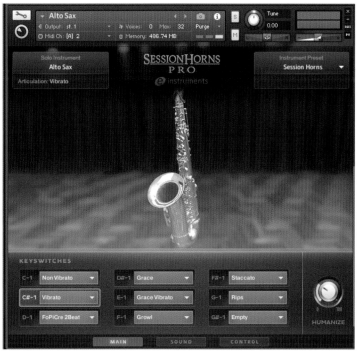

이렇게 하나씩 트랙을 만들고 각각의 악기를 불러와서 작업한다면 각각의 악기별로 에디팅이 자유로워지기에 원하는 사운드를 표현하기 좋습니다. 하지만 빠른 작업이 필요하다거나 아직 악기와 사운드에 대해 잘 알지 못한다면 여러 악기가 함께 모여있는 것을 사용하는게 더 편하고 좋은 소리를 만들 수 있기도 합니다. 어느 방법이 좋고 어느 방법은 나쁘다가 아니라 상황에 맞게 자신이 원하는 것을 선택하십시오. 각각 솔로 악기를 불러와야만 좋은 소리를 만들 수 있는 것도 아니고 항상 섹션을 사용하는게 편하기만 한 것도 아닙니다. 이런저런 방법 자꾸 시도해 보세요. 그러다 보면 "어느 곡에선 어떻게 해야 좋겠다"라는 판단을 빨리 하실 수 있게 될 것입니다.

Chapter 2
DRUM & BASS

: 펑크 리듬 간단히 표현하기

펑크(Funk)의 리듬 파트 중에서 드럼과 베이스를 살펴보겠습니다.

Section 1
FUNK DRUMS

펑크 드럼의 가장 큰 특징은 싱코페이션(Syncopation)이라 생각됩니다. 8비트 또는 16비트의 싱코페이션으로 펑크 특유의 그루브 감을 느낄 수 있죠. 하지만 너무 많은 싱코페이션으로 복잡하게 만들기보다는 요소요소에 적절히 넣는 것이 효과적입니다. 그리고 특히 싱코페이션이 들어가는 타이밍은 한 프레이즈가 끝나는 부분에 많습니다. 이러한 특징을 갖는 펑크 드럼 사운드와 리듬의 작법을 간단히 알아보겠습니다.

1. Software Drums

♪ AbbeyRoad 70s Drummer

Funk의 전성기라하면 70년대를 뽑을 수 있을 것입니다. Native Instruments의 AbbeyRoad Drummer 시리즈 중에 70s Drummer를 열어보면 Funk에 어울리는 사운드가 프리셋으로 세팅되어 있습니다. 70년대가 펑크 음악의 황금기라는 것을 설명해주는 것도 같습니다.

"AR70s Tight Kit Lite.nki"를 불러오는 것 만으로 펑크에 어울리는 드럼 사운드를 만들 수 있습니다. 물론 약간의 설정 값들을 조절하여, 자신이 원하는 느낌의 사운드로 조금 변화를 주면 더욱 만족스러운 결과를 얻을 수 있을 것입니다.

2. Drum Sequencing

다른 장르도 마찬가지겠지만 펑키한 느낌의 리듬을 분석해 보면 의외로 심플한 패턴임을 알 수 있습니다.
기준이 되는 드럼을 잘게 쪼개는 경우도 있습니다만, 베이스, 기타, 퍼커션 등이 그 역할을 나누어 담당하고 드럼은 4비트, 8비트에 충실한 경우가 많이 있습니다.

펑크 음악에 어울리는 간결한 드럼 리듬에 다른 악기 와의 컴비네이션을 고려 하여 드럼을 시퀀싱 해보겠습니다.

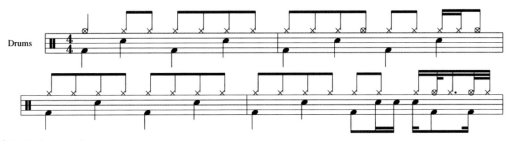

♪ Funk Drum – 1

쿵짝쿵짝하는 기본적인 8비트의 프레이즈가 끝나는 4마디에서 싱코페이션으로 펑키(Funky)한 드럼 그루브를 표현했습니다. 마지막 32비트 하이햇은 오픈 하이햇으로 강세를 준 뒤 바로 닫으라는 표시입니다. 아주 짧게 "웃치 웃치익"하는 느낌의 사운드를 만들기 위함이지요. 여기에 강세를 엇박에 주면 좀 더 흥이나게 됩니다.

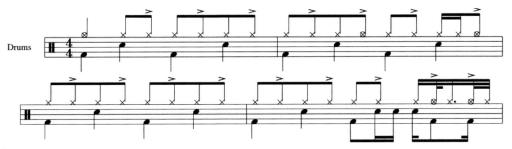

♪ Funk Drum – 2

기본적인 8beat 패턴에서 업비트에 하이햇을 강하게 연주하고 하이햇 오픈으로 액센트를 주어 그루브한 느낌을 살렸습니다. 이를 DAW에 시퀀싱하면 다음과 같습니다.

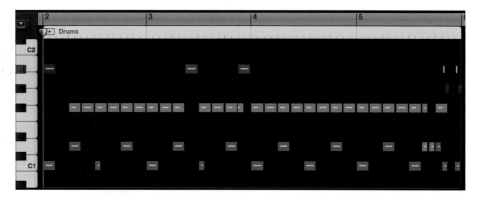

앞 박자에 약한 벨로시티로 하이햇을 시퀀싱했지만 포인트는 뒷박에 강세를 준다는 것입니다. 앞으로 전진하는 것과는 조금 다른 그루브감을 표현할 수 있습니다.

심플한 패턴의 드럼에서는 베이스 등 여타 악기들이 좀 더 자유롭게 세분화하여 리듬을 표현할 수 있습니다.
어떤 분들은 드럼 시퀀싱을 "퍼즐 맞추기"나 "블럭 쌓기 놀이"라고도 하는데요. 딱히 틀린 말도 아닙니다.

직접 시퀀싱을 하는 것이 이 책의 목표이지만 여건이 된다면 전문 연주자를 섭외하여 레코딩을 받아 보는 것도 큰 도움이 됩니다. 작곡가가 모든 악기의 전문가가 되기는 어렵기 때문에 전문 연주자의 도움으로 각각의 악기를 최대한 매력적으로 만들어준다면 작곡한 음악이 좀 더 높은 퀄리티를 갖게 될 것입니다.

드러머에게 직접 연주를 부탁할 때는 좀 더 간결하게 다음 악보처럼 정리해 주는 것이 좋습니다. 일반적으로 오픈 하이햇에 강세가 있다면 짧게 연주하고 하이햇을 닫게 됩니다. 따라서 위에서 그려준 것처럼 하이햇을 닫기 위한 음표는 없어도 무방합니다. 연주 경력이 많은 드러머라면 다음과 같은 악보를 보고 훌륭히 펑키한 드럼 그루브를 표현해 낼 것입니다.

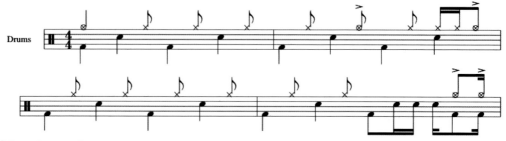

♪ Funk Drum – 3

사실 드럼 악보가 아니라 그 곡의 리드시트(Lead Sheet)에 강세 표현만 있는 악보를 드러머에게 제공해도 드러머가 알아서 곡에 어울리는 훌륭한 드러밍을 하는 경우가 많습니다. 비단 드러머 뿐만 아니라 베이스와 기타 등 다른 악기의 연주자들도 마찬가지입니다. 세세한 악보를 주고 악보대로 연주를 부탁하는 것도 좋지만 러프(Rough)한 악보를 제시하고 그들의 역량을 최대한 끌어올릴 수 있도록 자유도를 배가 시키는 것이 더 만족스러운 결과물을 만들어 내기도 합니다.

.

Section 2
FUNK BASS

Jaco Pastorius처럼 부드러운 사운드로 펑키한 그루브를 표현하는 베이시스트가 있다면 또 한편으론 Marcus Miller처럼 마치 타악기를 연주하듯이 베이스의 현을 튕기고 뜯으며 사운드를 만들어 내는 펑키 베이시스트가 있습니다. 이렇게 두 가지 연주 형태가 공존하지만 Marcus Miller가 즐겨 연주하는 슬랩핑(Slapping)과 팝핑(Popping) 사운드를 위주로 펑키한 그루브를 표현하는 방법을 다루어 보겠습니다.

1. Software Bass

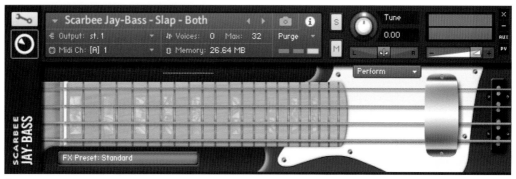

♪ scarbee jay-bass

"SCARBEE JAY-BASS"는 Slapping과 Popping 사운드를 낼 수 있는 가상악기입니다. 따라서 Funk 음악에 어울리는 베이스 그루브를 만들어 낼 때 활용하기 좋은 악기죠. Native instruments의 Scarbee Bass 시리즈 중 하나로 다른 모델과 사용 방법은 거의 비슷합니다. 다만 엄지 손가락으로 현을 튕기는 Slapping 사운드와 검지 손가락으로 줄을 잡아 뜯어 소리를 내는 Popping 사운드를 낼 수 있다는 것이 이 악기의 특징입니다.

"Scarbee Jay-Bass – Slap – Both.nki"를 불러온 뒤 건반을 눌러보면 저음부에서는 엄지 손가락으로 슬랩핑(Slapping) 하는 사운드를 들을 수 있습니다.

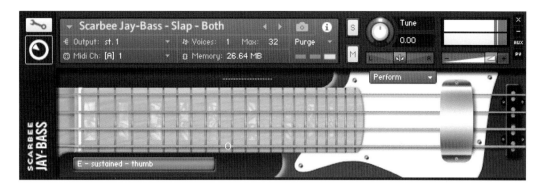

슬랩핑을 표현할 때는 Thumb이라는 글자로 엄지손가락을 이용한 슬랩핑 사운드가 나오고 있다는 것을 표시해 줍니다.

마찬가지로 팝핑을 표현할 때에는 검지손가락으로 뜯고 있다는 것을 알려주는 Pluck이라는 글이 LCD창에 나타납니다.

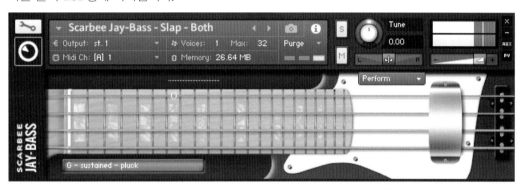

물론 다른 Scarbee Bass 시리즈처럼 해머온(Hammer-on)과 같은 표현들도 가능합니다.

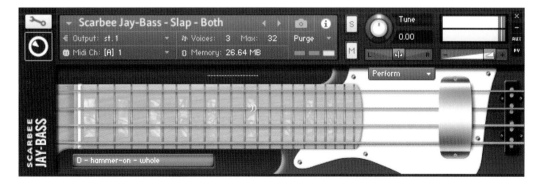

펑키한 사운드의 슬랩핑과 팝핑 그루브를 간단히 만들 수 있으며 내장된 프리셋을 선택하여 Old School과 Modern등 각각의 뉘앙스를 가져올 수도 있습니다.

2. Funk Bass Sequencing

베이스 기타의 시퀀싱은 비교적 단순한 것처럼 보이지만 그만큼 어렵고 중요한 작업이기도 합니다.

♪ Funk Bass

베이스 파트의 악보입니다. 교본 등에서 흔히 볼 수 있는 리프입니다. 너무 흔해서 잘 안쓸 것 같지만 의외로 쓰임새가 많은 리프이니 만큼 기억해 두시기 바랍니다. D메이저의 곡인데 F내츄럴 음을 사용하는 것이 의문일 수 있습니다. 이것은 앞서 언급했듯이 블루스에 기반한 음악이라 이해하시면 될 듯합니다.

3음을 플랫시키는 블루스 만의 독특한 스케일 때문인데요. 그렇다고 수직적인 블록 코드에서도 3음을 플랫시키는 것은 아닙니다. 전통적인 클래식의 장, 단조와는 다르다고 이해하시면 될 듯합니다.

악보 상으로 보이는 베이스와 실제로 시퀀싱하는 베이스는 앞서 브라스의 경우와 같이 듀레이션(Duration)의 조정이 필요합니다.

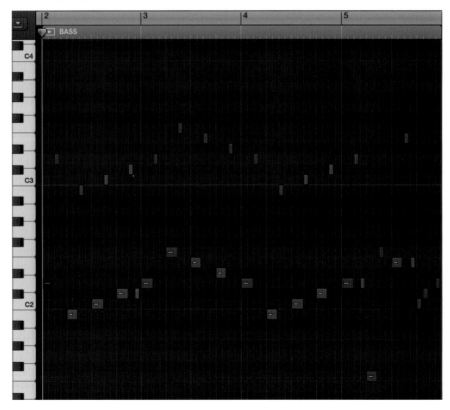

위의 그림과 같이 악보와 실제 시퀀싱의 듀레이션은 차이가 있습니다. 펑키한 음악에서는 뒷박의 액센트가 특유의 그루브를 펴현하는데 매우 중요합니다. 길이를 짧게 하는 등의 방법으로 그 느낌을 살릴 수 있습니다. 벨로시티 또한 신경써야 할 부분입니다. 단지 "SCARBEE JAY-BASS"의 경우는 그 차이가 크지 않은데 이는 음악에 따라서 차이는 있습니다만 베이스의 경우는 극단적인 셈여림의 차이가 오히려 그루브한 진행을 방해하거나 밸런스를 흐트릴 수 있기 때문에 가급적 균일한 다이나믹을 요하는 이유입니다.

"SCARBEE JAY-BASS"는 벨로시티(Velocity) 값에 따라 하모닉스(Harmonics), 뮤트(mute), 서스테인(sustained)으로 나뉘어 연주되기 때문에 벨로시티를 잘 조절하여 원하는 느낌으로 표현해야 합니다.

Chapter 3
FUNK GUITAR
: 진짜 같은 펑크 기타

기타라는 악기는 대중 음악의 중심이라 해도 과언이 아닐 것입니다. 더욱이 일렉트릭(Electric) 기타가 나오게 되면서 다양한 연주법이 발전하고 이펙터 등 같이 사용되는 기기들의 발달로 아직도 무한한 확장 중에 있습니다. 이에 걸맞춰 가상악기도 하루가 다르게 새로운 악기들이 쏟아져 나오고 있습니다. 이 단원에서는 가상악기로 할 수 있는 기타 표현을 매우 간단한 방법으로 제시해 보겠습니다.

펑크, 디스코 등의 곡에서 기타와 건반 악기의 역할은 거의 비슷하게 리듬과 하모니를 담당합니다. 특히 기타는 리듬 쪽에 더 치우쳐 있다고 할 수 있습니다. 코드를 스트럼(Strum)으로 연주 하기도 하고 단음(single note)이나 옥타브 주법 등 리듬감을 표현하는 다양한 연주법들이 있습니다.

Section 1
FUNK GUITARIST

🎵 SCARBEE FUNK GUITARIST

수 많은 기타(Guitar) 가상악기가 있지만 FUNK 음악에 특화된 "SCARBEE FUNK GUITARIST"는 그들 중 단연 최고의 펑크 사운드를 뿜어줍니다. 다양한 패턴과 코드가 프리셋으로 정리되어 있으며, 자신이 원하는 코드 조합과 그루브로 새롭게 자신의 프리셋을 만들 수도 있고, 또 기타의 톤 마저도 원하는 데로 수정이 가능합니다. 펑크 음악을 만들 때 필수 가상악기라고 해도 지나치지 않을 만큼 정말 훌륭한 사운드와 편의성을 갖춘 진짜 물건입니다.

Combi 탭에는 현재 연주하는 코드와 그루브가 각각 왼쪽과 오른쪽에 표시됩니다. 그리고 가운데에 CURRENT PRESET은 현재 선택한 프리셋을 보여주는 창입니다. 그런데 Chords 프리셋과 Grooves 프리셋에서 각각의 프리셋을 선택하면 Combi와 Chords 그리고 Grooves의 프리셋 명칭이 모두 다르게 나타날 수 있습니다. 자신이 원하는 조합으로 프리셋이 완성되었다면 CURRENT PRESET의 디스크 아이콘을 누른 후 자신의 프리셋으로 저장하여 사용할 수 있습니다.

CURRENT PRESET의 중간에 있는 MAPPING을 누르면 코드와 그루브가 어느 건반에서 어떻게 연주되는지 알 수 있는 키 스위치 지도가 나타납니다.

CURRENT PRESET의 우측 하단의 BROWSE를 선택하면 프리셋을 고를 수 있는 리스트가 중앙에 나타나며 이 중에 원하는 프리셋을 고를 수 있습니다. 당연히 여기서 고르는 프리셋은 코드와 그루브의 패턴까지 한 번에 바뀌게 됩니다.

Chords 탭에서는 프리셋으로 각각의 스타일별 코드의 조합을 손쉽게 구할 수 있으며 PRESET 우측에 있는 MAP을 클릭하면 원하는데로 코드를 조합하여 자신의 곡에 맞춤형 코드를 만들 수 있습니다.

여기에서 자신이 원하는데로 코드를 구성할 수 있습니다. KEY에서 코드의 근음을 정하고 TYPE에서 코드의 구성을 정하고 POSITION과 STRINGS 그리고 TOP NOTE까지 세부적으로 정할 수 있습니다. 이렇게 하나씩 정하면 왼쪽 CHORD KEYS에 적용되고 이렇게 정해놓은 키 스위치를 누르면 해당 코드를 연주하게 됩니다.

KEY SET은 A, B, C가 있는데 새롭게 만들어서 총 3가지 키 스위치를 사용할 수 있습니다.

옥타브 별로 키 스위치에 맵핑을 할 수 있도록 OCTAVE 버튼도 우측 하단에 위치합니다. 총 3옥타브에 걸쳐서 35개의 코드를 저장해 놓고 원하는데로 선택하며 연주가 가능합니다.

Grooves 탭도 Chords 탭과 마찬가지로 프리셋으로 그루브를 골라서 사용할 수 있으며, MAP에서 원하는 그루브를 골라서 키 스위치에 할당해 놓을 수도 있습니다.

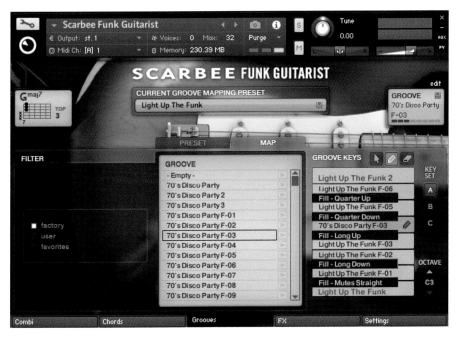

MAP에서 원하는 그루브를 선택하고 오른쪽 키 스위치에 할당해 놓으면 원하는 데로 그루브를 조절해 가며 활용할 수 있습니다.

옥타브 별로 키 스위치에 맵핑하여 총 3옥타브에 걸쳐서 36개의 그루브를 저장해 놓고 원하는데로 선택하며 연주가 가능합니다.

우측 상단의 GROOVE 디스플레이는 현재 선택된 그루브를 표시해 주는데 이 LCD창 위에 edit라고 작은 글씨가 보입니다. 이 버튼을 누르면 그루브를 자신이 원하는대로 수정할 수 있습니다.

위와같은 그루브 시퀀서 창이 나타나고 여기서 주법과 타이밍을 선택하여 자신이 원하는데로 편집하여 사용할 수 있습니다.

FX탭에서도 친절히 다양한 프리셋을 마련해 놓고 있으며 EQ, COMPRESSOR, AMP, CABINET,

PHASER, CHORUS, LIMITER, REVERB 까지 다양한 이펙터로 자신이 원하는 기타의 톤을 만들 수 있도록 배려해 놓았습니다.

그리고 각각의 이펙터 별로 프리셋을 고를 수 있어서 좀 더 쉽게 접근할 수 있습니다.

Settings 탭에는 아주 재밌는 기능이 있습니다. 바로 PLAY ALONG BASS 라는 기능인데요 펑크 기타에 맞춰 베이스 플레이가 자동으로 되는 것이죠.

MM-BASS와 PRE-BASS의 사운드를 담고 있으며 4분 음표, 2분 음표, 온음표의 길이로 코드에 맞춰 베이스 연주해 줍니다. 아주 간단한 기본 음으로만 연주하기 때문에 이를 최종적으로 곡에 적용하기보다는 여기서 연주하는 음을 참고하여 베이스 라인을 만들 때 쓰면 좋습니다.

위 그림은 기타 샘플을 어떻게 읽을 것인지 설정하는 버튼입니다.

PHASE SETTING은 Second Guitar를 추가하여 두 대의 기타를 같은 프레이즈로 연주하도록 하여 좀 더 풍성한 사운드를 원할 때 사용할 수 있습니다.

SAMPLE LOADING은 필요한 곡의 샘플만 로딩할 것인지, 가상악기의 전체 샘플을 로딩할 것인지 결정합니다.

INPUT QUANTIZE는 건반을 누르거나 입력된 노트를 읽어 들일 때 정확한 퀀타이즈로 읽어서 자연스러운 기타 연주 사운드를 내보내기 위한 장치입니다. 이것을 비 활성화 시켜놓으면 기타의 프레이즈가 미쳐 끝나기도 전에 다른 코드 또는 그루브로 이동하며 원치 않는 잡음이 만들어 지기도 합니다. 하지만 이런 잡음마저도 자신의 음악에 필요하다면 활용할 수 있겠죠.

마지막으로 이 훌륭한 가상악기를 만든 사람들이 소개되어 있습니다.

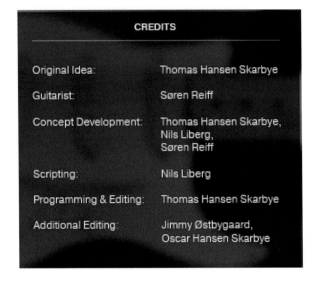

Section 2
FUNK GUITAR SEQUENCING

Chords 탭에서 Medium Funk (Dm) 프리셋을 로딩하여 시퀀싱 해보겠습니다.

예전에는 이런 스트로크도 일일이 피아노처럼 시퀀싱하는 수고를 해야만 했고 결과 또한 그다지 만족스럽지 않은 경우가 많았습니다. 하지만 지금은 악기에 대한 이해만 있다면 상당한 수준의 표현을 할 수 있습니다.

SCARBEE FUNK GUITARIST와 같은 훌륭한 가상악기를 사용하다보면 편곡이라기보다는 편집에 더 가까운듯합니다.

왼쪽에 코드 키를 살펴보면 건반에 여러 가지 코드들이 할당되어 있습니다. 한 가지 아쉬운 점은 건반의 위치와 샘플링 된 코드의 근음이 같지 않아서 일일이 들어보고 시퀀싱해야 합니다. 리스닝 훈련이 잘 되어 있다면 별문제가 아닙니다만 처음 접하시는 분들은 텐션을 포함해서 여러 가지 고려할 부분들이 많이 있을 것입니다. 아니면 각자 자신이 쓰기 편하도록 건반에 맞춰 코드를 맵핑하고 사용하면 방금 말한 문제는 간단히 해결할 수 있습니다.

각각의 프리셋 패턴들을 들어보고 쟝르적 특성을 파악하는 것도 많은 도움이 될 것입니다.

자신의 곡을 먼저 만들고 나서 편곡하는 방법도 있지만 이런 샘플링 악기 들을 사용할 때 주어진 패턴에서 아이디어를 얻어서 곡을 만들어 가는 방법도 권장합니다. 보다 자연스러운 편곡을 할 수 있으니까요.

그런 다음에 어느 정도 익숙해지고 나면 자신의 멜로디에 자유롭게 기타를 시퀀싱하실 수 있습니다. 이 악기는 펑키한 음악에 국한되는 점을 제외하고는 무척이나 매력적인 악기임에는 틀림이 없습니다.

코드 패턴을 원하는 데로 선택하였다면 다음으로는 그루브(Groove) 냅으로 넘어가 자신의 곡과 어울리는 기타 리듬 패턴을 선택할 차례입니다.

Light Up The Funk 프리셋을 고르겠습니다. 그러면 오른쪽 GROOVE KEYS의 리듬이 선택한 프리셋의 요소로 전환됩니다. 조금씩 다른 느낌의 리듬 패턴이 흰 건반에 할당되어 있고, 검은 건반에는 주로 Fill이 할당되어 있습니다. 리듬을 연주하다가 요소요소에 변화를 주기 위하여 Fill이 할당된 검은 건반을 누르면 멋진 기타 필을 간단히 표현할 수 있습니다.

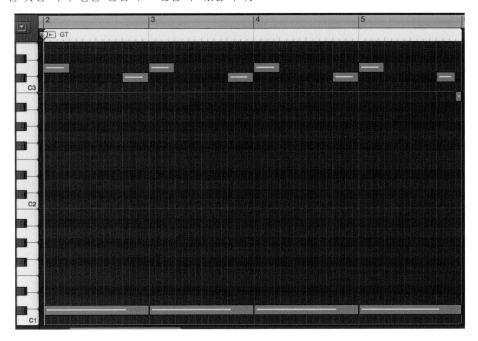

기타는 C#1노트에 할당된 Dm11 코드로 계속해서 진행하고 D3 노트를 눌러 기본 리듬으로 3박자 후 C#3 노트로 필을 한 박자씩 섞어서 펑키한 그루브를 표현하고 있습니다. 마지막 B2 노트는 기타 연주를 멈추는 버튼 역할입니다.

FX 탭과 Setting 탭에서 보다 정교하게 기타의 톤을 가다듬는 작업을 할 수 있습니다.

Chapter 4
Easy Mixing & Mastering
: 펑크 사운드 만들기

믹싱과 마스터링 엔지니어가 되기 위해서는 주파수 대역별로 악기의 특성을 이해하고 기억하는 것이 중요합니다. 또 다양한 이펙터들의 기본 원리와 각각의 노브와 페이더들이 어떤 방식으로 작동하는지 꿰뚫고 있어야 합니다. 이에 더해서 소리의 특성과 성질, 공간에 대한 이해와 전기 배선과 기기의 저항 값 등등 배워야 하고 알아야 하는 내용이 방대합니다.

이러한 내용을 다 재껴두고 이번 Chapter에서는 오직 좋은 소리를 찾는 것에 집중하여 아주 간단히 원하는 사운드를 만들어 내는 방법을 찾아보겠습니다.

사실 음향 기사의 궁극적인 목표 또한 결국은 좋은 소리를 찾고, 매력적인 사운드를 만들어 내는 것입니다. 그러기 위해 위에서 말한 대로 여러 가지 지식과 경험이 필요한 것이 사실입니다. 다만, 작/편곡가의 입장에서는 이러한 내용을 다 공부하기엔 또 작곡의 영역에서 배워야 할 것들이 너무 많죠.

음향 지식이 부족한 사람들도 플러그인을 활용해서 간단히 믹싱과 마스터링을 할 수 있는 방법에 대해 알아 보도록 하겠습니다.

Section 1
MIXING(믹싱)

발라드에서는 따뜻한 사운드, EDM에서는 강렬한 베이스가 전면에 나서는 묵직한 사운드가 그 음악의 특성을 잘 살려줍니다. 펑크에서는 약간 밝은 사운드가 주를 이루며 가벼운 듯한 느낌을 받을 수 있습니다. 이런 밝은 느낌, 가벼운 느낌은 고음역대가 살아있도록 조절하여 표현합니다. 그렇다고 해서 모든 악기가 다 가볍게만 가야하는 것은 아닙니다. 전체적인 분위기를 그렇게 만들어 간다는 것이지 개별악기마다 고음역대만 부스트(Boost) 시켜서 카랑카랑하게만 만들면 결국 싸구려 라디오에서 나오는 듯한 소리가 될 수 있습니다.

적절히 전체적인 밸런스를 맞춰가는 것이 믹싱에서 가장 중요한 대목이죠.

1. Oneknob

Waves의 플러그인 중에 "oneknob" 시리즈가 있습니다. 이들은 복잡한 기능 없이 그저 하나의 노브를 돌리는 것으로 소리를 밝게 만든다든지, 촉촉하게 만든다든지, 뚱뚱하게 또는 크게 만드는 등의 효과를 나타냅니다. 따라서 믹싱 엔지니어가 아닌 작/편곡가에게는 단비와 같은 플러그인이라 할 수 있죠. 그저 원하는 효과를 고르고 원하는 만큼 돌리는 것으로 기대하는 사운드를 만들어 갈 수 있습니다.

그들을 소개하겠습니다.

"oneknob" 시리즈는 그들의 이름을 보면 어떤 효과를 내는 플러그인인지 알 수 있습니다. "Pressure"는 말 그대로 소리를 눌러주는 음향기기입니다. 엔지니어가 소리를 압축할 때 사용하는 컴프레서(Compressor)와 비슷한 사운드가 만들어지는데 단순히 노브를 돌리는 것으로 사운드의 눌리는 양을 조절할 수 있습니다. Threshold, Attack, Release, Knee, Makeup 등 컴프레서의 다양한 조절 장치의 사용법을 몰라도 그냥 압축된 사운드를 만들 수 있는 것이죠.

♪ Pressure

이번에는 "wetter"입니다. 말그대로 축축한 사운드를 만들어 주는 것이죠. 음향에서 축축한 사운드라는 말은 공간감 또는 잔향을 이야기할 때 사용합니다. 우리가 흔히 잔향을 크게 느낄 수 있는 곳은 목욕탕, 동굴, 지하 주차장 등이죠. 이러한 곳은 항상 축축한 느낌이 들기에 음향에서 공간감을 느끼기 위해 잔향을 만들면 흔히 엔지니어들은 축축(Wet)해진다고 이야기합니다.
"wetter"의 노브를 돌려보세요 점점 축축해지는 것을 느낄 수 있습니다.

🎼 wetter

원두 커피를 직접 갈아서 내릴 때 우리는 커피 가루를 필터 위에 올려놓고, 아주 미세한 커피의 입자와 물만 필터를 통해 내려가고 굵은 커피 입자들은 필터에 걸러지도록 하죠. 마찬가지로 음향기기에서 말하는 필터도 우리가 원하지 않는 소리를 걸러 내주는 역할을 합니다. "filter"는 단순히 노브를 돌리는 것 만으로 원치 않는 대역의 소리를 걸러줄 수 있습니다. 단, "filter"는 고음을 걸러내는 Low-pass 필터입니다. 다시 말해 노브를 왼쪽으로 돌리면 점점 고음이 사라지고 오른쪽으로 돌리면 다시 고음을 통과시켜 원래의 소리를 들을 수 있게 됩니다.

🎼 filter

펑크 음악에서 밝은 소리를 만들 때 아주 딱 맞는 녀석이 바로 이 "Brighter"입니다. 단순히 노브를 돌리는 것으로 소리를 밝게 만들어줍니다. 이퀄라이저(EQ)에서 고음역대를 부스트(Boost)한다고 이해하시면 됩니다.

🎼 brighter

볼륨은 최대로 올렸는데도 불구하고 다른 트랙에 비해 소리가 작은 녀석들과 마주할 때가 있죠. "더 이상 볼륨을 키울 방법이 없는데 어쩌지?"하고 있을때 간단히 볼륨을 높여줄 수 있는 녀석이 "louder"입니다. 단순히 볼륨을 올려주는 역할이기 때문에 웬만하면 마스터 아웃풋(Master Output Channel)에는 걸지 않는 것이 좋습니다.

🎼 louder

기똥차게 뚱뚱(Fat)한 사운드를 만들어주는 녀석입니다. 이 녀석은 좀 더 꽉찬 사운드가 필요할 때 불러서 돌려주면 소리가 점점 부푸는 듯 느껴지는데 충분히 뚱뚱하다고 느껴지는 부분에서 멈춰주면 됩니다.

♪ phatter

기타 연주자들이 일렉 기타를 연주할 때 소리를 약간 찢어지게 만들어서 일렉 기타 특유의 사운드를 만들죠. 그때 사용하는 이펙터 중 가장 흔하게 쓰이는 것이 "Overdrive"라는 것입니다. "driver"도 "Overdriver"의 기능과 거의 흡사한데 따로 톤을 만질 수 있는 부분 없이 그냥 소리를 찢어지게 만들어줍니다. 간단히 드라이브(Overdrive)사운드를 만들고 싶을 때 불러다가 쓰세요.

♪ driver

요즘은 물을 끌어올리는 수동 펌프를 보기 어렵지만 90년대 초까지만 해도 시골 집에서는 지하수를 끌어올리는 수동 펌프를 쉽게 볼 수 있었습니다. "pumper"에 조그맣게 그려진 아이콘이 수동 펌프의 모양이지요. 이 펌프는 물을 끌어올리기 위해서 올렸다 내렸다하면 물도 리듬에 맞춰 흔들리며 올라오게 됩니다. 이렇게 펌프질을 하는 느낌으로 음량을 내렸다 올렸다 하고 싶을 때 "pumper"를 쓸 수 있습니다. Sidechain compressor를 적용하여 덕킹 사운드를 만들고 싶을 때 간단히 "pumper"를 불러오면 복잡한 사이드체인(sidechain) 과정이 필요 없어집니다.

♪ pumper

2. 브라스 사운드 (Horns Sound)

"Session horns Pro"의 사운드는 약간 부드러운 성향이 있습니다. 펑크 음악의 그 톡톡튀는 느낌을 주기 위해서는 좀 더 밝게 만들어주면 좋겠죠. 그때 간단히 "brighter"를 불러와서 노브를 돌려주면 원하는데로 밝은 사운드로 변화합니다.

예제 곡에서는 노브를 최대로 돌려서 밝은 사운드로 변화시켜 주었습니다.

♪ brighter

사운드의 질감을 좀 더 화려하게 꾸미고 싶을 때 Exciter를 사용합니다. Exciter는 고음역대의 배음을 증가시켜주는 기기입니다. 따라서 좀 더 밝아지는 느낌과 함께 화려한 사운드로 만들어줍니다.

PA Default 프리셋을 고른 후 AX MIX 노브를 7까지 살짝 높여주는 것으로 마무리 하였습니다.

아쉽게도 "oneknob" 중에는 exciter가 없어서 따로 불러와 사용하였습니다. 하지만 여기서도 프리셋을 이용해서 원하는 소리와 비슷한 질감을 찾은 뒤 익사이터(Exciter)의 효과만 조절하는 것으로 사용할 수 있으니 "oneknob"처럼 간단히 하나의 노브를 돌려서 원하는 사운드로 만들어 갈 수 있습니다. 단, 어떤 이펙터가 어떤 사운드를 만들어 주는지 공부해야 익사이터를 불러올지 이퀄라이저를 불러올지 결정할 수 있습니다. 이러한 세세한 부분까지 조절하고 싶다면 결국 음향 공부를 꾸준히 하는 것이 필요합니다.

3. 드럼 사운드 (Drums Sound)

"Abbey Road 70s Drummer"의 볼륨이 살짝 작아서 "louder"를 걸어주었습니다. 물론 "Abbey Road 70s Drummer"의 내부 믹서에서 볼륨을 높여주거나 다른 방법들도 있지만 간단히 볼륨만 높여주고 싶을 때 "louder"를 활용하는 것도 나쁘지 않습니다.

♪ louder

드럼의 사운드가 약간 가볍다고 느껴질 때 "phatter"를 걸고 살짝 돌려주면 드럼이 좀 더 묵직해 지는 느낌을 받게 됩니다. 킥이 좀 더 앞으로 나오고 전체적으로 사운드가 가득차는 효과도 거둘 수 있습니다.

♪ phatter

4. 베이스 사운드 (Electric Bass Sound)

보통 드라이브(Overdrive) 사운드는 일렉 기타에 가징 많이 사용하지만, 드럼을 좀 더 강렬하게 또는 화려하게 바꿔주기 위하여 사용하기도 하고, 드물지만 보컬에도 드라이브를 거는 경우도 있습니다. 펑크 베이스에서 슬랩핑과 팝핑의 사운드를 좀 더 과격하게 표현하기 위해서 "driver"를 적용시키는 것도 좋은 효과를 거둘 수 있습니다.

"driver"의 노브를 돌리다 보면 소리가 밝아지면서 존재감이 배가 되는 것을 느낄 수 있습니다. 너무 돌리면 소리가 찢어지며 오히려 뭉개지는 느낌을 받을 수 있으니 가장 좋은 소리를 찾아 귀를 기울여 보세요.

♪ driver

소리가 뒤로 밀려났다가 앞으로 다가왔다를 반복하는 덕킹 (Ducking) 사운드를 만들려면 보통 사이드 체인을 이용해 컴프레싱을 하는 경우가 많습니다. 그런데 초보자들은 사이드체인의 적용 방법을 잘 모르는 경우가 많습니다. 안다고 해도 복잡하기 때문에 적용하기 귀찮은 경우가 있죠. 이럴 때 "pumper"를 불러와서 노브만 살짝 돌려주면 간단히 덕킹 사운드를 표현할 수 있습니다.

"pumper"로 "JAY-BASS"의 슬랩핑 사운드를 살짝 뒤로 밀었다가 제자리로 돌아올 수 있게 하면 드럼의 킥 사운드가 또렷하게 들리고 리듬감도 배가시키는 효과를 거둘 수 있습니다.

♪ pumper

Rate에서는 "pumper"의 동작 속력을 정할 수 있습니다. 1/4은 4분 음표의 길이로 작동한다는 것을 의미합니다.

♪ Rate

Offset은 어느 타이밍에 펌프질을 시작할지 결정하는 것으로 펌프하는 파형의 위상을 조절합니다.

♪ Offset

슬랩핑과 팝핑의 사운드를 좀 더 밝게 만들어 주기 위하여 "brighter"를 데려왔습니다.

♪ brighter

5. 일렉 기타 사운드 (Electric Guitar Sound)

"SCARBEE FUNK GUITARIST"는 기본적으로 펑크에 어울리는 기타 사운드를 들려줍니다. 그 자체 만으로도 충분히 좋은 소리이지만 다른 악기들과의 조화를 생각해서 조금 더 밝은 사운드를 만들고 싶어 "brighter"로 원하는 밝기를 표현했습니다.

♪ brighter

6. 리버브 (Reverb)

♪ IRLive

리버브(Reverb)는 Waves의 "IRLive"를 Aux 또는 FX 트랙에 걸고 각각의 악기 채널에서 Send로 보내는 양을 조절하여 사용합니다.

"왜 리버브는 Insert에 걸지 않고 Send로 보내나요?"라는 질문을 많이 받습니다. 가장 많이 드리는 답변은 "통일감 있는 잔향을 표현하기 위해서"입니다.
펑크 음악에서 뿐만 아니라 여러 악기들이 함께 연주되는 곡을 실제 연주하는 것을 본다면 그 공간은 하나의 동일한 공간이게 됩니다. 다시 말해 공연장에서 관람을 하거나 버스킹(Busking)을 한다고 해도 골목에 모여 하거나 공원에 옹기종기 모여 공연을 하고 그 사운드를 듣게 되는 것이죠. 이때 우리는 그 공간의 잔향과 함께 음악을 듣게 됩니다.
그런데 DAW에서 가상악기로 음악을 만들면 기타는 미국에서, 드럼은 영국에서, 베이스는 독일에서 녹음된 소스가 뒤섞이게 됩니다. 이때 드럼과 기타, 베이스에 통일된 잔향을 부여한다면 같은 공간에서 연주한 듯 자연스러운 결과물을 얻게 되는 것입니다.
이러한 이유로 하나의 리버브에 여러 악기 소리를 보내주어 통일감 있는 잔향을 표현하는 것이죠.

각각의 악기별 Send양은 정해져 있는 것이 아니라 가장 자연스러운 공간의 울림을 찾는 것입니다.
대체적으로 저음을 담당하는 악기는 적게 보내고 중음역대의 악기에 가장 잔향을 많이 부여합니다.
그다음 고음역대 순서로 조절하는 것이 효과적이지만 정답은 아닙니다.
각자의 곡에서 구성되는 악기의 조합과 여러 가지 상황을 고려하여 잔향을 부여해야하죠. 결국 믹싱의 정답은 "그때 그때 달라요"가 아닌가 싶습니다.

펑크 음악은 라이브에서 그 특유의 느낌이 더 살아난다는 느낌을 받습니다. 어느 분들은 레코딩된 깔끔한 사운드를 더 좋아하시기도 하지만 이런건 개인 취향이지요. 왠지 펑크는 라이브 느낌에 끌리는 것은 어쩔 수 없네요.

라이브의 느낌을 표현하기 좋은 리버브 중 하나가 Waves의 "IRLive"입니다. 물론 "Altiverb", "Aether"등 다른 좋은 리버브들도 많이 있습니다. 하지만 이름에서 느껴지는 그 라이브 감성과 실제 사운드도 상당히 만족스럽기에 "IRLive"를 예제 음악의 리버브로 사용하였습니다.

특별히 노브를 만지지 않고 그냥 불러온 그 상태(Live Hall 1)로 각각의 악기 채널에서 Send 양만 조절하였습니다.

자신이 원하는 사운드에 적합한 프리셋을 고른 후 노브를 살짝 조절하여 사용해도 좋지만 처음 열었을 때, 그 상태가 맘에 든다면 그대로 진행하는 것도 하나의 방법입니다. 시간을 절약할 수도 있구요.

7. 딜레이 (Delay)

♪ SuperTap

딜레이(Delay)는 메아리를 만들어주는 기계입니다. 처음 울려퍼진 소리를 시간의 차를 두어 반복시키며 점점 작아지도록 하여 결국 메아리와 같은 사운드를 만들어 내죠.
딜레이도 리버브처럼 공간감을 부여해 주는데 많이 사용합니다. 따라서 Aux 또는 FX트랙에 걸고 각각의 악기 채널에서 Send로 보내서 딜레이의 양을 조절하는 경우가 많습니다.

Waves의 "SuperTap"은 "SuperTap 2"와 "SuperTap 6"로 나뉘어저 있는데 딜레이를 일으키는 타이밍을 2개로 설정할 것인지 6개로 설정할 것인지가 다릅니다.

우선 "SuperTap 2"를 불러온 뒤 Pensado Tap 8th Note 프리셋을 적용하겠습니다. 그런 뒤 "Session Horns Pro"의 채널에서 Send의 양을 조금만 올려서 딜레이가 들릴듯 말듯 한 정도로 표현하겠습니다.

딜레이를 너무 또렷하게 부여하면 뒤이어 오는 다른 소리들과 부딪히는 경우가 많아 일반적으로 딜레이는 살짝 걸게 됩니다.

8. 밸런스 (Balance)

믹싱의 기본은 밸런스(Balance)를 맞추는 것이죠. 각각의 채널에 매력적인 사운드를 부여하는 것도 중요하지만 역시 가장 중요한 믹싱의 기본은 전체적인 사운드의 균형을 잡아가는 것입니다.

예제 곡에서는 Drums가 가장 전면에 나서게 하고 그와 거의 동일한 선에서 Horns가 함께 등장하도록 하였습니다. 그 뒤로 양옆으로 살짝 나뉘어서 기타와 베이스가 있고 리버브와 딜레이가 전체적인 사운드의 공간을 만들어 주도록 배치하였습니다.

여기서 중요한 것은 어느 채널도 피크(Peak)이상으로 올라가지 않는다는 것입니다. 피크가 떠도 그대로 믹싱을 하는 경우도 종종 볼 수 있는데 그렇게 하면 소리가 찢어지고 뭉게지는 경우가 많습니다. 때에 따라서는 그런 사운드가 살짝 드라이브를 건 듯 매력적으로 들릴 수도 있지만 어느 정도 위험 부담을 갖고 가야하기에 추천하지는 않습니다.

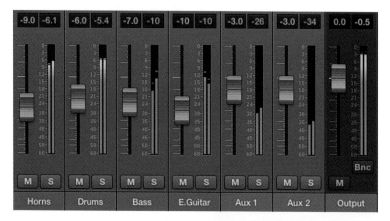

리버브로 보내는 센드의 양은 악기마다 원하는 취향대로 조절하는 것이지만 horns가 여러 대가 함께 울려퍼지기에 여기서는 다른 악기들에 비해 좀 더 많은 양을 센드로 보냈습니다.

L-Hall 이라는 이름으로 Bus를 설정하고 리버브를 걸었기 때문에 Sends에 이름이 그렇게 나타나고 있으며, Bus 3은 딜레이로 보내는 양입니다. 그림에서 보듯이 Horns만 딜레이로 소리를 보내고 있습니다.

이정도로 전체적인 밸런스를 맞췄다면 최종적으로 마스터링 작업에 들어갑니다.

Section 2
MASTERING

마스터링 작업을 위해서는 2트랙으로 바운스(Bounce) 또는 익스포트(Export)하고 새로운 프로젝트를 열어서 프로세싱(Processing)하는 것이 정석입니다. 하지만 컴퓨터 사양이 높아지고 개인이 직접 자신의 방에서 최종 결과물을 만들어 내는 것이 보편화 되고 있기에 작업 중인 프로젝트에서 그대로 마스터 단에 플러그인을 걸고 작업하는 방식이 많아지고 있습니다.

사실 믹싱 단계에서도 트랙별로 오디오 추출한 뒤 믹싱을 하는 것이 정석이며 또 가장 섬세한 믹싱을 할수 있는 방법이기도 합니다. 하지만 개인이 자신의 DAW에서 모든 과정을 마치려 할 때 시간도 많이 걸리고 복잡하기 때문에 작업 중인 프로젝트에서 그대로 믹싱과 마스터링을 진행하는 것이 효율적이기도합니다.

좀 더 섬세한 작업을 원한다면 믹싱 단계에서 오디오로 추출하여 작업한 뒤 2트랙(흔히 말하는 Stereo파일)으로 믹싱 완료 파일을 만들고 이를 다시 마스터링 작업하는 방법도 좋습니다.

엔지니어를 위한 마스터링 가이드 라기보다는 작/편곡가를 위한 가이드이기에 작업 중인 프로젝트에 그대로 플러그인을 걸고 마스터링 작업을 하는 방법을 알아보겠습니다.

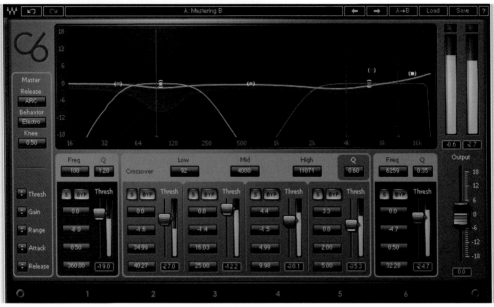

♪ C6

멀티밴드 컴프레서의 좋은 점은 다이나믹을 음역별로 적용할 수 있어서 이퀄라이저의 기능을 활용할 수 있는 점과 이러한 기능을 활용하면 음역별로 다른 컴프레션(compression)을 함으로서 많은 마진(margin)을 얻을 수 있다는 것입니다. UI(user interface)가 조금 복잡한 듯 하지만 여타 다른 컴프레서와 작동 원리나 구성은 같습니다. 어찌보면 모노 또는 스테레오 컴프레서보다 더 단순한 구조라고 생각되기도 합니다. 다만 여러 개가 달려있어서 처음 봤을 때 복잡해 보이는 것이죠.

Waves의 "C6"는 총 6개의 컴프레서가 각각 주파수 별로 작동하도록 만들어진 멀티 컴프레서(Multiband Compressor)입니다. 프리셋 중 Mastering B를 선택하여 살짝 고음부를 밝게 만들고 저음부를 단단하게 만들었습니다. 이렇게 프리셋으로 간단히 만질 수 도 있고, 음역별로 조절하여 원하는 사운드를 만들어도 좋습니다.

왼쪽 하단의 Thresh, Gain, Range, Attack, Release는 전제 주파수 대역에서 각각의 파라메터(Parameter)를 한 번에 움직일 수 있는 조절 장치입니다. 즉 6개의 주파수 대역 파라메터가 이 버튼으로 조절이 가능하다는 것이죠.

그리고 각각의 주파수 대역 별로 페이더는 Threshold 조절, 그리고 S는 솔로 버튼, BYP는 컴프레서 적용하지 않고 통과시키는 바이패스(By-pass)입니다. 그 아래서부터 차례대로 왼쪽의 전체 조절 버튼과 나란히 Gain 조절, Range 조절, Attack 조절, Release 조절로 각각의 주파수 대역별로 세부 세팅을 변화시킬 수 있습니다.

여기서도 마찬가지로 프리셋으로 자신이 원하는 컴프레싱과 비슷한 느낌을 찾고 주파수 대역별로 세부 조정하는 방법으로 가장 현재의 음악과 어울리는 느낌을 찾는 것이 중요합니다.

2. L3 Ultra Maximizer

"L3 Ultramaximizer"는 간단히 음압을 최대로 끌어올릴 수 있는 플러그인입니다. 음압 전쟁이라고 까지 하는 요즘 홈 스튜디오 유저에게는 정말 단비같은 존재죠.

간단히 Threshold 값을 내리면 전체적으로 컴프레싱이 되며 Out Ceiling 레벨까지 자동으로 음량을 보상해 줍니다. 한가지 주의할 점은 Atten이 3dB 이상으로 내려가면 소리가 찢어질 확률이 높아 집니다. 따라서 Atten이 3dB 이상으로 내려가며 빨간불이 반짝인다면 주의를 기울여 소리가 찢어지지 않는지 확인하며 Threshold값에 변화를 주어야 합니다.

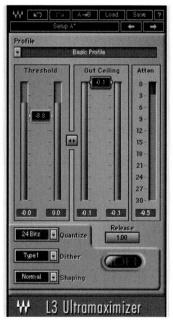

♬ L3 Ultramaximizer

3. PAZ Analyzer

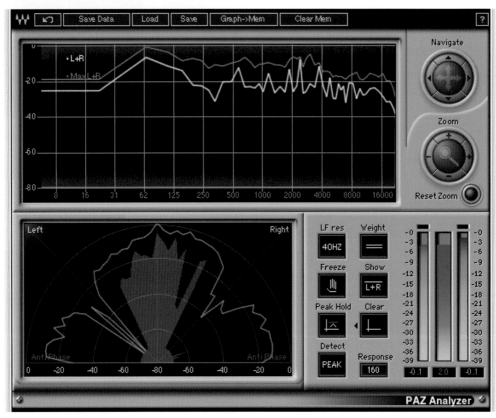

♪ PAZ Analyzer

아날라이저를 보며 최종적으로 사운드가 어떻게 출력되고 있는지 확인합니다.

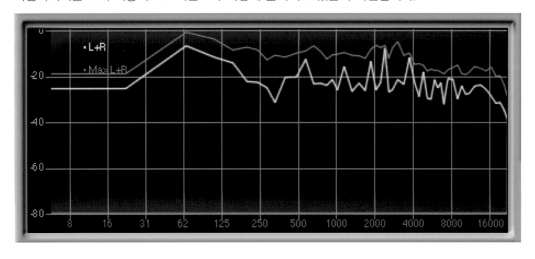

주파수 대역별로 음량을 확인하며 혹시 보완이 필요한 부분이 있다면 "C6"에서 조절하거나 Linear Phase EQ등을 "L3" 앞에 걸고 사운드를 조절해 줘도 좋습니다. 노란색은 현재 나오고 있는 주파수 대역 음량이며 주황색은 최종적으로 가장 크게 출력된 음량을 보여줍니다.

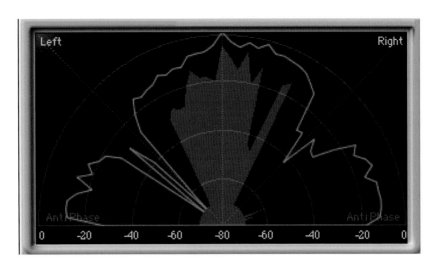

스테레오 이미지가 어떻게 분포되는지 확인하는 창입니다. 여기서도 마찬가지로 회색면은 현재의 스테레오 이미지를 보여주며 주황색 라인은 최종적인 스테레오 이미지를 나타냅니다. 주황색 라인이 너무 좁게 되어 있다면 스테레오 이미지를 좀 넓게 조절할 필요가 있다는 뜻이죠.

Part 6

ALL THAT ARIRANG

영화, 광고 등 매체 음악에 많이 쓰이는 오케스트레이션 기법을 팝스 오케스트라(Pops Orchestra) 편곡의 예제 곡 <All That Arirang>을 통해 알아 봅시다

오케스트레이션은 말 그대로 금관, 목관, 현, 타악과 특수 악기 등 광범위하고 어려운 주제입니다. 본 서에서는 한 두 가지의 대표적인 예제를 통하여 기본이 되고 또 중요한 테크닉들을 다루려 합니다. 클래식 작곡을 전공한 이들이 아닐 경우에는 무척 생소하고 어려운 분야일 수 있습니다. 그러나 작고 쉬운 것부터 차근 차근 해나간다면 충분히 원하는 결과를 얻을 수 있을 거라 생각합니다. 잘 아시는 바와 같이 영화 음악의 거장 한스 짐머(Hans Zimmer)도 작곡 전공자가 아니었습니다. 하지만 지금은 누구도 따라올 수 없는 그 만의 음악적 어법으로 전세계 영화 음악 학도들의 롤 모델(Roll Model)로 자리 매김 하고 있으며 그가 탑클래스(Top Class)의 작가임에 누구도 이의를 제기하지 못할 것입니다. 음악 감독으로 출발하는 시점에서 전공자는 많은 이점을 가지기는 하지만 결코 절대적인 것은 아니며 가요와 달리 공부하는 만큼 결과를 얻을 수 있는 장르이기도 합니다. 음악적인 것 외에도 문학, 철학 등 인문학적인 소양을 키우는 것도 무척 중요하다 여겨집니다.

왜냐하면 영화, 연극 등의 대본을 이해해야 할 뿐만 아니라 극의 템포, 색감 그 외 고려해야 할 부분이 무척 많기 때문입니다. 쉬운 것부터 하나씩 해나가다 보면 어느새 실력이 부쩍 늘어 있는 자신을 발견할 것입니다.

오케스트레이션을 공부하려면 오리지널 스코어(Original Score)를 적극 활용하는 것이 많은 도움이 됩니다.
악보를 시퀀싱 하면서 대가들의 작법을 간접적으로 배울 수 있고 악기론 및 화성학, 악식론 등을 몸으로 체득할 수 있습니다.

이번 Part에서는 <All That Arirang>이라는 작품을 통해 어떠한 기법으로 오케스트레이션을 접근하고 있는지 살펴보고 이를 통해 각자 자신의 음악에 적용할 수 있는 다양한 아이디어를 가져갈 수 있길 바랍니다.

Chapter 1
POPS ORCHESTRA ARRANGEMENT
: 오케스트라 곡 분석

스트링과 브라스, 그 외 팝 오케스트라 편성에 관해 알아봅시다. 예제 곡 <All that Arirang>은 2013년 문화 예술인의 밤 행사에 피날레 곡으로 위촉 받아 작곡된 곡입니다. 각 지방의 아리랑 들을 현대적으로 해석하여 한 곡으로 표현하였습니다. 원곡은 더 많은 아리랑을 포함하였습니다만 행사에서는 시간관계상 많은 곡들이 생략되었습니다.
이 Chapter에서는 아리랑 주요 부분을 통하여 팝 오케스트라 편곡의 기법들을 공부해 보겠습니다.

이번 Chapter에 이야기하는 <All That Arirang>은 실제 작업 파일을 제공합니다. 따라서 책에서 이야기하는 내용을 작업 파일과 함께 보면 도움이 될 것입니다.

Section 1
SOFTWARE INSTRUMENTS

이 곡은 기본적으로는 Full Orchestra의 편성을 기본으로 하였습니다. 사용한 VST들을 다음과 같습니다.

1. Woodwinds

𝄞 HOLLYWOODWINDS

Cinesamples의 "Hollywoodwinds"의 "Tutti K2"를 사용했습니다. 정통 클래식의 편곡이거나 개별적인 목관 악기 마다의 개성이 요구되는 편곡이 아니어서 편리한 튜티 음원을 로딩했습니다.

반면에 플룻의 경우는 솔로파트가 상대적으로 많이 나오는 만큼 WARP4 프로덕션의 재즈 플룻 중에서 키 스위치 풀(Key switch-Full)을 사용했습니다.

일반적인 클래식컬 플룻 음원보다는 조금 거친 음색을 가지고 있습니다. 또한 여러 가지 재즈에서 요구하는 다양한 주법들이 샘플링 되어 있어서 상당히 좋은 편곡을 할 수 있습니다.

2. Strings

♪ Symphobia

스트링 파트는 Projectsam의 "Symphobia"에서 키 스위치 베이직 음원을 사용하였습니다. 이런 종류의 VST는 브랜드 별로 하나씩은 다 있습니다. 곡의 장르, 규모 등을 고려하여 선택하는 것이 좋습니다. 심포비아는 스테이지(Stage)와 클로즈(Close)로 마이킹 포인트를 구분했습니다.
여기서는 스테이지의 음원을 불렀습니다. 기본적으로 드라이 한 특성입니다.

3. Brass

♪ Orchestral Brass Classic

PROJECTSAM의 "ORCHESTRAL BRASS CLASSIC"입니다. 줄여서 OBC라고 많이 부릅니다. 말 그대로 클래식컬한 주법으로 샘플링 된 음원들이 가득 합니다. 영화 음악 등에 적합한 가상악기입니다.

이와 더불어 AMG의 "Kick Ass Brass"도 레이어드(Layered)하였습니다.

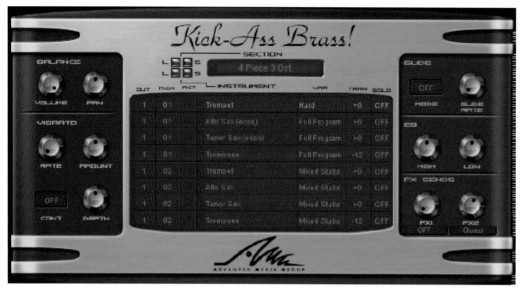

𝄞 Kick Ass Brass

4. Drums

𝄞 STUDIO DRUMMER

Native Instruments의 "STUDIO DRUMMER"입니다. 샘플링이 상당히 잘 되어 있는 좋은 드럼 가상 악기입니다. 믹싱을 한 후에 더 좋은 결과를 얻을 수 있습니다. 드럼 세트 별로 공간을 선택할 수 있으며, 이 곡에서는 발라드에 적합한 앰비언스를 선택하였습니다.

Kit 탭에서 하단에 OH MIX, ROOM MIX를 통해 앰비언스의 양을 조절할 수 있습니다. 리얼 드럼은 앰비언스의 사운드가 특히 중요합니다.

5. Guitar & Bass guitar

♪ Virtual Guitarist ELECTRIC EDITION

All that Arirang의 메인기타는 전문 기타 연주자가 직접 녹음을 했습니다. Steinberg의 "Virtual Guitarist ELECTRIC EDITION"는 백업 스트로크 위주로 활용하였습니다. 우측에 Doubling 버튼을 누르면 더블링 효과를 줄 수 있습니다. 왼쪽 오른쪽 중에 한 쪽의 플레이 타임을 지연(Delay)시켜서 스테레오 효과를 주는 방식입니다.

베이스 기타는 Spectrasonic의 "TRILOGY"를 사용했습니다.

"TRILOGY"에서 "Jaco Fretless" 음원을 사용했습니다. 이 음원은 프렛리스(Fretless) 베이스의 대명
사 Jaco Pastorius의 톤을 시뮬레이션한 음원입니다.

6. Loops & FX

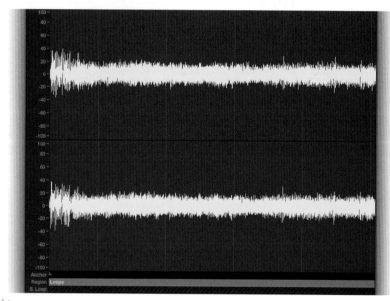

♪ Loops

꽹과리의 Sample Loop과 사운드 FX들을 사용했습니다.

Section 2
ARRANGEMENT

본조 아리랑, 정선 아리랑, 상주 아리랑, 강원도아리랑, 밀양 아리랑 등 지역을 대표하는 아리랑들을 발췌하여 편곡하였습니다. 곡 별로 필요한 부분들의 악보와 시퀀싱 데이터들을 분석하여 봅시다.

1. 정선 아리랑

♪ 정선 아리랑 멜로디와 코드

정선 아리랑의 멜로디와 코드 악보입니다. 1도와 4도의 메이져7 코드에 9텐션을 썼습니다. 반복적인 리듬과 코드를 사용해서 몽환적인 느낌과 그루브를 표현했습니다. 멜로디의 리듬도 편곡에 맞게 스트레이하게 변형하여 보았습니다. 드럼, 기타, 베이스, 피아노의 4리듬 섹션 편성에 앞의 곡부터 나오는 패드를 레이어드하여 연속된 느낌을 주었습니다.

1_ 드럼 패턴
정선 아리랑은 드럼 8Best, 꽹과리 16Beat, 일렉 기타 16Beat의 구성으로 서로 다른 악기들 사이사이에 들리는 구성을 하였습니다.

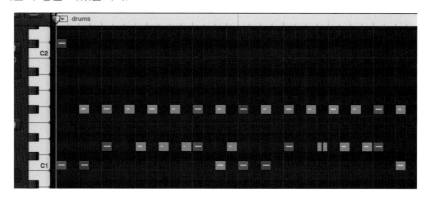

중심이 되는 2마디의 드럼 패턴입니다. 건반에 할당된 노트 포지션은 GM 드럼맵과 비슷합니다.

드럼 리듬은 전형적인 펑키의 패턴이라고 보면 될 듯합니다. BPM은 86입니다.
이 리듬은 템포의 변화에 따라서 여러 가지의 장르로 바리에이션할 수 있는 유용한 리듬입니다.

비트를 세부적으로 살펴보겠습니다. 8Beat 패턴의 하이햇에 액센트를 강박에 두었습니다. 작가의
의도에 따라 뒷박에 강세를 둔다면 좀 더 그루브한 느낌을 줄 수도 있을 것입니다.
2박과 4박에 나오는 스네어 외에 사이에 들어있는 꾸밈음(Ghost Note)의 경우 실제 연주자들은 더
많이 넣기도 합니다. 미디의 경우라면 적절한 타협점을 찾는 것이 필요하고 이 곡은 꽹과리 룹이
16Beat로 깔려 있기 때문에 그 콤비네이션을 고려하였습니다.
드럼 파트를 편곡할 때 드럼과 퍼커션, 그리고 다른 악기들에 같은 리듬을 배분할 수도 있고 각기
역할을 부여하여 큰 단위 작은 단위로 나누어 줄 수도 있습니다. 중심을 어디에 두느냐를 잘 판단
해야 합니다.

2 _ 드럼 필인(Fill-in)

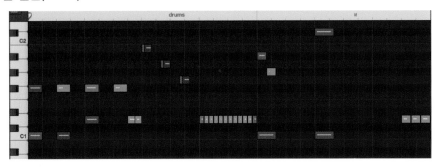

정선 아리랑에서 상주 아리랑으로 넘어가는 연결 부분의 드럼 필인입니다. 정선 아리랑은 4/4박
자로 진행하다가 상주 아리랑에서는 3/4박자로 변박이 됩니다. 이럴 때 자연스럽게 이어지도록
탐(Tom)을 2박 3연음으로 사용했습니다.
드럼 연주자들이 위와 같이 3연음으로 탐을 연주할 때 두 손으로 동시에 치게 되는 경우가 많습
니다.
이럴 때는 짧게 두 개의 노트를 붙이고 앞이나 뒤의 노트 중 한 개를 정하여 벨로시티의 차이를
둡니다.
스네어 롤(Roll)의 경우는 32분 음표의 3연음으로 시퀀싱하였습니다. 곡의 빠르기에 따라서 퀀타
이즈 단위를 정하는 것이 좋습니다.

다른 부분의 필인도 작업 파일에서 찾아보며 어떻게 표현하고 있는지 분석해 본다면 더욱 좋은
공부가 될 것입니다.

3 _ Loop

꽹과리의 Loop입니다. 가지고 있는 룹을
사용하고 싶은데 곡의 BPM과 맞지 않을
경우 위의 그림과 같이 부분적으로 자르고
타임 스트레치를 이용하여 박자의 단위에
맞게 늘이거나 줄여주어야 합니다.
자른 부분들은 짧게 크로스 페이드 (Cross-
Fade) 해주어야 어색하지 않습니다.

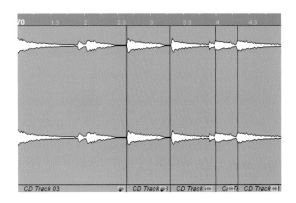

2. 강원도 아리랑

🎵 강원도 아리랑 멜로디와 코드

강원도 아리랑의 악보입니다. ROCK을 바탕으로 한 트리플 리듬으로 접근하였습니다. 코드 진행도
자연 단음계(Natural minor)를 활용하여 Pop Rock적인 느낌을 주고 있습니다.

1 _ 브라스 섹션

🎵 강원도 아리랑 브라스

브라스 섹션의 악보입니다. 유니즌과 하모니를 적절히 섞어서 편곡했습니다. 고음 부분은 트럼펫과
알토 색소폰이고 저음역은 트롬본입니다. 악보와 실제 미디 시퀀싱 데이터를 비교 하면서 듀레이션
의 조정에 따른 뉘앙스의 변화를 살펴보시길 바랍니다.

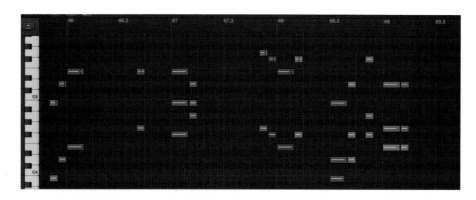

악보상으로 스타카토 등의 악상 기호를 표기해주면 연주자가 알맞게 연주하게 됩니다. 시퀀싱에서는 연주자가 편곡자 자신이므로 본인이 연주한다는 마음으로 길이, 강약, 톤 칼라 등을 조절해주어야 음악적으로 좋은 사운드를 얻을 수 있습니다.

비단 금관 악기 뿐 아니라 모든 악기에 해당되는 말입니다만 특히 금관 악기와 같이 입술을 사용하는 악기 들은 음역을 알고 있는 것이 더욱 중요합니다.
저음역에서부터 고음역에 이르기까지 각 악기들이 잘 배분되고 적절한 음역으로 연주될 때 최대의 효과를 낸다 할 수 있습니다.
실제 연주를 녹음한 샘플을 이용하는 가상악기들은 당연히 실제 연주가 가능한 음들만 들어있습니다. 소리가 난다고 다 쓸 수 있다기보다는 앙상블과 밸런스가 고려되어야 하고 시퀀싱한 곡을 실제 연주자가 연주한다고 해도 무리가 없을 정도여야 합니다. 쉼 없이 연속되는 고음 같은 경우는 실연자도 힘들뿐 아니라 듣기에도 좋지 않은 경우가 많습니다.

2 _ 스트링 섹션
강원도 아리랑의 스트링 섹션 또한 트리플 리듬에 기반하여 편곡하였습니다. 긴 프레이즈 없이 3연음 스타카토 주법으로 유니즌과 화음을 시퀀싱하였습니다. 심포비아의 키 스위치는 건반의 아래쪽 C0를 넘어 C-1 옥타브 부근에 키 스위치들이 있습니다.

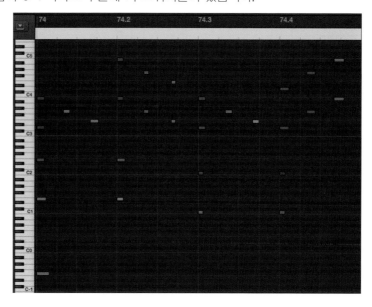

F-1에 스타카토(스피카토) 주법이 할당 되어 있습니다. 이러한 특정 연주 기법을 사용하고자 할 때는 주법의 시작지점에 미디 노트를 찍어 놓습니다.

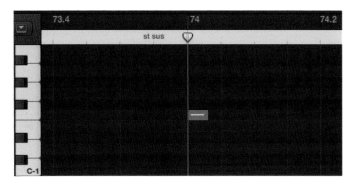

그림과 같이 정박(100% 퀀타이즈)에 키 스위치 노트가 있어야 하며 주법을 변화시키는 음들이 이 노트와 같거나 뒤에 있어야 합니다. 1틱(Tick) 이라도 앞에 있으면 주법 적용이 안되니 주의하십시오.

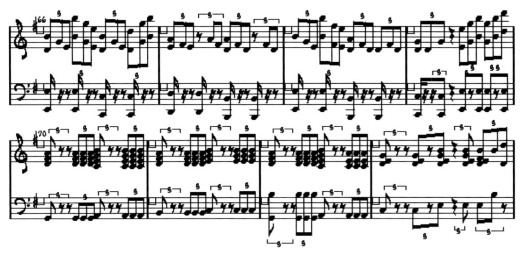

♪ 강원도 아리랑 스트링

스트링 섹션의 악보입니다. 첼로와 콘트라 베이스는 옥타브 유니즌으로 편곡하였습니다. 일렉트릭 베이스와의 컴비네이션을 고려한다면 정박에 근음 중심으로 시퀀싱하는 것이 음의 번짐을 예방하는 방법입니다.

실제 연주자의 세션을 레이어드할 수도 있는데 이럴 경우에는 파트별로 악보를 따로 주어야 하고 비올라나 첼로 등 가온 음자리표 표기가 필요한 악기를 고려하여야 합니다.

대부분의 시퀀싱 프로그램들은 편리하게도 이조(Transpose)나 보표 등을 자동으로 지원해서 악기를 선택하게 되면 그에 맞는 키와 보표(음자리표)로 변환하여 줍니다.

♪ 강원도 아리랑 멜로디와 코드

강원도 아리랑에 이어서 나오는 밀양 아리랑도 역시 3연음 리듬을 바탕으로 같은 편성의 편곡입니다. 앞서 3연음 리프를 스트링 파트에서 피아노로 옮겨서 보다 명료한 3연음이 되게 시퀀싱하였습니다. Cm 로 키가 바뀌어 앞의 강원 아리랑 보다 좀 더 무게감 있는 편곡입니다. 이것은 뒤에 나올 하일라이트 본조 아리랑을 염두에 두고 점증적인 방법으로 접근한 것이기도 합니다.

1_ 트럼펫 솔로

Kick Ass Brass의 트럼펫 솔로를 가지고 밀양아리랑의 후렴부에 대위선율을 편곡 했습니다.

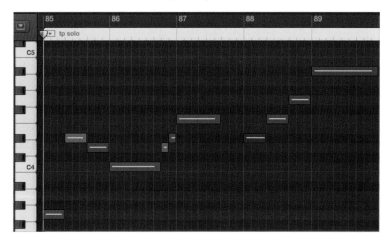

위의 그림에서처럼 악보와 실제 시퀀싱의 차이를 비교해 봅시다. 킥 애스 브라스의 벨로시티에 따른 다이나믹의 구분 포인트를 찾고 이를 잘 활용한다면 완성도 높은 브라스 편곡을 할 수 있을 것입니다.

♪ 밀양 아리랑 트럼펫 솔로 멜로디

트럼펫 솔로와 그 부분의 멜로디 악보입니다. 노래가 나올 동안은 길게 연주 하고 노래가 쉬는 쉼표 때에 조금 더 움직임을 주어 멜로디를 방해하지 않고 두 파트가 서로 잘 들리게 하기 위한 편곡을 하였습니다.

이런 기법은 아주 기초적인 것이어서 꼭 이 방법이 아니더라도 얼마든지 주요 멜로디를 돋보이게할 수 있습니다. 믹싱의 밸런스, 악기의 선택, 드럼 파트의 조정 등 수 많은 방법이 있습니다.

4. 본조 아리랑

가장 유명하고 많이 불리워지는 아리랑입니다.

♮ 본조 아리랑 스트링 하모니

위의 악보는 스트링 파트의 콘댄스드(Condensed) 스코어이며 합창 파트와 많이 다르지 않아서 화성분석을 하는데 유용합니다. 전통적인 찬송가나 합창곡 형태의 편성이고 또 하모니도 익숙한 진행과 텐션들입니다.

동요와 같이 쉬운 멜로디의 곡들을 위와 같은 방법으로 리하모니제이션(Reharmonization)과 새로운 편곡 연습을 해보세요. 오리지널 곡을 리메이크하거나 새로운 시각의 재 편곡이 필요할 때 리듬의 변화, 템포의 변화, 악기 편성 등 많은 요소를 리터치 함으로서 변화된 느낌을 줄 수 있습니다. 이 중 화음의 변형은 가장 효과 적이고 손쉬운 방법 중의 하나 입니다.

첫째 줄을 보게 되면 2마디부터 4마디까지 1도에서 4도로 이르는 코드의 진행입니다. 2마디 E flat 음이 4마디 C음에 이르기까지 반음씩 내려오는 진행을 살펴보겠습니다. 크로마틱(Chromatic)하모니를 써서 코드의 근음을 둔채로 신비로운 느낌을 표현합니다. 1M7–17–flat7/1–4M7의 진행은 빈번히 나오고 변형되는 클리셰입니다. 이 곡에서는 스트링과 합창이 거의 같은 음으로 구성되어 있습니다. 풍성하게 들리는 장점이 있고 다른 방식의 편곡에 비해 명료도가 좀 떨어지는 단점이 있습니다. 대위법적인 대선은 목관이나 금관파트로 배분하였습니다.

〈All That Arirang〉 작업 파일을 열어서 악기를 라우팅하고 원곡의 밸런스에 가깝게 맞춘 다음에는 자신만의 느낌으로 편곡을 첨가해 봅시다.

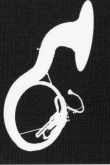

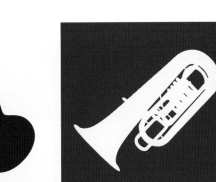

Extra 1
책에 나온 가상악기와 이펙터

아래에 적어놓은 주소로 들어가면 가상악기 소개를 볼 수 있으며, 구입할 수 있는 페이지로 이동이 가능합니다. 그리고 Native Instruments와 Waves 등은 체험해 볼 수 있는 데모(Demo)를 제공하고 있으니 구입하기 전 미리 사용해 보고 마음에 드는 것만 구매하는 것도 좋은 방법이 될 수 있습니다.

♪ http://www.native-instruments.com/

♪ http://www.waves.com/

♪ https://www.projectsam.com/

♪ http://www.amg−software.com/

♪ https://www.spectrasonics.net/

♪ https://cinesamples.com/

♪ http://www.fxpansion.com/

♪ http://www.toontrack.com/

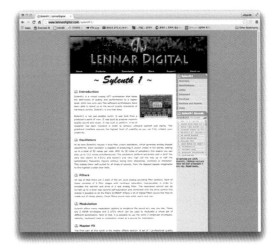

♪ http://www.lennardigital.com/

♪ http://d16.pl/

♪ http://www.arturia.com/

♪ https://www.pianoteq.com/

♪ http://www.soundsonline.com/

Extra 2
GM Drum Map

드럼 프로그래밍할 때 참고용입니다.

OutKey	Note	Drum Sound
35	B0	Acoustic Bass Drum
36	C1	Bass Drum 1
37	C#1	Side Stick
38	D1	Acoustic Snare
39	Eb1	Hand Clap
40	E1	Electric Snare
41	F1	Low Floor Tom
42	F#1	Closed Hi Hat
43	G1	High Floor Tom
44	Ab1	Pedal Hi-Hat
45	A1	Low Tom
46	Bb1	Open Hi-Hat
47	B1	Low-Mid Tom
48	C2	Hi Mid Tom
49	C#2	Crash Cymbal 1
50	D2	High Tom
51	Eb2	Ride Cymbal 1
52	E2	Chinese Cymbal
53	F2	Ride Bell
54	F#2	Tambourine
55	G2	Splash Cymbal
56	Ab2	Cowbell

57	A2	Crash Cymbal 2
58	B♭2	Vibraslap
59	B2	Ride Cymbal 2
60	C3	Hi Bongo
61	C#3	Low Bongo
62	D3	Mute Hi Conga
63	E♭3	Open Hi Conga
64	E3	Low Conga
65	F3	High Timbale
66	F#3	Low Timbale
67	G3	High Agogo
68	A♭3	Low Agogo
69	A3	Cabasa
70	B♭3	Maracas
71	B3	Short Whistle
72	C4	Long Whistle
73	C#4	Short Guiro
74	D4	Long Guiro
75	E♭4	Claves
76	E4	Hi Wood Block
77	F4	Low Wood Block
78	F#4	Mute Cuica
79	G4	Open Cuica
80	A♭4	Mute Triangle
81	A4	Open Triangle

All That Arirang - Project Files

'Part 6'의 예제곡 'All That Arirang'의 프로젝트 파일은 아래 블로그에 방문하시면 다운로드 받으실 수 있습니다.

http://easyvst.blogspot.kr/

블로그에는 "Cubase 프로젝트"와 "MIDI&Multi 파일" 이렇게 두 가지 링크가 담겨 있습니다. 자신이 필요한 파일을 선택하여 다운로드 하시면 됩니다.

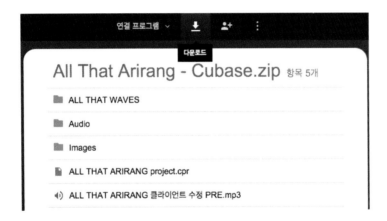

링크를 클릭하시면 위 그림과 같은 화면이 보이고 중간에 있는 아래 화살표를 클릭하면 파일을 다운로드 받을 수 있습니다.

쉽게 쓰는 가상악기 편곡법

EASY VST

1판 1쇄 인쇄 2015년 10월 10일
1판 1쇄 발행 2015년 10월 15일

—

지 은 이 최안식·조형섭
발 행 인 이미옥
발 행 처 디지털북스
정   가 32,000원
등 록 일 1999년 9월 3일
등록번호 220-90-18139
주   소 (04987)서울 광진구 능동로 32길 159
전화번호 (02)447-3157~8
팩스번호 (02)447-3159

—

ISBN 978-89-6088-168-6 (93000)
D-15-17
Copyright © 2015 Digital Books Publishing Co., Ltd

D-15-17

DIGITAL BOOKS
www.digitalbooks.co.kr
since 1999